道徳科

重要×用語

事典

田沼 茂紀 編著

明治図書

まえがき

　平成から令和へと時代が移ろい，我が国の道徳教育は今まさに道徳科新時代の只中にある。その直接的な契機となったのは，平成27（2015）年3月27日の中央教育審議会答申「道徳に係る教育課程の改善等について」を受けて文部科学省が告示した学習指導要領一部改正によってである。その改正で我が国の義務教育諸学校には新たに「特別の教科　道徳」＝道徳科が設けられ，小学校及び特別支援学校小学部については平成30（2018）年度より，中学校及び特別支援学校中学部については平成31・令和元（2019）年度より全面実施されたのである。このような大転換は，戦前の修身科時代，戦後の昭和33（1958）年9月から60年の長きにわたって続いてきた「道徳の時間」時代に次ぐものである。

　この「特別の教科　道徳」＝道徳科が学校教育に位置づけられた背景には，平成23（2011）年に滋賀県大津市内の中学校で発生したいじめ自殺事件等を契機にした実効性の伴う道徳教育を求める世論の後押しがある。終戦後の混乱期を経て特設された「道徳の時間」は学校の教育課程において教科外教育として長きにわたって位置づけられ，実施されてきたが，国民のイデオロギーや価値観の変化，多様化に伴って道徳教育忌避感情や軽視傾向を背景にした建前道徳，実効性の伴わない裃を着た形骸化道徳と揶揄されながら平成まで至ってしまった。その間，子どもたちを取り巻く社会状況は激変し，実効性ある「考え，議論する道徳」への転換は必至となった。ここが「特別の教科　道徳」＝道徳科の出発点である。

　本書は，これから新たな時を刻み続ける令和の道徳科新時代が学校教育の中で有効に機能していくことを側面から支えるために企画されたものである。これまでも，「道徳教育は難解な用語が多くて理解できない」とか「なぜそんな言い回しをするのかわからない」といった批判も少なくなかった。その要因は様々な学問的バックグラウンドを背景に理論構築され，発展してきた

道徳教育固有の事情があるためである。事実，道徳教育には難解ともいえる重要な専門用語が少なくない。ならば，それを他の用語に置き換えて本来の意図を十分に伝えられるかと吟味すれば，それはそれで難しい。この道徳教育が直面する重要語句を事典にしてわかりやすく解説しようと取り組んだのが本書の刊行企画意図である。

折しも，本書の出版企画が始動したのは我が国のみならず，全世界が新型コロナウイルス感染症に席巻されるという異常事態下であった。いわば目に見えざる脅威と真っ向から対峙し，素手で立ち向かうような何とも危うい未知の感染症との戦いの只中での取り組みであった。そんな中で，この時期に『道徳科重要用語事典』を刊行した。編著者として偽らざる必至の覚悟であったことをあえて吐露しておきたい。

人類はこれまでの歴史の中で，累々とその叡智を蓄積してきた。例えば，感染症に関しても過去にペストやスペイン風邪といった歴史上の感染症被害を幾度か被ったことで歴史的事実に基づく予備知識をもっていた。しかし，それがいざ新たな現実となり，目の前ののっぴきならない不可避的な自分事となれば，それはやはり別物である。ましてや，その新型ウイルスを制圧するワクチンも未開発とあれば，ことはまさに由々しき事態となって現代に生きる私たちに迫ってくる。また，コロナ禍は普段は理性によって抑圧されている人間の本能的な断片を露呈させもした。例えば，「自粛警察」とか「不謹慎狩り」といった心ない言葉の下，医療関係者やコロナ禍時代に自らの信念として状況に抗するような人，コロナウイルス感染症罹患者へのいわれなき差別や中傷が平然と行われている現実がある。人種差別や村八分的ないじめの台頭は，道徳性との関連においてどう理解されるべき事柄なのであろうか。コロナ禍であれば他者への誹謗中傷は許されるのか。はたして正当化されるのか。

編著者が学生時代に愛読した1冊に，コンラート・ローレンツの『攻撃—悪の自然誌』（Ⅰ・Ⅱ編）という本がある。オーストリアの動物行動学者であるローレンツは，本能的な動物の行動は種の維持ではなく，自分自身が

遺伝子として生き残るためのものであったと主張した。共同研究者たちとノーベル生理学・医学賞（1973年）を受賞したローレンツは，多くの動物は仲間の動物を攻撃する習性をもっているが，人間も例外なく自然な衝動として他の人間を攻撃する生理的な本能を備えているというのである。現代社会において社会生活を円滑に営もうとすれば，当然のことであるがこの攻撃性は制御されなければならない。しかし，コロナ禍のような異常事態下の社会にあっては本来的な人間の遺伝子に含まれる攻撃性が刺激され，強化される状況が格段に露呈されやすくなる。それが，医療関係者やコロナウイルス感染症罹患者等へのいわれなき差別や中傷となっていると理解できるのではないだろうか。そんな刹那的で殺伐とした社会状況を健全な方向へと修復していく有効な手段となり得るのが，やはり「自分と同様に生きている他者と共により善く生きる」ことを標榜する道徳教育や道徳科教育に違いないと考えるのである。

　論語の一節に，孔子の門人であった曽子の「吾，日に三たび吾が身を省みる」という言葉がある。これは人間として生きていく上で生涯つきまとう命題でもある。自己省察することで他者と共により善く生きることを可能にする冷静さ，平常心を取り戻すのである。価値を理解し，他者や人間を理解し，己自身をも理解する学校教育における道徳教育や道徳科教育の場はやはり必要不可欠なものである。

　事実，この「まえがき」を書き進めている傍らで今日も全国，全世界で多くのコロナウイルス感染症罹患者が記録され，死亡者も同様に累々とその数を重ねている。こんな逃げ場のない悲惨な社会状況下であっても，私ども執筆者一人一人は各々に託された「善く生きる」という道徳的命題としっかり向き合い，自己内対話をしながら各項目についての解説を平易に嚙み砕きながら書き進めてきたことを最後に申し述べておきたい。

　　2020年10月

　　　　　　　　　　　　　　　　　編著者　田沼茂紀

目　次

Ⅲ 道徳科の授業づくり

IV　様々な指導法

V　道徳の歴史

1 学校での道徳教育の本質

基本的な押さえ

　我が国の教育の原則を定めた教育基本法の第2条には教育の目標として「幅広い知識と教養を身に付け、真理を求める態度を養い、豊かな情操と道徳心を培うとともに、健やかな身体を養うこと」と述べられている。つまり、子どもたちに学校の教育活動を通じて将来必要とされる国家及び社会の形成者として求められる基本的資質としての道徳性（morality）を身につけさせることは、学校教育の目標そのものを実現する営みなのである。また、学校教育において子どもたちに養う道徳性は、社会的存在として生きる子ども一人一人がそれぞれに善悪・正邪を判断し正しく行動するための規範の総体である。それは法律のように外的強制力によって機能するものではなく個々人の善なる思考判断・行動原理のもととなる内面的資質を意味している。その道徳性を構成する諸様相については様々な考え方があるが、我が国の道徳教育においては道徳的判断力、道徳的心情、道徳的実践意欲と態度とを養うことを求めている。

道徳教育の本質

　近代教育学の創始者と称されるドイツのヘルバルト（J.F.Herbart、1776〜1841年）は、『一般教育学』において「道徳的教育の問題は、全教育の問題から切り離すことのできる一片であるので

はなく、この問題はその他の教育的配慮との必然的な広範囲な関連に立つ」と学校教育の目的としての道徳教育の重要性について明快に述べている。

　ただ、古代ギリシャの哲学者ソクラテス（Socrates、紀元前469年頃〜紀元前399年）と青年メノンとの道徳問答を後世に残した弟子プラトン（Plato、紀元前427年〜紀元前347年）は対話集『メノン』の中で、「誰か徳の教師がいないかと何度もたずねて、あらゆる努力をつくしてみたにもかかわらず、見つけ出すことができないでいることはたしかなのだ」という印象的な一文を綴っている。

　道徳は、他教科のように教師が学習内容として子どもに教えることがかなわない人間存在の本質に係る課題を含んでいる。学校での道徳教育ではそのような本質を踏まえつつ、教師も子どもと一緒になって同様に生きている他者と共によりよく生きるための在り方を追求していく姿勢が何よりも求められよう。

道徳教育で育む道徳性

　道徳を語るとき、青少年の道徳性が育っていないのは学校で道徳教育をきちんと指導していないからという議論になることがある。この論調の根底にある道徳とは、本来的な意味での道徳性なのだろうか。つまり、個人の道徳生活を決定づける要因となる人間としてのより善い生

道徳科の特質・目標

き方を志向する主体的な人格的特性，換言すれば個の善なる意志力という社会的能力の発露となって表れる道徳的言行をはたして教えることなど可能なのかという根源的な命題にたどりつく。先にふれたソクラテスの言葉ではないが，そんな指導ができる教師ははたしてこの世にいるのであろうか。学校教育で可能なのは子ども一人一人の道徳的な善なる意志力を認め，励まし，伸びようとする意志を促すことだけである。このような人格的特質としての道徳，いわゆる，内的道徳を育んでいくのが学校における道徳教育の本質であるという前提に立たないと無用な議論で混乱をきたすこととなる。社会の中で一般的に道徳が語られるときは個の内面的資質としての道徳性である内的道徳ではなく，社会的な人間関係を円滑にする上で必要とされる道徳的マナーやエチケットといった道徳的習慣や，限定された社会や集団内における道徳的了解事項としての道徳的慣習といった外的道徳としての社会規範が混同されることが多い。外的道徳としての道徳的習慣や道徳的慣習は，教えれば子どもたちに身につけさせることが可能である。しかし，はたして内的道徳は教えられるのかとなれば，それは否である。馬を川辺まで連れて行くことはできるが，水を飲むか飲まないかは馬次第である。学校における道徳教育が目指すのは，子どもたちの内にある善なる人格的特質に働きかけ，そこに内在する善なる意志力を励まし，高まろうとするのを支援することである。

道徳教育と教師との関係性

子どもの内面的資質としての道徳性を学校における道徳教育で高めようとするとき，その在り様は十人十色であるということをまず心しておかなければならない。よく例えられるのは，個の属性としての学歴や学力，生活状況等と道徳性との因果関係の問題である。世の中には学力も高く高学歴で社会的な立場にはあるが，傍で見ている限り道徳性の片鱗すら感じさせない言動をする人がいる。また，逆に学歴や社会的地位はあまり高くなくても人格的に優れた言動で豊かな人間性を感じさせる人もいる。この差違は，いったい何を意味するのであろうか。

つまり，教師がいくら熱心に道徳を説いたところで，それを自らの内にある道徳的な問題として受け止めるかは子ども次第ということである。学校教育において教師が子どもの生き方の模範となることはもちろん大切であるが，それ以上に求められるのは共に生きる人間として，今日よりもより善い明日へと高まろうとする師弟同行の姿勢である。

学校教育としての道徳教育の課題

学校の道徳教育は，決して道徳科授業ばかりではない。学校における道徳教育全体計画を意識した指導を心がけたい。

〈参考文献〉
・ヘルバルト／三枝孝弘訳『一般教育学』明治図書1960　p.48，プラトン／藤沢令夫訳『メノン』岩波書店1994　p.82
（田沼茂紀）

2 道徳教育と道徳科

基本的な押さえ

道徳教育と道徳科（いわゆる「特別の教科　道徳」）は、入れ子構造になった相互補完的な目標共有関係にある。

小・中学校学習指導要領「総則」には、「学校における道徳教育は、特別の教科である道徳（以下「道徳科」という。）を要として学校の教育活動全体を通じて行うものであり、道徳科はもとより、各教科、外国語活動（小学校のみ）、総合的な学習の時間及び特別活動のそれぞれの特質に応じて、児童（生徒）の発達の段階を考慮して、適切な指導を行うこと」と述べられている。

学校教育は教育基本法にも定められているように、豊かな人間性と創造性を備えた人間の育成、つまり人格形成を目指して行われる営みである。その学校教育と目的を共有するのが道徳教育である。よって、学校の全教育活動を通じての道徳教育が望ましい人格形成には不可欠なのである。また、道徳科は各教科等における道徳教育を補ったり、深めたり、発展・統合させたりする「要」として重要な役割を果たすのである。

道徳教育と道徳科との相互補完的役割

学校教育の目的が人格形成である以上、それは則ち道徳教育の営みそのものである。その点で学校における道徳教育は全ての教育課程を通じて行われるのはもち

ろんのこと、朝の会や帰りの会、給食、清掃、部活動といった教育課程外教育の場においても意図的に指導していくことが重要なのである。いわば、子どもにとって学校生活の全てが道徳教育の場であるという認識が教師には必要なのである。ただ、学校教育の全てが道徳教育であるならば、ただでさえ教育課程の内容が窮屈な状況の中であえて道徳科授業を設定しなくてもよいのではないかという疑念を抱くこともあろう。だが、公教育として揺らぎのない道徳教育をどう推進するのかという点を考慮すれば、おざなりな指導ですまされないのは当然であろう。全教育活動を通じての道徳教育というのは、様々な教育活動場面で直接的に行われる機会が少なくないために全ての子どもにとって共通の道徳学習機会となるわけではない。また、そのような道徳学習機会は偶発的な要素も少なくないため、予め見通しをもって設定することもかなわない。つまり、子どもにとって全教育活動を通じての道徳教育は個別的な要素に左右されて意図的・計画的な指導とはならないのである。そのような一貫性という点で不十分な学校の教育活動全体を通じて行う様々な道徳教育を束ね補強する扇の要としての役割を担う時間として昭和33年、「道徳の時間」が特設された。その道徳の時間が発展的に移行転換し現在の道徳科に至っている。

道徳の時間から道徳科への移行

我が国の太平洋戦争後の道徳教育は，戦前の修身科に見られた国家主義的な徳育教育を廃し，特定の教科を設けずに学校の全教育活動を通じて行う全面主義道徳からスタートした。しかし，全面主義という指導の不十分さも指摘され，道徳教育の充実を望む世論を背景に昭和32年，時の松永東文部大臣が教育課程審議会へ諮問し，翌年の３月に同審議会より「道徳教育の徹底については，学校の教育活動全体を通じて行うという従来の方針は変更しないが，さらに，その徹底を期するため，新たに『道徳』の時間を設け，毎学年，毎週継続して，まとまった指導を行うこと」という答申を得て，ようやく義務教育学校の教育課程の中での教科外教育時間として「道徳の時間」が特設されるに至ったのである。

ただ，「道徳の時間」は残念ながらその所期の成果を収めることができずに半世紀以上の時を費やしてしまった。その背景には，戦後占領政策としてGHQ（連合国最高司令官総司令部）が昭和20年に示した教員組合結成指令によって結成された日本教職員組合等によって反対され，指導しないことで骨抜きにされてしまったことや，国民の中にある根強い道徳教育忌避感や道徳教育軽視傾向が払拭できないためであった。

しかし，全国的に多発したいじめ事件等を背景に道徳指導強化を望む世論が後押しして，平成27年の小・中学校等学習指導要領一部改正によって「特別の教科　道徳」＝道徳科が誕生し，新たな道徳教育の歴史を刻むに至った。

従前の「道徳の時間」から「特別の教科　道徳」へ移行転換したことによる指導充実要件としては「道徳科教科書の導入」「道徳科の学習評価導入」が挙げられよう。また，道徳科における指導と評価の一体的充実を目指す「カリキュラム・マネジメント」も新たな視点である。

評価の視点から見た道徳教育と道徳科

教育活動をすれば，そこには必ず評価活動が表裏一体の関係で存在する。道徳教育と道徳科，そこで意図する評価についても少し言及しておきたい。道徳教育での評価は，子どもが自らの成長を実感し，学習意欲を高め，道徳性の向上につなげていくといった広い視点，継続的視点に立っての評価観である。それに対し，道徳科では子どもの「学習状況や道徳性に係る成長の様子を継続的に把握し，指導に生かすよう努める」ための具体的な指導評価なのである。つまり，道徳科における子どもの道徳学習への取り組みを個人内評価し，それを認め励ます支援活動ということである。いずれにおいても共通点は教師と子どもという人間関係の中でどう個の成長を願い，共感的に理解し，励ますかという点である。

〈参考文献〉
・田沼茂紀『道徳科で育む21世紀型道徳力』北樹出版2016，貝塚茂樹・関根明伸『道徳教育を学ぶための重要項目100』教育出版2016　　　　　（田沼茂紀）

道徳科の特質・目標

3 道徳科の特質

基本的な押さえ

　道徳科とは，小・中学校学習指導要領第1章「総則」の冒頭に述べられているように，「特別の教科　道徳」と同義である。その説明では，学校における道徳教育は特別の教科である道徳を「要」として学校の教育活動全体を通じて行うものであることが述べられている。つまり，学校における道徳教育の要の時間として「特別の教科　道徳」＝道徳科が教育課程に位置づけられているのである。

　また，学習指導要領解説では，「道徳科の特質は，学校の教育活動全体を通じて行う道徳教育の要として，道徳的諸価値についての理解を基に，自己を見つめ，物事を（広い視野から）多面的・多角的に考え，自己の（人間としての）生き方についての考え（自覚）を深める学習を通して道徳性を養うことである」（カッコ内は中学校）と述べられている。換言するなら，道徳科の特質とは子ども一人一人に自立した人間として自己の生き方を考えさせ，他者と共によりよく生きる上で不可欠な基盤となる主体的な道徳的思考・判断の下に行動できる道徳性を育成していくところにある。

教科「道徳科」が内包する課題

　「道徳の時間」から「道徳科」に移行する審議過程で繰り返し議論されたのは，道徳の教科化即ち「価値の押しつけ」批判に対する見解である。公教育として価値の押しつけをするのは国家権力による国民の思想への介入であるといったステレオタイプな批判の払拭は容易ならざるものがある。戦前の修身科において顕著であった徳目の教え込み復活に対する警戒心からくる道徳教育忌避感情を背景にしたのが教え込み批判である。

　しかし，「道徳は教えられるか」という命題については古代ギリシャのソクラテス（Socrates，紀元前469年頃〜紀元前399年）の時代より，道徳は知識として伝えることはできない個々人の内面的精神作用であることは繰り返し語られてきた。一般的知識としては文化伝達できない道徳的諸価値をどう子ども一人一人に理解させ，血肉化された叡智として内面化させていくのか，ここにこそ道徳科が他教科とはその指導において一線を画す「特別の」と称される特質がある。

道徳性育成の方法論的ポイント

　各学校では子どもの発達の段階を踏まえ，内容項目の重点化を図りながら適切な指導によって個々の内面に道徳性を培っていくことになるが，そこでの方法論的ポイントについて小・中学校学習指導要領　第3章「特別の教科　道徳」の第1「目標」をもとに考えてみたい。

　道徳科の目標として示されている冒頭には，「道徳的諸価値についての理解を

基に」と述べられている。つまり，道徳科で取り上げる道徳的価値について個別に理解させることが必要なのである。前項でも述べたように，道徳的価値についての理解は単なる知的理解ではなく，子ども一人一人が自らの納得として道徳的価値を受け止めることを意味している。そのためには道徳科の学習を通してそこで学んでいる多くの者が「それは大切なことだ」と納得できるような取り上げた道徳的価値についての理解がなければならないのである。そのような共通解があって初めて「だから自分はこう考える」「つまりこういうことが大切なのだ」と自分なりの価値理解としての受け入れられる納得解が形成できるのである。道徳科には，予め決まっている正解というものは存在しない。しかし，様々な多様性を踏まえつつも，そこで多くの人が受け入れられる望ましさとしての共通解を追求しようとする努力は大切である。そうでなければ自己の生き方を考えたり主体的な判断の下に行動したりするための道徳的資質・能力形成などかなわないからである。子どもが主体性を発揮しながら自らの道徳的価値理解を促進できるような授業創りこそが肝要である。

押しつけと道徳的価値理解

　道徳を語るとき，よく耳にするのが「押しつけ道徳」の弊害である。子どもの内面的精神作用となる道徳性を育成する際，どうしても教師の思いが強すぎたり，指導そのものが教師主導であったり

することはよくあることである。ならば，道徳的価値の理解なしに道徳性は培えるのかと問うなら，それも否である。道徳的価値理解を促すには押しつけしかないという印象をもたれがちであるが決してそうではない。諸価値に対する主体的自覚化の促しなしに，道徳性の形成はありえないことを肝に銘じておきたい。

道徳科設置の意図を踏まえた指導

　学習指導要領　第3章「特別の教科　道徳」に示された目標は，そのまま道徳科設置の目的を明快に示している。つまり，「道徳的諸価値の理解」「自己を見つめる」「道徳的諸問題を多面的・多角的に考える」という3点である。

　道徳科の指導においては目標を達成するために道徳科教材を用いながら子ども一人一人が自らの問題として考え，対話する中で自分らしさを発揮しながら自立した人間として成長していけるよう，自我関与を深めたり，問題解決的な学びをしたり，道徳的体験を想起したりできるような学びが展開できるようにしたい。

道徳科における今後の課題

　道徳科では，個々の子どもの道徳的成長を個人内評価で知らせることで自覚的な人格形成を促すことができる。個々の子どもの時間軸に即して道徳科での学びの善さを積極的に見取る工夫を重ねたい。

〈参考文献〉
・田沼茂紀『道徳科で育む21世紀型道徳力』北樹出版2016　　　（田沼茂紀）

4 道徳性

基本的な押さえ

Moral（道徳）の語源はラテン語で習慣・風習を表す「ｍｏｓ」の複数形「mores」（モレス）である。また倫理と訳されるethicsの語源は，ギリシャ語で習俗・習慣を意味する「ethos」（エートス）でありラテン語の「mores」に相当する。つまり道徳も倫理も語源的には習慣や俗習を意味しており，人間が共同生活を営むにあたって，そこが安定した安心できる場であるために自然発生的にできあがってきた習慣や風習などを自分のものとして獲得していくという意味がある。

一方，日本語として表記される「道徳」を漢字の成り立ちから考えてみよう。「道」は古代中国において自分の領域から外に出ていく際に，魔除けとして異族の首を持って進んでいくことを意味しており，歩き進めることによってそこに「道」ができあがったとされる。そこから人が安心して進んでいく，人間の為すことという意味になった。一方「徳」は魔除けのための優れた霊力を意味しており，人間が有している内的な力という意味をもつ。つまり日本語の「道徳」には，人間の行為として表れる外的なものと，人間に内在的に存在しているものという2つの意味があるといえる。そこに「性」という心の傾向を表す漢字が加わり，道徳性という用語が成り立つ。

学習指導要領における道徳性

学習指導要領解説では道徳性について「道徳性とは，人間としてよりよく生きようとする人格的特性であり，道徳教育は道徳性を構成する諸様相である道徳的判断力，道徳的心情，道徳的実践意欲と態度を養うことを求めている」と説明している。また別の箇所では「内面的資質としての道徳性」という表記も見られる。つまり，道徳性とは人間が他者と共に人間としてよりよく生きていこうとする特質であり，かつ道徳性は道徳的行為といった具体的振る舞いを支える内面的なものであるということである。換言すれば道徳的行為や実践そのものは道徳性には含まれておらず，内面的資質としての道徳的判断力や心情，実践意欲と態度といった道徳性の諸様相を育んでいくことが道徳教育の役目であり，内面的資質としての道徳性が養われることによって，それが道徳的行為や実践につながるといえる。

認知発達からの道徳性

スイスの心理学者ピアジェ（J. Piaget）は，道徳性を規則の体系から捉え，子どもが規則をどのように捉えているかという規則に対する尊敬の態度で道徳性を捉えた。

アメリカの道徳心理学者コールバーグ（L.Kohlberg）は，ピアジェの研究をさ

道徳科の特質・目標

らに発展させ，道徳性を正義，すなわち公正さ，公平さに関する判断の形式であると捉えた。

アメリカの道徳心理学者のチュリエル（E.Turiel）は社会的知識の観点から道徳性と社会的慣習領域とを分けて捉えた。チュリエルにとっての道徳性とは，人間の福利，権利，そして正義に関する概念に基づいており指令性（〜すべき）をもつものであるのに対して，特定の社会システムの文脈に位置づけられ，社会体系に応じて相対的に存在する社会的慣習（挨拶や礼儀，校則など）とは区別した。

情意的側面からの道徳性

ギリガン（C.Gilligan）は，コールバーグの捉えた道徳性が，具体的な他者関係から次第に普遍的な公正さを求めていく発達理論であることに疑問を呈し，具体的な他者関係の中でどれだけ相手に没入して他者を捉えることができるかという「思いやりと責任」の観点から道徳性を捉えた。同様にノディングズ（N.Noddings）もケアリング（思いやり）の点から道徳性を捉えている。

ホフマン（M.L.Hoffman）は，道徳的行動への動機づけに共感を位置づけ，共感を道徳性の情意的側面と捉えている。つまり，世の中の不平等な状況（正義が保たれていない状況）に対して共感という感情が道徳的行動を呼び起こす動機になることを指摘している。

直感によって選択される道徳性

ハイト（J.Haidt）は，直感に基づく道徳の源泉（基盤）を提示している。彼によれば，人間は道徳的判断をする前に，直感的に物事を捉え，その直感に合致するような道徳的判断・理由づけをするという。直感的に選択する源泉として，「ケア／危害」「公正／欺瞞」「忠誠／裏切り」「権威／転覆」「神聖／堕落」「自由／抑圧」という6つを取り上げている。つまりハイトにとってはこれらの基盤が道徳性の構成要素となり，人間は道徳判断をする際にいずれかを選択することになる。

多様な道徳性

以上で見てきたように，道徳性には多様な解釈や定義が成り立つ。道徳性を育てることが道徳教育の使命であったとしても，何を道徳性と定義するのかといったその内実によって，道徳教育へのアプローチの仕方も異なってくることを常に念頭に置かねばならない。

〈参考文献〉
・大西文行『新・児童心理学講座9　道徳性と規範意識の発達』金子書房1991，白川静『常用字解　第二版』平凡社2012，日本道徳性心理学研究会『道徳性心理学　道徳教育のための心理学』北大路書房1992，ハイト／髙橋洋訳『社会はなぜ左と右にわかれるのか　対立を超えるための道徳心理学』紀伊國屋書店2014

（荒木寿友）

道徳科の特質・目標

5 道徳性発達

基本的な押さえ

道徳教育の本質的な目的は、児童生徒の道徳性を育んでいくことにほかならない。そのためには、道徳性がどのような道筋で発達していくのかを捉えていく必要がある。発達の道筋を知ることは、人間の成長・発達についてのいわば「羅針盤」を手に入れることに等しい。しかしながら、「道徳性」の箇所でも述べたように、道徳性そのものをどのように定義するかによって、道徳性の発達の定義は異なってくる。

学習指導要領解説では、「児童生徒の発達の段階等を考慮して」という表現が多数見受けられる。しかし、具体的にどのような発達の道筋を通っていくのかについては、明記されているわけではない。ただし、学習指導要領の内容項目では、各学年階梯における記述の違いは明確である。総じていうと、児童生徒の発達段階を考慮するという記述がありながらも、内面的資質としての道徳性、つまり道徳的判断力、心情、実践意欲と態度が、「道徳性」としてのどのような発達の道筋にあるのかについて、具体的に示されているわけではないのが現状である。確かに、道徳性そのものが3つの諸様相として表されており、「それぞれが独立した特性ではなく、相互に深く関連しながら全体を構成しているもの」（中学校学習指導要領解説）と述べられてはいるが、

総体としてどのような道筋をたどっていくのかについては示していく必要があるだろう。

認知発達に基づいた道徳性の発達

道徳性の本質が規則への尊敬にあると捉えたのがピアジェである。彼はマーブルゲームを用いて、子どもたちがゲームの規則をどのように捉えているのかについて観察を行った。その結果、規則を大人から与えられた絶対的な存在とみなす「他律的な道徳」から、自分たちで相互に承認される場合は規則の変更が認められるとする「自律の道徳」があることを見出した。他律から自律への道徳性の発達は、外在的な要因しか理解できない段階から、他人の内面を想像し、意図を汲みとった判断ができるようになることも意味している。

コールバーグはピアジェの提示した他律から自律への発達を、3水準6段階の発達段階で表した。彼は正義に関する思考の形式が自己中心的な段階から、二者間の相互性、仲間集団、社会秩序、社会秩序を超えた視点の獲得という発達の道筋があることを示した。コールバーグにとって道徳性の発達は、認知能力と役割取得能力に支えられており、発達段階の上昇は、自己と周囲の環境をどれだけ広く捉え、そこでの均衡化を図ることができるかということを表している。

道徳科の特質・目標

おおよその年齢	認知能力（ピアジェ）	道徳性の発達（コールバーグ）		役割取得能力（セルマン）	社会的慣習（チュリエル）	共感（ホフマン）
		水準	段階			
高校生以上	形式的操作期（自律的な道徳）	III 脱慣習的な水準	6 普遍的な倫理原則への志向	5 社会的視点取得	7 社会的相互作用の協同としての慣習	4 自己と他者を明確に区別し，他者が育ってきた背景を理解した共感
					6 社会的規範としての慣習の否定	
			5 社会契約，法律の尊重		5 社会体系としての慣習	
中学生		II 慣習的な水準	4 法と社会秩序の維持		4 規則体系としての慣習の否定	
				4 三人称相互的視点取得	3 規則体系の肯定としての慣習	
			3 よい子志向			
小学生	具体的操作期（他律的な道徳）	I 前慣習的な水準	2 道具的互恵主義志向	3 二人称互恵的視点取得	2 行動上の一様性の描写の否定	3 他者の感情から，共感
			1 罰の回避と服従の志向	2 主観的視点取得	1 慣習とは行動上の一様性	
幼児	前操作期		0 自己欲求希求志向 (Damon, W. 1977)	1 自己中心的視点取得		2 自分の視点から他者に共感
乳児	感覚運動期					1 生理的な反応としての共感

Damon,William, *The Social World of the Child*（Jossey-Bass, Inc.,San Francisco:1977）
表 様々な道徳性の発達段階 荒木紀幸（大西文行編著1991）を参考に筆者が加筆修正

コールバーグの道徳性発達を支える役割取得能力をさらに精緻化したのがセルマン（R.L.Selman）である。セルマンは役割取得には５つの段階があることを示し，未分化で自己中心的な段階から，二者関係での互恵性，第三者の視点を取得できる段階，多様な視点が存在する段階へと発達することを示した。

一方，チュリエルはコールバーグ理論において道徳と慣習を十分に分離できていない点を指摘し，社会的知識の観点から道徳領域と社会的慣習，そして個人の領域に分け，それぞれの領域における発達段階を提示した。チュリエルによれば，子どもは比較的幼いうちから直感的に道徳と社会的慣習を区別していることが明らかになった。また社会的慣習については受け入れと否定を繰り返しながら発達していくことを示している。

共感の発達

ホフマン（M.L.Hoffman）は道徳的行動への動機づけに共感（empathy）を位置づけた。この共感は多分に認知的な力を含みもっており，他者が何を感じているのかについて理解する力である。共感は生理的な反応としての共感の段階から，自己と他者の分化の中での共感（自分と他人は違うが自分の感情で他者に接する）を経て，自己と他者が異なる感情をもつ存在であることに気づいた上での他者への共感，そして他者が自分とは異なった経験から感情を抱いているということを理解する段階へと，４つの段階を経るとする。

〈参考文献〉
・大西文行『新・児童心理学講座９ 道徳性と規範意識の発達』金子書房1991，日本道徳性心理学研究会『道徳性心理学 道徳教育のための心理学』北大路書房1992

（荒木寿友）

道徳科の特質・目標

19

6 道徳的判断力

基本的な押さえ

平成29年告示の中学校学習指導要領解説において「道徳的判断力は，それぞれの場面において善悪を判断する能力である。つまり，人間として生きるために道徳的価値が大切なことを理解し，様々な状況下において人間としてどのように対処することが望まれるかを判断する力である。的確な道徳的判断力をもつことによって，それぞれの場面において機に応じた道徳的行為が可能になる」（pp.17-18）と，示されている。道徳的判断力は，道徳的心情，道徳的実践意欲と態度とともに道徳性を構成する諸様相である。これらの道徳性の諸様相はそれぞれが独立した特性ではなく，相互に深く関連しながら全体を構成している。

道徳判断とは，善／悪やべし／べからずなどの語彙を用い，行為や人柄などの具体的な対象について命題の形で，有意味で真理値をもつ信念を形成する働きである。善悪をはじめとする道徳的概念を判断対象の特性に照らして正しく適用しなければならない。大庭健氏によれば，道徳的特性の認知には，「感官・推論能力・情動・受容している信念などなどの総体によって決まるような，ものごとへの反応様式」とでもしか定式化できないような「道徳的感受性」が関与しており，純然たる認知能力にも，純然たる情動や意思決定にも還元できない。

学習指導要領の変遷と道徳的判断力

昭和33年の「中学校道徳指導書」では，「いくつかの望ましい価値の中から一つを選ばなければならないとか，ある立場から望ましくない場合があるなど，現実の生活ではむしろ価値のかっとう（葛藤）場面が常態であるともみられるが，これらの場面に直面して，自律的によりよい判断ができたり，正しい批判ができたりするようになることは，中学校の段階で特に指導上重視されなければならない」（p.26）と示されていた。

昭和45年の「中学校道徳指導書」では，「道徳的判断力とは，道徳的な是非善悪を分別する能力のことである。道徳的判断力が身についているということは，第1に，道徳的な是非善悪の基準をわきまえているということである。第2に，是非善悪の基準に基づいて，具体的な時と場面における望ましい考え方や行為が選択できるということである。人間が，その具体的な社会生活において当面する問題場面についてみれば，そこには常に，いくつかの選択可能なものの考え方や行為が予想される。その意味では，人間の具体的な生活は，そのつどの選択的行為の連続態として営まれているわけであるが，それだけに，これを道徳的に望ましいものにするためには，道徳的な判断力にまつところがきわめて大きいといえるだろう」（p.42）と示されていた。

道徳科の特質・目標

昭和53年の「中学校道徳指導書」では，「道徳的判断力は，それぞれの場面において善悪を判断する能力であり，人間として望ましい生き方をしていくための最も基本的な能力である。的確な道徳的判断力をもつことによって，それぞれの場面において機に応じた道徳的な行動をすることが可能になる。そのために，道徳的価値についての理解を深め，それに照らして適切に判断することのできる能力をもつことが必要である」（p.28）と示されていた。

平成元年の「中学校道徳指導書」では，「道徳的判断力は，それぞれの場面において善悪を判断する能力であり，人間としての望ましい生き方をしていくために必要な，基本的な能力である。的確な道徳的判断力をもつことによって，それぞれの場面において機に応じた道徳的な行動をすることが可能になる」（p.14）と示されている。

平成10年の中学校学習指導要領解説（p.29）と平成20年の中学校学習指導要領解説（pp.28−29）の道徳的判断力の記述は，平成29年の中学校学習指導要領解説と同様である。

心の発達と道徳的判断力の育成

道徳性の発達の研究は，ピアジェの6歳から7歳にかけて，物質的な結果の悪さに基づく他律的道徳判断から行為の意図や動機に注目した自律的道徳判断へと変化することの発見から始まり，道徳判断の形式に着目して前慣習的水準（第1・第2段階），慣習的水準（第3・第4段階），脱慣習的水準（第5・第6段階）の3水準6段階で示したコールバーグの道徳性発達理論，さらに様々な社会的判断は，道徳・慣習・心理の3領域の知識が調整された産物であるとするチュリエルの社会的領域理論がある。最新の認知心理学ではカーネマンなどがシステム1（速い：自動的　無意識的：情動的　直感的：非言語的）とシステム2（遅い：制御的　意識的：合理的　論理的：言語的）の心の働きがあり，脳神経科学でも，双方が道徳判断に関連することが明らかにされ，「二重過程モデル」が一般的になっている。乳児期から出現する非認知的な情動を司る大脳辺縁系によるシステム1と高次の認知活動に関わる前頭前野によるシステム2とが競合的に働き道徳性が発現しているとされる。進化心理学的アプローチをとるハイトは，非言語的な直観が優先するとする社会的直観モデルと6つの道徳基盤からなる普遍主義的な多元論を提唱し，公正さ，傷つけないこと，公平性，内集団への忠誠，権威への敬意，神聖さ・純粋さが，個人の道徳判断において対立や葛藤を引き起こすとしている。

〈参考文献〉
・大庭健「道徳判断」『現代倫理学事典』弘文堂2006，阿部修士『意思決定の心理学』講談社2017，藤澤文「道徳的認知」『道徳教育はこうすれば〈もっと〉おもしろい』北大路書房2019

（澤田浩一）

21

7 道徳的心情

基本的な押さえ

平成29年告示の中学校学習指導要領解説において「道徳的心情は，道徳的価値の大切さを感じ取り，善を行うことを喜び，悪を憎む感情のことである。人間としてのよりよい生き方や善を志向する感情であるとも言える。それは，道徳的行為への動機として強く作用するものである」（p.18）と示されている。道徳的心情は，道徳的判断力，道徳的実践意欲と態度とともに道徳性を構成する諸様相である。これらの道徳性の諸様相はそれぞれが独立した特性ではなく，相互に深く関連しながら全体を構成している。

道徳的心情は，18世紀英国に起源をもつ倫理学の Moral Sentiment「道徳感情」を踏まえており，行為や行為者に対する「道徳的な是認や否認の感情」と考えられる。ハチソン，ヒューム，アダム・スミスなどに代表され，道徳判断は感覚や感情によると考え，共感を重視していた。現代の心理学において注目されている Moral Emotions は，人間のもつ種々の感情のうち善悪に関わって生じる感情体験を指し，「道徳的情動」と訳される。感情は自我体験であるから内面的・主観的なものであり，人間の全ての行動の動機になっている。道徳的心情と道徳的判断力は，分けることはできない。道徳的心情は道徳的判断を支え，行動と結びつける役割を果たしている。

学習指導要領の変遷と道徳的心情

昭和33年の「中学校道徳指導書」では，「道徳的心情は，道徳的諸価値を望ましいものとして受け取り，主体的にこれを追及しようとする価値感情である。道徳的心情を養うことは，小学校時代に引き続いて中学校でも努力しなければならない」（p.27）と示されていた。

昭和45年の「中学校道徳指導書」では，「道徳的心情とは，道徳的に望ましい行為を行なうに当たっては喜びを感じ，望ましくない行為はこれを忌避しようとする心の動きのことである。それは，主として心の情的なはたらきに根ざすものであって，幼児から家庭生活および社会生活の間に，両親や年長者の承認と否認のくり返しを通じて，おのずから養われるところが大きいとされている。もっとも，道徳的判断力といい，道徳的心情ということで，道徳性の様相のうえでは一応分けて考えることができるとはいうものの，実際には，両者は相互に緊密に結びつき，一体の関係において作用するものである。望ましい考え方や行為の選択には必ずやこれを喜ぶ感情が伴い，また逆に，望ましい行為を喜ぶ感情が，具体的な問題場面に際して，望ましい考え方や行為の選択を促すにあずかって力があるといわれるのはそのためであって，この点からすれば，道徳的心情を洗練することは，道徳的判断力を養うことに劣らず，なおじ

道徳科の特質・目標

ゅうぶんに中学校段階の道徳の時間の課題になりえるということができるであろう」（p.42）と示されていた。

昭和53年の「中学校道徳指導書」では、「道徳的心情は、道徳的価値を望ましいものとして受け入れ、それを実現することを喜び、これに反することを憎む感情のことである。人間の行動は深く感情に結び付いているものであるから、道徳的心情を養うことは、道徳的判断力と同じく道徳性を高めるための基礎的条件である」（p.28）と示されていた。

平成元年の「中学校道徳指導書」では、「道徳的心情は、道徳的価値を望ましいものとして受け取り、善を行うことを喜び、悪を憎む感情のことであり、善を志向する感情である。それは、道徳的行為への動機として強く作用するものであるから、道徳的心情を養うことは、道徳性を高めるための基礎的要件である」（p.14）と示されていた。

平成10年の中学校学習指導要領解説（pp.28－29）と平成20年の中学校学習指導要領解説（p.28）の道徳的心情の記述は、平成29年の中学校学習指導要領解説と同様である。

心の発達と道徳的心情の育成

ヒュームは理性は情念の奴隷であるとした。例えば、口論になった際、いくら論理的に筋道を立てて説明をしても、感情がこじれてしまえば説得できない、という経験は、誰しもがあるのではないか。感情や気持ちなどは、人間の行為を動機づけるものとして作用し、強い影響を与える。したがって、共感や感動に基づく道徳的心情を培うことは、道徳教育の目標として道徳性を育成する上で極めて重要な役割を果たすことになる。映像、音楽、読書、体験談、体験活動で今までにない自分を発見し感動すれば、道徳的心情は揺さぶられ、育まれる。そのための方策を意図的に用意し、子どもの感動を教師がしっかりと受け止め、子どもと感動を分かち合うことが大切である。動物や植物など自然にふれさせることも役立つと考えられる。

道徳性は生後半年から情動のうちに芽生える。情動をつかさどる大脳辺縁系の中にある扁桃体や側坐核などの役割も大きい。乳幼児期から小学校低学年の時期には情動に基盤をもつ直観的に働く道徳性を涵養することが大切である。小学校中学年以降になると、抽象的な思考が可能になり、生活言語から学習言語への9歳の壁を乗り越えていく中で、道徳的価値概念も身につけることができるようになると考えられる。小学校後半の学年からは言語活動による論理的な思考力とともに、感じる力・情緒力や想像する力を涵養することが大切である。

〈参考文献〉

・横山利弘『道徳教育とは何だろうか』廣済堂あかつき2007、柘植尚則「道徳感情」『現代倫理学事典』弘文堂2006、武藤世良「道徳的情動」『道徳教育はこうすれば〈もっと〉おもしろい』北大路書房2019　　　　　　（澤田浩一）

8 道徳的実践意欲と態度

基本的な押さえ

平成29年告示の中学校学習指導要領解説において「道徳的実践意欲と態度は，道徳的判断力や道徳的心情によって価値があるとされた行動をとろうとする傾向性を意味する。道徳的実践意欲は，道徳的判断力や道徳的心情を基盤とし道徳的価値を実現しようとする意志の働きであり，道徳的態度は，それらに裏付けられた具体的な道徳的行為への身構えと言うことができる」（p.18）と示されている。道徳的実践意欲と態度は，道徳的判断力，道徳的心情とともに道徳性を構成する諸様相である。これらの道徳性の諸様相はそれぞれが独立した特性ではなく，相互に深く関連しながら全体を構成している。

実践意欲とは目標を模倣または実現しようとする意志であり，目標への愛着の強さが意志を決定づける。実際に実行に移す動力である。行為とは，動機をもつ自覚的行動であり，衝動的行動と道徳的行為を明瞭に区別する必要がある。道徳的態度は，外形として表出された表情，身振り，言葉などの実際の行為ではなく，事を処する構え，考え方，行動傾向を指している。道徳的態度は，道徳的判断力，心情，実践意欲を総合したものであり，実践意欲と態度を明確に区別することは困難であるが，分けることで指導を焦点化することができる。

学習指導要領の変遷と道徳的実践意欲と態度

昭和33年の「中学校道徳指導書」では「道徳的態度は，多かれ少なかれ持続的な行動の傾向性であるが，習慣と違って常に心情に裏付けられているものである。道徳的態度の育成は，小学校に引き続いて中学校でも努力しなければならない」（p.27）と示されていた。

昭和45年の「中学校道徳指導書」では「道徳的態度とは，道徳的判断力及び道徳的心情に裏づけられた結果の，望ましいものの考え方や感じ方，あるいは行動のしかたにつこうとする心の持続的傾向性のことである。あるいは，道徳的判断力および道徳的心情も，これらが道徳的態度にまで導かれるのでなければなおふじゅうぶんであるといわれたり，あるいは，道徳の時間を目ざすところに関して，特に道徳的態度を養うことが重くみられたりするのも，要するに，道徳的態度なるものが，心の機制のうえからいって，道徳的実践をはらむ状態であるとみられるからにほかならない。ところで，等しく道徳的態度といっても，それは，必ずしも常に自律的な性質のものであるとはいえない。両親や年長者による賞罰のくり返しの過程で，いわば他律的に養われる道徳的態度も考えられるが，これは他律的なものにとどまるかぎり，なお，ことばのじゅうぶんな意味では道徳的な態度とみなしえない。自律性の確立期とい

道徳科の特質・目標

われる中学校の道徳の時間の目標におい
て，『道徳的態度における自律性の確立』
が強調されるのはそのためである。また，
実践意欲とは，道徳的態度の中でも，特
に，道徳的実践への傾きを強くはらんだ
ものである。道徳的態度に関して，自律
性の確立にあわせて実践意欲を強調して
いるのは，道徳の時間が，直接に道徳的
実践の指導を主眼にしえないものである
だけに，これに託して，望ましいものの
考え方や感じ方の生活における具体化を
期待する結果だということができる」
（p.43）と示されていた。

　昭和53年の「中学校道徳指導書」では
「道徳的態度及び実践意欲は，道徳的判
断，道徳的心情によってよしとする行動
をとろうとする傾向を意味する。これは
道徳的価値の実現を求める人格の持続的
な傾向であり，具体的な行動への身構え
とも言える。道徳的態度は，判断や心情
を基礎とし，それに裏づけられながら行
動に向かって動機づけられている状態で
ある」（pp.28−29）と示されていた。

　平成元年の「中学校道徳指導書」では
「道徳的実践意欲と態度は，道徳的心情
や道徳的判断力によって価値があるとさ
れた行動をとろうとする傾向性を意味し
ている。道徳的実践意欲は，道徳的心情
や道徳的判断力を基礎として道徳的価値
を実現しようとする意志の働きであり，
道徳的態度は，それらに裏付けられた具
体的な道徳的な行為への身構えというこ
とができる」（pp.14−15）と示されていた。

　平成10年と平成20年の中学校学習指導

要領解説（いずれも p.29）では「道徳
的実践意欲と態度は，道徳的心情や道徳
的判断力によって価値があるとされた行
動をとろうとする傾向性を意味する。道
徳的実践意欲は，道徳的心情や道徳的判
断力を基盤とし道徳的価値を実現しよう
とする意志の働きであり，道徳的態度は，
それらに裏付けられた具体的な道徳的行
為への身構えということができる」と示
されていた。

心の発達と道徳的実践意欲と態度の育成

　実践意欲と態度は判断力や心情に比べ
表出され見えやすいが，人は嘘をつき本
心を隠しがちである。二重過程理論に代
わり，自動的精神（情緒的・経験則），
アルゴリズム的精神（論理的・分析的思
考ロゴス），内省的精神（制御的・メタ
認知的思考）が複合的につながっている
とする三部分構造モデルも提唱されてい
る。自動的精神は乳幼児期から，アルゴ
リズム的精神は児童期から発達する。内
省的精神は青年期の課題である。OECD
Education 2030で，思春期こそ理性的判
断の大切さを自覚し自己制御の能力を高
める時期であると示されている。意志の
成熟は20代半ばを待たなければならない
ことも明らかになっている。

〈参考文献〉
・横山利弘『道徳教育とは何だろうか』
廣済堂あかつき2007，阿部修士『意思決
定の心理学』講談社2017，楠見孝・道田
泰司『批判的思考』新曜社2015

　　　　　　　　　　　　　　（澤田浩一）

道徳科の特質・目標

9 道徳的実践力と道徳的実践

基本的な押さえ

　道徳教育指導の場でよく用いられる用語として,「道徳的実践力」と「道徳的実践」がある。「道徳的実践力」とは,道徳的行為そのものではなく,個々の内面的資質であり道徳的行為へと促す内的な力である。一方,「道徳的実践」とは,自らの生き方の課題として道徳的諸価値を内面的に自覚し,それらを実際の日常生活の中で体現したり,行為として表したりできる具体的な言動を意味する。

　道徳教育の究極の目的は,日常生活における道徳的実践を可能にする道徳性の育成である。その意味で,道徳的実践力の育成と道徳的実践は子どもの道徳的日常生活を基底で支える車の両輪の関係であると説明できる。

　道徳科の指導目標となっている道徳性の育成とは,道徳的実践を促すこの道徳的実践力としての内面的資質・能力を培うことにほかならない。また,それは子どもたちの日常的道徳生活の中で発揮され,繰り返し実践されることでより確かな内面的資質となる。このように,道徳的実践力と道徳的実践とは相互補完的に補強される関係にあるといえよう。

道徳的実践力と道徳的実践の関係性

　学校の教育活動全体を通じて行う道徳教育を補ったり,深めたり,相互の関連性を考えて発展させたり統合させたりする「要」の時間として昭和33年,学習指導要領改訂によって道徳の時間が特設された折に文部省より刊行された小・中学校道徳指導書には,以下のように解説が述べられている。

　第1章「総説」第1節「道徳の時間設置の趣旨」には,「道徳の時間における指導は,他の教育活動における道徳教育と密接な関連を保ちながら,これを補充し,深化し,統合し,また,この時間における指導が他の教育活動における指導の中で生かされ,このようにして相互の交流を図ることによって,児童(生徒)に望ましい道徳的習慣・心情・判断力を養い,社会における個人のあり方についての自覚を主体的に深め,道徳的実践力の向上を目ざすものである」と明記されている。

　また,その趣旨は一貫して引き継がれ,平成20年の学習指導要領改訂に伴って出された学習指導要領解説には,「人間としてよりよく生きていく力であり,一人一人の児童が道徳的価値の自覚及び自己の生き方についての考えを深め,(中学校:一人一人の生徒が道徳的価値を自覚し,人間としての生き方について深く考え,)将来出会うであろう様々な場面,状況においても,道徳的価値を実現するための適切な行為を主体的に選択し,実践することができるような内面的資質を意味している」と説明されている。そし

て，それに続けて「道徳的実践は，内面的な道徳的実践力が基盤になければならない。道徳的実践力が育つことによって，より確かな道徳的実践ができるのであり，そのような道徳的実践を繰り返すことによって，道徳的実践力も強められるのである」と述べられている。このような学習指導要領解説に述べられている用語解説の真意とは何であろうか。それは，道徳の授業を通じて育成する道徳的実践力形成指導と学校の全教育活動における道徳的実践指導とは相互に調和し合い，響き合ってこそ子ども一人一人の道徳性形成に寄与するものであるということそのものを意味するのである。

道徳的実践力が意味する今後の課題

　道徳的実践力と道徳的実践が車の両輪のように相互に機能して子どもの道徳性形成に寄与することはここまで述べた通りである。だが，これまでの道徳の時間で，これからの道徳科の中でどのように道徳的実践力を具体的に育成していくのかという議論になると，そこには用語が内包する難しい問題が横たわっていて，事態をいっそう複雑なものにしている。
　例えば平成27年3月，小・中学校等学習指導要領一部改正によって新たに創設された「特別の教科　道徳」＝道徳科の目標には，それまで示されていた「道徳的実践力を育成する」といった文言は見当たらない。また，平成29年7月告示の小・中学校学習指導要領解説にも同様に「道徳的実践力の育成」といった文言は

見当たらない。それは一体何を意味するのか，その点についてもう少し言及しておきたい。
　平成25年12月に示された道徳教育の充実に関する懇談会報告では，道徳教育の目標である「道徳性」を養うことと道徳の時間の目標である「道徳的実践力（内面的資質）」の育成との関係が関係者に十分に理解されていない点，両者の関係性が学習指導要領では必ずしも明確でないために道徳教育の目標自体が内面的なものに偏って捉えられがちとなっている等が指摘された。そんな事情から，学習指導要領「特別の教科　道徳」では「道徳的実践力」という用語が用いられなくなった。もちろん，道徳教育専門用語としては一貫して存在するのであるが，学習指導要領での用語記述の有無からその意図する意味を失ったかのように理解されるのは残念なことである。事実，昭和43年（小学校）・昭和44年（中学校）学習指導要領改訂では一度文言が消え，昭和52年の小・中学校同時改訂で再び復活している。要は，子どもの道徳的日常生活の中で道徳的実践を可能にする内面的な資質・能力を道徳科授業ではどう定義づけ，それをどう育成していくのかという道筋を明確に示せれば道徳的実践力という用語の有無にかかわらずその意図する目的は達成されるのである。

〈参考文献〉
・間瀬正次『戦後日本道徳教育実践史』明治図書1982，『道徳教育　No.395』明治図書1992
（田沼茂紀）

道徳科の特質・目標

10　道徳的価値と徳目

基本的な押さえ

　平成29年告示の中学校学習指導要領解説において、「道徳的価値」については、「第2章　道徳教育の目標」の「第2節　道徳科の目標」の2で「道徳的価値とは、よりよく生きるために必要とされるものであり、人間としての在り方や生き方の礎となるものである。学校教育においては、これらのうち発達の段階を考慮して、生徒一人一人が道徳的価値観を形成する上で必要なものを内容項目として取り上げている。生徒が今後、様々な問題場面に出会った際に、その状況に応じて自己の生き方を考え、主体的な判断に基づいて道徳的実践を行うためには、道徳的価値の意義及びその大切さの理解が必要になる」（p.14）と示されている。小学校学習指導要領解説においても生徒を児童とすれば同様である（pp.17-18）

　道徳的価値と内容項目の関係については、同解説の「第3章　道徳科の内容」の「第1節　内容の基本的性格」の1において、内容項目は生徒が「人間として他者と共によりよく生きていく上で学ぶことが必要と考えられる道徳的価値を含む内容を、短い文章で平易に表現したもの」であり、「生徒自らが道徳性を養うための手掛かりとなるもの」（p.19）で、知的な理解にのみとどまる指導にならないように十分留意する必要があるとしている。

『指導書』における道徳的価値と徳目

　昭和45年告示の文部省『中学校指導書　道徳編』「第1節　道徳教育の意義と課題」の「2　道徳性の構造と道徳教育」には、「(2)道徳的価値」の項目が立てられており、1ページ半に及び解説されている。「一般に、価値とは、あるものやあることがよしとされるときの、そのよさのことであって、したがって、道徳的価値とは、ことばどおり道徳的な意味でのよさであるということができる。

　ところで、ものごとについてそのよさが問題にされる基準にはいろいろあって、そこから、たとえば、実用価値、感覚価値、生命価値、精神価値というような価値の体系も考えられてくる。そして、この場合、道徳的価値もまた通常は、その体系の一環として論ぜられるのであるが、こと道徳的価値に関しては、反面それが、あらゆる価値を価値づける主体としての人間の価値である点に注目する必要がある。

　およそ事物に帰せられる価値というものは、最初から客観的な属性として事物に備わっているものではなく、人間による主体的な価値づけをまって、はじめてそれに与えられた性質のものである。もとより、道徳的価値もまた、これを客体としての人間について語るかぎりは同様であるが、それは本来的にはむしろ、価値づけることの価値であって、行為の主

体である人間に固有の価値と解するのがふさわしい。ひとり人間についてのみ，その尊厳が語られるのはそのためである。

　それはともかく，道徳的価値と呼ばれるものは，具体的には，人間の生き方のなかで，相互に補い合い，干渉し合って統合されている人間らしいよさ，すなわち道徳性を，分析的に要素化して取り出したものである。慣用に従えば徳目といってもよいが，この徳目については，古来から数多くのものが数え上げられているのみならず，それぞれの時代と社会が理想とする人間の生き方に応じて，その間に，軽重，本末を考えた整理をする試みなども広く行われてきている」と示した後，「今日も承認されている道徳的価値の代表的なもの」として以下のものが示されていた。健康の維持・増進，節度・節制，清潔・整頓，礼儀，合理的な生活態度，自主自律，正義・勇気，創意工夫，親切・同情，信頼と協力，規律正しさ，思慮分別，自由と平等，権利と義務，家族愛，郷土愛，公共心，社会連帯の精神，愛国心，人類愛。

　さらに「(3)人間教育としての道徳教育」と題した次節において，徳目主義に言及し，「徳目主義といわれる考え方は，人間のあり方を問題にするに当たって，これを，特定の徳目と結びつけてとらえようとする考え方である。そこには，それなりの長所があることも争えないが，これが度を過ぎると，人間やその行為を，狭い視野から固定的にみる結果に陥りやすく，せっかくの生き生きとして豊かな

人間性を否定することにもなりかねない。具体的な人間においては，その長所と短所，欠点と美点は表裏の関係になっているものであって，その一方をため，他方を伸ばすということは，ことばとしていいえても，実際には簡単にいかないし，かえってしばしば逆の結果を生じることさえあるのである」と示していた。

道徳的価値の特質

　道徳的価値は，観念的に知っているだけでは十分でなく，身につけていかなければならない。人は4歳前後になれば，何が大事かおおよそ知っていると思われる。しかし，いくつになっても，特に思春期になれば，行うことが難しくなる。行うことができないのではなく，実は本当に知っているとはいえないのだとソクラテスは考えた。「無知の知」を自覚することから始められなければならないと考えた。道徳的価値を教え込むことはできない。当たり前と知っていることを，当たり前に行うことがいかに難しいことであるかに自分自身で気づくことが大切である。道徳的価値に，知情意が分かちがたく結びついた形で気づかなければ，身につけることはできないと考えられる。

〈参考文献〉

・横山利弘『道徳教育とは何だろうか』廣済堂あかつき2007，森岡卓也『道徳教育再生のかぎ―政策・現場・学会―』近代文藝社2011

　　　　　　　　　　　（澤田浩一）

道徳科の特質・目標

11　道徳的価値観と道徳的価値の自覚

基本的な押さえ

　平成29年告示の中学校学習指導要領解説において、「道徳的価値観」は第2章の第2節の「2　道徳的諸価値についての理解を基にする」の最初の段落の中に、「学校教育においては、これらのうち発達の段階を考慮して、生徒一人一人が道徳的価値観を形成する上で必要なものを内容項目として取り上げている」と示されているが、特段の解説はない。学習指導要領において「価値観」は、中学校では1箇所示されているが、ここにも解説はなく、高等学校の「学習指導要領解説総則編」において初めて詳しく解説されている。

　他方、「道徳的価値の自覚を深め」は、平成10年12月告示の学習指導要領で目標に付加された。道徳の時間が人間としての在り方や生き方の礎となる道徳的価値について学び、自覚を深め、道徳的実践力を育成するものであることを明確にしていた。平成29年3月告示の「特別の教科　道徳」の目標においては姿を消した。横山利弘氏は、「自己を見つめる」を、自己を見つめた人間の側から、しかも見つめた結果得られるものを表現したものと考えることが問題であると指摘し、「自覚」と「認識」との区別がつきにくくなっているとする。「自覚」は、実存としての人間存在に、「在り方」に関わるものと考えられなければならない。

小学校での道徳的価値の自覚と理解

　平成11年5月告示の道徳の時間の目標の「(3)道徳的価値の自覚を深める」の解説では、「道徳的価値の自覚については、発達段階に応じて多様に考えられるが、次の3つの事柄を押さえておく必要がある。一つは、道徳的価値についての理解である。道徳的価値が人間らしさを表すものであるため、同時に人間理解や他者理解を深めていくようにする。二つは、自分とのかかわりで道徳的価値をとらえられることである。そのことに合わせて自己理解を深めていくようにする。三つは、道徳的価値を自分なりに発展させていくことへの思いや課題が培われることである。その中で自己や社会の未来に夢や希望がもてるようにする」(p.27) と示されていた。

　平成29年告示の中学校学習指導要領解説の「第2章　第2節の2」の「(1)道徳的諸価値について理解する」には、「一つは、内容項目を、人間としてよりよく生きる上で大切なことであると理解することである。二つは、道徳的価値は大切であってもなかなか実現することができない人間の弱さなども理解することである。三つは、道徳的価値を実現したり、実現できなかったりする場合の感じ方、考え方は一つではない、多様であるということを前提として理解することである。道徳的価値が人間らしさを表すものであ

道徳科の特質・目標

ることに気付き，価値理解と同時に人間理解や他者理解を深めていくようにする」（p.18）と示されている。

中学校における道徳的価値の捉え

　平成29年告示の中学校学習指導要領解説の「第2章　第2節の3」の「(1)自己を見つめる」には，「中学校段階では，小学校において育成される道徳性の基礎を踏まえ，よりよく生きる上で大切なものは何か，自分はどのように生きるべきかなどについて，時には悩み，葛藤しつつ，生徒自身が，自己を見つめることによって，徐々に自ら人間としての生き方を育んでいくことが可能となる。したがって，様々な道徳的価値について，自分との関わりも含めて理解し，それに基づいて内省することが求められる。その際には，真摯に自己と向き合い，自分との関わりで改めて道徳的価値を捉え，一個のかけがえのない人格としてその在り方や生き方など自己理解を深めていく必要がある。また，自分自身が人間としてよりよく生きていく上で道徳的価値を自分なりに発展させていくことへの思いや課題に気付き，自己や社会の未来に夢や希望がもてるようにすることも大切である」（p.16）と示されている。

高等学校における価値観の形成

　平成30年告示の高等学校学習指導要領解説総則編の「第3章　第1節の2の(2)の③道徳教育の目標」の「イ　自己探求と自己実現に努め国家・社会の一員とし

ての自覚に基づき行為しうる発達の段階」では，「高等学校段階の生徒は，自分の人生をどう生きればよいか，生きることの意味は何かということについて思い悩む時期である。また，自分自身や自己と他者との関係，更には，広く国家や社会について関心をもち，人間や社会の在るべき姿について考えを深める時期でもある。それらを模索する中で，生きる主体としての自己を確立し，自らの人生観・世界観ないし価値観を形成し，主体性をもって生きたいという意欲を高めていくのである。高等学校においては，このような生徒の発達の段階を考慮し，人間の在り方に深く根ざした人間としての生き方に関する教育を推進することが求められる」（p.30）とされ，「ウ　『人間としての在り方生き方』を考える」では，「社会の変化に対応して主体的に判断し行動しうるためには，選択可能ないくつかの生き方の中から自分にふさわしく，しかもよりよい生き方を選ぶ上で必要な，自分自身に固有の選択基準ないし判断基準をもたなければならない。このような自分自身に固有の選択基準ないし判断基準は，生徒一人一人が人間存在の根本性格を問うこと，すなわち人間としての在り方を問うことを通して形成されてくる」（p.30）と示されている。

〈参考文献〉
・横山利弘『道徳教育とは何だろうか』廣済堂あかつき2007

（澤田浩一）

道徳科の特質・目標

12 道徳的習慣と道徳的慣習

基本的な押さえ

　平成20年改訂学習指導要領の「第3章　道徳」の「第1　目標」に「道徳教育の目標は，第1章総則の第1の2に示すところにより，学校の教育活動全体を通じて，道徳的な心情，判断力，実践意欲と態度などの道徳性を養うこととする」（下線筆者）とされていた。そして，学習指導要領解説の道徳編では，道徳教育の目標中の道徳性について，「道徳性は，既に述べたように，様々な側面からとらえることができるが，学校における道徳教育においては，各教育活動の特質に応じて，特に道徳性を構成する諸様相である道徳的心情，道徳的判断力，道徳的実践意欲と態度などを養うことを求めている」（下線筆者）と示し，道徳的心情，道徳的判断力，道徳的実践意欲と態度について解説した上で，さらに道徳的習慣を道徳性の諸様相として挙げ「道徳性の育成においては，道徳的習慣をはじめ道徳的行為の指導も重要である」と述べていた。

　中央教育審議会「道徳に係る教育課程の改善等について（答申）」〈平成26年10月21日〉（以下，「道徳答申」）において，道徳に係る教育課程の改善方策の一つとして，目標を明確で理解しやすいものに改善することが挙げられたことから，道徳教育及び「特別の教科　道徳」（以下，道徳科）の目標が整理，明確化され，道徳科の目標は，「よりよく生きるための基盤となる道徳性を養うため，道徳的諸価値についての理解を基に，自己を見つめ，物事を（広い視野から）多面的・多角的に考え，自己（人間として）の生き方についての考えを深める学習を通して，道徳的な判断力，心情，実践意欲と態度を育てる」（カッコ内は中学校，下線筆者）とされた。そして，道徳科の学習指導要領解説では，「道徳性とは，人間としてよりよく生きようとする人格的特性であり，道徳教育は道徳性を構成する諸様相である道徳的判断力，道徳的心情，道徳的実践意欲と態度を養うことを求めている」（下線筆者）としている。

道徳的習慣

　上述したように，平成20年改訂学習指導要領では，道徳的慣習は道徳性の諸様相の1つとして捉えられていた。そしてその解説では，道徳的習慣について，「長い間繰り返して行われているうちに習慣として身に付けられた望ましい日常的行動の在り方であり，その最も基本となるものが基本的な生活習慣と呼ばれている。これがやがて，第二の天性とも言われるものとなる」と解説されていた。

　「道徳答申」では，平成20年改訂学習指導要領の解説の中で「道徳性の育成においては，道徳的習慣をはじめ道徳的行為の指導も重要である」とされていたこ

道徳科の特質・目標

とについて，「道徳性の育成のための指導方法の一つとして，道徳的習慣や道徳的行為に関する指導を行うことの重要性を示すものである。例えば，学校教育の様々な場面において，具体的な道徳的習慣や道徳的行為について指導を行うことがあるが，その際，最終的なねらいとしているのは，指導を通じて，道徳的習慣や道徳的行為の意義を理解し，自らの判断により，進んで適切な実践ができる資質・能力を育てることである」とした上で，「道徳の時間において，道徳的習慣や道徳的行為に関する指導を一切行ってはならないということではない。道徳の時間においても，道徳的価値の自覚に基づき，道徳的行為を主体的に選択し，実践するための資質・能力を育む上で効果的と考えられる場合には，児童生徒の発達の段階を踏まえ，必要に応じ，例えば，基本的なマナー，人間関係の形成やコミュニケーションの在り方などの道徳的習慣や道徳的行為について，その意義を含めた指導を取り入れることがあってよい」としている。これを受け，平成27年一部改正学習指導要領解説総則編では，道徳教育推進上の配慮事項の各教科等における指導の基本方針の中で，学習活動や学習態度への配慮で，「道徳答申」で示された，道徳的習慣や道徳的行為を指導する場合，指導の最終的ねらいは，「道徳的習慣や道徳的行為の意義を理解し，自らの判断により，進んで適切な実践ができる資質・能力を育てること」が述べられている。

道徳的慣習

学習指導要領解説の「特別の教科　道徳編」では，中学校の内容項目のB−(7)「礼儀」とC−(17)「我が国の伝統と文化の尊重，国を愛する態度」にのみ「慣習」の語が見られる。前者は，「礼儀」について，他者に対するもの，身につけておくべきものであり，「社会生活の秩序を保つために守るべき行動様式であり，長い間に培われた慣習」とするとともに，「礼儀は，慣習に支えられているため，文化が違えば同じではなく，合理的に説明することができないことも多いが，長い歴史を通じて培われ伝えられ，大切にされてきたもの」としている。後者については，C−(16)の「郷土の伝統と文化の尊重，郷土を愛する態度」との関連で，「『伝統の継承』とは，我が国の長い歴史を通じて培われ，受け継がれてきた風俗，慣習，芸術などを大切にし，それらを次代に引き継いでいくことを意味する」としている。

小学校において同一内容項目にこの語が見られず，中学校の段階だけに見られるのは，発達の段階を踏まえ，国家や国をより抽象度の高い時間的概念も含めたものとして捉えることを意図したものと考えることができる。

〈参考文献〉
・中央教育審議会「道徳に係る教育課程の改善等について（答申）」2014

（飯塚秀彦）

13 道徳的価値の補充・深化・統合

基本的な押さえ

　昭和33年改訂の学習指導要領から平成27年の学習指導要領の一部改正において「特別の教科　道徳」（以下，道徳科）が教育課程に位置づけられるまで，「補充・深化・統合」は，道徳の時間の役割を明確に示すものとして，その目標に位置づけられていた。

　平成27年度の学習指導要領の一部改正において，道徳教育及び道徳科の目標を明確で理解しやすいものに改善するのに伴い，「補充・深化・統合」の文言は，学習指導要領の「第3章　特別の教科道徳」の「第3　指導計画の作成と内容の取扱い」の2において，「道徳教育としては取り扱う機会が十分でない内容項目に関わる指導を補うことや，児童（生徒）や学校の実態等を踏まえて指導をより一層深めること，内容項目の相互の関連を捉え直したり発展させたりすること」というように，わかりやすい表現に改められた。しかし，道徳科は道徳の時間同様に道徳教育の要としての役割を引き続き担っており，「補充・深化・統合」は，道徳教育における道徳科の役割を明確に示すものとして重要である。

要としての道徳科

　教育基本法の第1条に「教育は，人格の完成を目指し」とあるように，人格の完成の基盤となる道徳性を養うことを目標とする道徳教育は，教育の中核をなすものであり，学校における道徳教育は，学校のあらゆる教育活動を通じて行われるべきものである。平成29・30年改訂の学習指導要領は，学習する子どもの視点に立ち，各教科等の目標，内容が3つの資質・能力によって整理された。そしてこの3つの資質・能力の柱の1つである「学びに向かう力，人間性等」は，中央教育審議会「幼稚園，小学校，中学校，高等学校及び特別支援学校の学習指導要領等の改善及び必要な方策等について（答申）」（平成28年12月21日）によれば「自立した人間として他者と共によりよく生きるための基盤となる道徳性を育てることに深く関わっている」とされている。また，学習指導要領解説の総則編では「各教科等は，各教科等の目標に基づいてそれぞれに固有の指導を充実させる過程で，道徳性が養われることを考え，見通しをもって指導することが重要である」とされている。このように，学校の教育活動全体を通じて道徳教育は行われてはいるものの，各教科等においては必ずしも全ての道徳的価値にふれられるわけではなく，また，各教科等においては，道徳的価値そのものを取り上げているわけではないため，道徳科において道徳諸価値を正面から取り上げることにより，「補充・深化・統合」する，要としての役割が必要とされるのである。

道徳科の特質・目標

補充

どの内容項目が，各教科等において扱う機会が十分でないかを知る手がかりとなるのが，道徳教育の全体計画を補うものとして作成されることが多い「別葉」である。この「別葉」は，各教科等で扱う教材などが，どの内容項目と関連しているかを一覧表などとしてまとめたものであるが，例えば，一覧表としてまとめたものであれば，どの内容項目が扱う機会が十分でないかを容易に知ることができる。このように「別葉」などを手がかりとして，各教科等で行う道徳教育において，内容項目を扱う機会について把握することが必要である。

深化

各教科等には，「自立した人間として他者と共によりよく生きるための基盤となる道徳性を育てることに深く関わっている」目標が設定されている。しかし，中学校学習指導要領解説では，「各教科等においてそれぞれの特質に応じて道徳性を養うための学習を行うが，各教科等の指導には各教科等に特有のねらいがあることから，その中では道徳的価値の意味などについて必ずしもじっくりと考え，深めることができているとは限らない。それらの指導の中に含まれる道徳教育が，道徳性を養うためにはとかく断片的であったり徹底を欠いたりするのは避けられないことでもある」と指摘している。そこで，自分との関わりで道徳的価値を捉え自己を見つめ直し，多様な考えにふれる中で多面的・多角的に考え，自己の生き方，人間としての生き方について考えを深める学習を行う道徳科の役割が重要になってくるのである。

統合

中学校学習指導要領解説では，「各教科等における道徳教育の中で多様な体験をしていたとしても，それぞれがもつ道徳的価値の相互の関連や，自己との関わりにおいての全体的なつながりなどについて考えないまま過ごしてしまうことがある。単に個々の教科等に着目した場合に断片的で徹底を欠くばかりでなく，それだけでは，十分な成果を上げることができないこともやむをえない」と指摘している。そこで，求められるのが，道徳科の年間指導計画を作成する際に「児童（生徒）や学校の実態に応じ，2学年間（3学年間）を見通した重点的な指導や内容項目間の関連を密にした指導，一つの内容項目を複数の時間で扱う指導を取り入れるなどの工夫を行う」ことである。このような工夫によって，児童生徒が道徳的価値のつながりや道徳的価値を自分なりに発展させていくことが可能となるのである。

〈参考文献〉

・中央教育審議会「幼稚園，小学校，中学校，高等学校及び特別支援学校の学習指導要領等の改善及び必要な方策等について（答申）」2016

（飯塚秀彦）

道徳科の特質・目標

14　道徳教育と道徳科の目標

基本的な押さえ

　中央教育審議会「道徳に係る教育課程の改善等について（答申）」〈平成26年10月21日〉（以下、「道徳答申」）では、道徳教育と「特別の教科　道徳」（以下、道徳科）について、「アプローチの違いはあるものの、いずれも最終的には、児童生徒の主体的な道徳的実践につながることを目指して、道徳に係る内面的な資質・能力である道徳性を育成するという意味において共通するものである」と述べている。これを受け、道徳教育及び道徳科の目標中に、「よりよく生きるための基盤となる道徳性を養う」ことが盛り込まれ、両者の関連性が明確となった。

「道徳性」と「道徳的実践力」

　平成20・21年改訂の学習指導要領では、小学校から高等学校までの道徳教育の目標は全て同一で、その文末に「基盤としての道徳性を養うことを目標とする」（下線筆者）と示されていた。一方、小学校及び中学校の道徳の時間の目標は、「道徳の時間においては、以上の道徳教育の目標に基づき、各教科、外国語活動、総合的な学習の時間及び特別活動における道徳教育と密接な関連を図りながら、計画的、発展的指導によってこれを補充、深化、統合し、道徳的価値の自覚及び自己の生き方についての考え（道徳的価値及びそれに基づいた人間としての生

き方についての自覚）を深め、道徳的実践力を育成するものとする」（波線部は小学校、カッコ内は中学校、下線筆者）とされていた。この2つの目標について「道徳答申」では、道徳教育の目標に示されている「道徳性」と、道徳の時間の目標に示されている「道徳的実践力」の関係が、学習指導要領解説等で必ずしも明確に示されていないため、その解釈等において誤解が生じ、指導にあたって混乱や指導の幅を狭めているとの指摘があると述べている。そこで、「道徳答申」では、「道徳性」と「道徳的実践力」について、「いずれも児童生徒が今後出会うであろう様々な場面、状況において、道徳的行為を主体的に選択し、実践するための内面的な資質・能力を指すものであり、道徳に係る内面の向上やそれに基づく道徳的実践を求めるものであるということにおいて、基本的に同じ性質のものと捉えるのが妥当」であるとの見解を示した。これを受け、道徳教育の目標及び道徳科の目標に共通して内面的資質としての道徳性を養うことが盛り込まれるとともに、学校の教育活動全体を通じて行う道徳教育では、各教科等の特質に応じて、その関連の中で道徳的諸価値について扱い、道徳科では、道徳的諸価値を正面から取り上げて扱うというように、その役割と関連性が整理、明確化されたのである。

道徳科の特質・目標

発達の段階を踏まえた目標の改善

上述したように，平成20・21年改訂の学習指導要領では，小学校から高等学校までの道徳教育の目標は全て同一であったが，「道徳答申」において「小学校，中学校のそれぞれの発達の段階に即した重点の示し方についても工夫する」ことが示された。これを受け，平成27年の学習指導要領の一部改正において，小学校では「自己の生き方を考え」，中学校では「人間としての生き方を考え」という文言が，道徳教育の目標及び道徳科の目標にそれぞれ盛り込まれ平成30年改訂の学習指導要領では，高等学校の道徳教育の目標に「人間としての在り方生き方を考え」という文言が盛り込まれた。このことに関わって道徳科の学習指導要領解説では，次のように解説している。

人格の基盤を形成する段階が小学校であり，「児童自らが自己を見つめ，『自己の生き方』を考えることができるようにすることが大切である」としている。

中学校では，「中学生の時期は，人生に関わる様々な問題についての関心が高くなり，人生の意味をどこに求め，いかによりよく生きるかという人間としての生き方を主体的に模索し始める時期」であるとし，人間としての生き方に焦点を当てながら，生徒自身が考えを深めていくことを求めている。さらに高等学校では，道徳教育の目標の中に「生徒が自己探求と自己実現に努め国家・社会の一員としての自覚に基づき行為しうる発達の段階にあることを考慮し」と示され，平成30年改訂の学習指導要領では，公民科の「公共」や「倫理」，特別活動を中核的な指導の場面とし，学校の教育活動全体を通じて道徳教育を推進することが求められている。

道徳科における学習活動

道徳科では，その解説において「道徳的価値について自分との関わりも含めて理解し，それに基づいて内省し，多面的・多角的に考え，判断する能力，道徳的心情，道徳的行為を行うための意欲や態度を育てるという趣旨を明確化するため」として，その目標に「道徳的諸価値についての理解を基に，自己を見つめ，物事を（広い視野から）多面的・多角的に考え，自己の生き方（人間としての生き方）についての考えを深める」（カッコ内は中学校）という学習活動が明確に示されている。それぞれの語句の意味ついては，本書の各項を参照いただきたいが，この目標に示された学習活動を通して，児童生徒の道徳性の諸様相である，「道徳的な判断力，心情，実践意欲と態度」が育まれるのであり，また，評価についてもこの学習活動から見取ることのできる児童生徒の学習状況を評価することとされていることに留意したい。

〈参考文献〉

・中央教育審議会「道徳に係る教育課程の改善等について（答申）」2014

（飯塚秀彦）

15　道徳的諸価値の理解

基本的な押さえ

　小学校及び中学校「特別の教科　道徳」（以下，道徳科）の学習指導要領解説によれば，道徳的価値とは，「よりよく生きるために必要とされるものであり，人間としての在り方や生き方の礎となるもの」とされ，児童生徒の発達の段階を考慮して，「児童（生徒）一人一人が道徳的価値観を形成する上で必要なものを内容項目として取り上げている」としている。そして，「今後，様々な問題場面に出会った際に，その状況に応じて自己の生き方を考え，主体的な判断に基づいて道徳的実践を行うためには，道徳的価値の意義及びその大切さの理解が必要」になるとされている。つまり，道徳的諸価値についての理解を基にした道徳科の学習を通して，児童生徒が自ら自立した人間として他者と共によりよく生きる実践（行為・表現など）の基盤となる道徳性を養っていくことになるのである。

道徳的諸価値と内容項目

　小学校及び中学校の学習指導要領解説によれば，内容項目とは，「児童（生徒）が人間として他者と（共に）よりよく生きていく上で学ぶことが必要と考えられる道徳的価値を含む内容を，短い文章で平易に表現したもの」（カッコ内は中学校）とされている。ここで留意しておきたいことは，小学校及び中学校学習指導要領では，内容項目の取扱いについて「相当する各学年において全て取り上げることとする」（波線部は小学校）とされていることである。内容項目によっては，複数の道徳的価値を含むものもあることから，指導にあたっては，内容項目に含まれる道徳的価値をよく確認し，漏れのないようにすることが必要である。

道徳的諸価値の理解と道徳科の学習

　道徳科の目標は，「道徳的諸価値についての理解を基に，自己を見つめ，物事を（広い視野から）多面的・多角的に考え，自己（人間として）の生き方についての考えを深める学習を通して，道徳的な判断力，心情，実践意欲と態度を育てる」（カッコ内は中学校）こととされている。

　小学校及び中学校の学習指導要領解説では，「道徳的諸価値についての理解を基に」の部分について，次のように解説している。

　小学校では，道徳的価値を含む内容項目を，①人間としてよりよく生きる上で大切なことであると理解すること〔価値理解〕，②道徳的価値は大切であってもなかなか実現することができない人間の弱さなども理解すること〔人間理解〕，③道徳的価値を実現したり，実現できなかったりする場合の感じ方，考え方は一つではない，多様であるということ〔他

道徳科の特質・目標

者理解〕と整理した上で、「道徳的価値が人間らしさを表すものであることに気付き、価値理解と同時に人間理解や他者理解を深めていくようにする」としている。

　一方中学校では、思春期にある中学生の発達の段階を踏まえることが求められている。中学生の段階にある生徒であれば、内容項目に含まれる道徳的価値が大切であることを理解しているはずである。しかし、中学校段階の理解は、表面的とでもいうべき理解にとどまっていることも少なくない。そこで、生徒の道徳的価値についての「本当の理解」を促すためには、「学校や家庭、地域社会における様々な体験、道徳科における教材との出会いやそれに基づく他者との対話などを手掛かりとして自己との関わりを問い直すこと」が必要になってくる。あるいはまた、問題解決的な学習において、複数の道徳的価値の中からどの価値を優先するのかの判断を迫られるような問題や課題について、多面的・多角的に考察する中で、「心の葛藤や揺れ、また選択した結果などから、道徳的諸価値への理解が始まることもある」とされていることに留意して指導する必要がある。

　なお、小学校・中学校ともに、「指導の際には、特定の道徳的価値を絶対的なものとして指導したり、本来実感を伴って理解すべき道徳的価値のよさや大切さを観念的に理解させたりする学習に終始することのないように配慮すること」とされていることは、当然のこととして押さえておきたいことである。

道徳的諸価値の理解と道徳科の評価

　道徳科の評価は、児童生徒の学習状況や道徳性に係る成長の様子について、「児童（生徒）がいかに成長したかを積極的に受け止めて認め、励ます個人内評価として記述式で行うこと」が求められている。その際、小学校及び中学校の学習指導要領解説では、道徳科の評価において「学習活動において児童（生徒）が道徳的価値やそれらに関わる諸事象について他者の考え方や議論に触れ、自律的に思考する中」で、特に重視すべき点として、①一面的な見方から多面的・多角的な見方へと発展しているか、②道徳的価値の理解を自分自身との関わりの中で深めているかを示している。道徳科における評価を適切に行うためには、児童生徒の実態に応じて、指導する教師の明確な意図の下に、学習指導過程や指導方法の工夫が不可欠である。小学校及び中学校の学習指導要領解説では、「道徳的価値の理解を自分自身との関わりの中で深めているか」を見取るための視点として、「読み物教材の登場人物を自分に置き換えて考え、自分なりに具体的にイメージして理解しようとしていること」や「道徳的な問題に対して自己の取り得る行動を他者と議論する中で、道徳的価値の理解を更に深めているかや、道徳的価値を実現することの難しさを自分のこととして捉え、考えようとしているか」などを例示している。　　　　　（飯塚秀彦）

道徳科の特質・目標

16 多面的・多角的な道徳的思考

基本的な押さえ

　平成27年の学習指導要領の一部改正において「特別の教科　道徳」が教育課程の中に位置づけられ，その目標中に「道徳的諸価値についての理解を基に，自己を見つめ，物事を（広い視野から）多面的・多角的に考え，自己の（人間としての）生き方についての考えを深める」（カッコ内は中学校）ことが，児童生徒の道徳性を養うための学習として明示された。また，この道徳科における学習は，「深い学び」の鍵とされる「見方・考え方」でもあるとされている。

　中央教育審議会「幼稚園，小学校，中学校，高等学校及び特別支援学校の学習指導要領等の改善及び必要な方策等について（答申）」〈平成28年12月21日〉（以下，「答申」）では，「各教科等の特質に応じた物事を捉える視点や考え方」を「見方・考え方」とした上で，「見方・考え方」を「各教科等を学ぶ本質的な意義の中核をなすものとして，教科等の教育と社会をつなぐもの」であり，「子供たちが学習や人生において『見方・考え方』を自在に働かせられるようにする」ことにこそ，「教員の専門性が発揮されることが求められる」としている。これを受け道徳科における「見方・考え方」は，「様々な事象を，道徳的諸価値の理解を基に自己との関わりで（広い視野から）多面的・多角的に捉え，自己の（人間としての）生き方について考えること」であるとされた。

子どもたちが生きる未来

　「答申」は，その冒頭で次のように述べている。

　「本答申は，2030年の社会と，そして更にその先の豊かな未来において，一人一人の子供たちが，自分の価値を認識するとともに，相手の価値を尊重し，多様な人々と協働しながら様々な社会的変化を乗り越え，よりよい人生とよりよい社会を築いていくために，教育課程を通じて初等中等教育が果たすべき役割を示すことを意図している」（下線筆者）

　私たちの社会を言い表す言葉の1つに「多様性」がある。これは，グローバル化の進展や急速な情報化や科学技術の発展によりもたらされたものであると考えられる。「答申」も述べているように，子どもたちが生きる未来は，こうした変化によってもたらされる豊かさを享受する一方で，容易に解決することが難しい問題にも直面することになる。これらの問題を解決するにあたっては，異なる世代，様々な文化や習慣，価値観をもつ人々など多様な人々と，粘り強く共に対話や議論を行い，共に考えながら，お互いに納得できる解を導く必要がある。

　中学校学習指導要領解説でも，「グローバル化が進展する中で，様々な文化や

道徳科の特質・目標

価値観を背景とする人々と相互に尊重し合いながら生きることや，科学技術の発達や社会・経済の変化の中で，人間の幸福と社会の発展の調和的な実現を図ることが一層重要な課題となる。こうした課題に対応していくためには，人としての生き方や社会の在り方について，多様な価値観の存在を前提にして，他者と対話し協働しながら，物事を広い視野から多面的・多角的に考察することが求められる」（下線筆者）と，道徳科において，多面的・多角的に考えることの重要性を指摘している。

小学校での多面的・多角的な道徳的思考

　小学校学習指導要領解説では，「よりよく生きるための基盤となる道徳性を養うためには，児童が多様な感じ方や考え方に接することが大切であり，児童が多様な価値観の存在を前提にして，他者と対話したり協働したりしながら，物事を多面的・多角的に考えることが求められる。このように物事を多面的・多角的に考える学習を通して，児童一人一人は，価値理解と同時に人間理解や他者理解を深め，更に自分で考えを深め，判断し，表現する力などを育むのである」としている。その上で，物事を多面的・多角的に考える指導として，「発達の段階に応じて二つの概念が互いに矛盾，対立しているという二項対立の物事を取り扱うなど，物事を多面的・多角的に考えることができるよう指導上の工夫をすること」などを例示している。

中学校での多面的・多角的な道徳的思考

　小学校の道徳科の目標は「物事を多面的・多角的に考え」とされているのに対して，中学校の道徳科の目標は「物事を広い視野から多面的・多角的に考え」とされている。小学校の段階では，主に道徳的価値に関わる事象について多面的・多角的に考えるのに対して，中学校段階では，「とりわけ，諸事象の背景にある道徳的諸価値の多面性に着目させ，それを手掛かりにして考察させて，様々な角度から総合的に考察することの大切さや，いかに生きるかについて主体的に考えることの大切さに気付かせることが肝要である。それは，物事の本質を考え，そこに内在する道徳的諸価値を見極めようとする力にも通じるものである」とされている点に留意する必要がある。

　なお，小学校・中学校ともに，多面的・多角的に考察し，主体的に判断し，よりよく生きていくための資質・能力を養うための1つの方法として，問題解決的な学習の有効性が指摘されており，指導の意図を明確にした上で，積極的に取り入れていく必要がある。

〈参考文献〉
・中央教育審議会「幼稚園，小学校，中学校，高等学校及び特別支援学校の学習指導要領等の改善及び必要な方策等について（答申）」2016

（飯塚秀彦）

道徳科の特質・目標

17 自己の生き方についての考えを深める学習

基本的な押さえ

　小学校「特別の教科　道徳」の目標には「道徳的諸価値についての理解を基に，自己を見つめ，物事を多面的・多角的に考え，自己の生き方についての考えを深める学習を通して」とあり，中学校「特別の教科　道徳」の目標には，「道徳的諸価値についての理解を基に，自己を見つめ，物事を広い視野から多面的・多角的に考え，人間としての生き方についての考えを深める学習を通して」（いずれも，下線筆者）とある。

　中央教育審議会「幼稚園，小学校，中学校，高等学校及び特別支援学校の学習指導要領等の改善及び必要な方策等について（答申）」（平成28年12月21日）の「別添16－4」によれば，道徳教育は「道徳的価値を認識できる能力の程度や社会認識の広がり，生活技術の習熟度などに応じて深まる」ものとされている。したがって，学習指導要領解説によれば，小学校段階では，「道徳的価値の理解を基に自己を見つめるなどの道徳的価値の自覚を深める過程で，同時に自己の生き方についての考えを深めているが，特にそのことを強く意識させることが重要である」とされる。一方中学校段階では，「人生に関わるいろいろな問題についての関心が高くなり，人生の意味をどこに求め，いかによりよく生きるかという人間としての生き方を主体的に模索し始め

る時期」であるとされ，「人間についての深い理解なしに，生き方についての深い自覚が生まれるはずはないのである。言い換えれば，人間についての深い理解と，これを鏡として行為の主体としての自己を深く見つめることとの接点に，生き方についての深い自覚が生まれていく」とされている。さらに，高等学校段階では，道徳教育の目標に「人間としての在り方生き方を考え，主体的な判断の下に行動し，自立した人間として他者と共によりよく生きるための基盤となる道徳性を養うことを目標とすること」とされ，人間としての在り方生き方を問うことを通して形成された「生徒一人一人の人間としての在り方についての基本的な考え方が自分自身の判断と行動の選択基準となる」とされている。

自己の生き方

　小学校段階において，自己の生き方についての考えを深めるために，学習指導要領解説では，「道徳的価値の理解を自分との関わりで深めたり，自分自身の体験やそれに伴う感じ方や考え方などを確かに想起したりすることができるようにするなど，特に自己の生き方についての考えを深めることを強く意識して指導すること」の重要性を指摘している。その上で，「児童が道徳的価値に関わる事象を自分自身の問題として受け止められる

道徳科の特質・目標

ようにする」こと，「他者の多様な感じ方や考え方に触れることで身近な集団の中で自分の特徴などを知り，伸ばしたい自己を深く見つめられるようにする」こと，さらに「これからの生き方の課題を考え，それを自己の生き方として実現していこうとする思いや願いを深めることができるようにする」ことなどを例示している。

人間としての生き方

中学校の学習指導要領解説によれば，「そもそも人生は，誰かに任せることができるものではない。誰かの人生ではなく一人一人が自分自身の人生として引き受けなければならない」とされる。一方で，人間は孤立して生きるのではなく，「他者や社会，周囲の世界の中でその影響」を受けるがゆえに，他者や社会，周囲との関わりの中で「自分を深く見つめ，在るべき自分の姿を描きながら生きていかなければならない」存在であるとされる。上述したように，中学生の段階は，進路の選択など「人生に関わるいろいろな問題についての関心が高く」なる時期であることを踏まえ，例えば，道徳的価値を含んだ教材をもとにしながら，生徒同士が自身の体験や感じ方，考え方を交えながら話し合いを深める過程は，「自分の意見がどのようなことを根拠にしているのか，どのような理由によるものなのか，そのよりどころを明らかにする過程でもあり，『なぜ』『どうして』と，更に深く自己や他者と対話することで，自分自身を振り返り，自らの価値観を見つめ，見直すことになる。すなわち，道徳科のねらいである道徳的価値の理解を基に人間としての生き方についての自覚を深めることを促すことになる」ことが，中学校の学習指導要領解説において示されている。

人間としての在り方生き方

高等学校段階では，進路の選択はもとより，選挙権年齢の引き下げにより誰に一票を投じるかなど，より実社会との関わりの強い選択や判断を迫られる。道徳科がない高等学校では，公民科の新しい共通必履修科目「公共」及び，新しい探究科目の「倫理」，そして特別活動を中核的な指導場面としながら，学校の教育活動全体を通じて行う道徳教育の中で，「生徒一人一人が人間存在の根本性格を問うこと，すなわち人間としての在り方を問うこと」を通して「自分自身に固有な選択基準ないし判断基準」「生きる主体としての自己を確立し，自らの人生観・世界観ないし価値観」を形成する「人間としての在り方生き方」に関する教育を推進することが求められる。

〈参考文献〉

・中央教育審議会「幼稚園，小学校，中学校，高等学校及び特別支援学校の学習指導要領等の改善及び必要な方策等について（答申）」2016

（飯塚秀彦）

道徳科の特質・目標

18 道徳科での「主体的・対話的で深い学び」

基本的な押さえ

学校における日々の教育活動は，具体である。そして，その日々の教育活動を体現する上で不可欠な要素が教育観や学力観と呼ばれるものである。

平成29年3月告示の小・中学校等学習指導要領でのキーワードとなっているのは，その前文に述べられている「社会に開かれた教育課程の実現」である。そして，それを具体化するための指針，道標となるのが「主体的・対話的で深い学び」である。

道徳教育は言うに及ばず，これからの学校教育ではアクティブ・ラーニングに総称される能動的な学習方法への転換が不可欠な要件となっている。これからの新しい時代に生きる子どもたちにとって必須となる資質・能力，①「何を理解し，何ができるか」という知識・技能，②「理解していることをどう使うか」という思考力・判断力・表現力等，③「どのように社会・世界と関わり，よりよい人生を送るか」という学びに向かう力・人間性等，これら3本柱の資質・能力形成が今後目指すべき学力観となっている。

そして，それらの学力観形成をする上で求められる教育観が，「主体的・対話的で深い学び」という子どもの能動的な学びの体現である。

自立した人間として他者と共によりよく生きるための基盤となる道徳性形成を目標とする道徳科では子どもが能動的に「自分事」として学べる道徳学習の実現が喫緊の課題となっているのである。

能動的な学習が求められる背景

平成28年12月に示された中央教育審議会答申では，子どもたちが学習内容を人生や社会の在り方と結びつけて深く理解したり，これからの時代に求められる資質・能力を身につけ，生涯にわたって能動的に学び続けたりすることができるようにするため，「どのように学ぶか」という学びの質を重視した改善を図っていくことが重要であると指摘している。これを道徳科の授業に当てはめて考えるなら，子どもがすでにわかっていることを改めて問いかけるといった形式的なやりとりに終始する授業や，どのような内容項目を取り上げても同じ指導方法で授業を展開するといった教師主導の指導スタイルは「主体的・対話的で深い学び」の対極にあるといわざるを得ない。

従前の「道徳の時間」から「特別の教科 道徳」＝道徳科へと転換する直接的な要因となった教育再生実行会議第1次提言（平成25年2月）では，いじめ問題への対応の中で従前の道徳授業の在り方に対して「子どもが命の尊さを知り，自己肯定感を高め，他者への理解や思いやり，規範意識，自主性や責任感などの人間性・社会性を育むよう，国は，道徳教

道徳科の特質・目標

育を充実する。そのため，道徳の教材を抜本的に充実するとともに，道徳の特性を踏まえた新たな枠組みにより教科化し，指導内容を充実し，効果的な指導方法を明確化する」とその改善指針が明確に述べられている。

　そのような社会状況の変化や世論の後押しを受け，平成27年3月に小・中学校等学習指導要領が一部改正され，新たな枠組で道徳科は他教科等に先駆けて新学力観を体現することとなった。検定教科書導入や学習評価導入といった新たな施策で，これまで道徳の時間が半世紀以上にわたって引きずってきた道徳教育忌避感情や軽視の風潮を一掃する大転換を図った経緯は周知のことである。ただ，「仏作って魂入れず」であるならば道徳教科化という大きな改革はその意味を失ってしまうこととなる。子ども自身が自らの主体的な生き方を問うことを目標とする道徳科においてこそ，「主体的・対話的で深い学び」という能動的な道徳学習がいっそう求められるのであり，日々の授業の中でそれが実現できるようにしていくことこそ急務なのである。

道徳科で期待される能動的な学習

　従前の道徳授業では，教師が設定した主題のねらいに即して発問することで授業が成り立っているような側面があった。子どもの立場からするなら，教師は何を意図して矢継ぎ早に発問するのかと訝しんだり，何を答えたら教師が納得するのかと迎合的な応答をしたりするようなこ

とも少なからず散見されたのである。言うまでもなく，それでは子どもたちは他律的な学びの立場に置かれたままである。そのような教師主導の授業展開は，「主体的・対話的で深い学び」の対極にあるといわざるを得ない。

　これからの道徳科における授業構想では，まずそこから問い直す必要がある。つまり，「本当にそれでよいのか」「他の人はこう言っていたけれど，自分は到底それでは納得できない」等々，子ども自身の中に「個別な問い」がなければ主体性を発揮した自分事の学びとはならないであろう。やはり，自分自身の切実な道徳的問いがなければ，それは他人事の語り合いに終始するし，対話を通しての深い学びに至ることは難しいのである。

能動的な学習を実現するための課題

　道徳の時間から道徳科に移行転換しても，多くの教師は他教科同様に予め主題として設定した内容項目の文言についてしっかりと教え，押さえなければならないという呪縛から脱することが難しい現実もある。小・中学校学習指導要領解説の「内容構成の考え方」に述べられているように，内容項目は「教師と児童（生徒）が人間としてのよりよい生き方を求め，共に考え，共に語り合い，その実行に努めるための共通の課題である」という一文を再度問い直す必要がある。

　　　　　　　　　　　　　（田沼茂紀）

道徳科の特質・目標

19 道徳科で育む資質・能力

基本的な押さえ

　平成最後の「学習指導要領」の改訂は，これからの時代に求められる「21世紀型能力観」に基づいて「生きる力」を育成することを目指している。今回の改訂においては，資質と能力は分かちがたいものと考えられ，「資質・能力」と示された。平成27年３月に告示された「特別の教科　道徳」についての学習指導要領の一部改正は，平成29年に告示された「小学校，中学校及び特別支援学校学習指導要領」並びに平成30年に告示された「高等学校学習指導要領」を先取りするものであったということができる。資質・能力の形成が打ち出され，受動的学習者ではなく能動的学習者を育てることが目指されている。「主体的・対話的で深い学び」が標榜され，学びの転換が求められている。

21世紀型能力観

　資質・能力の構造化のイメージが，国立教育政策研究所から，「思考力を中核とし，それを支える基礎力と，使い方を方向付ける実践力の三層構造」として示されている。「基礎力」とは，道具や身体を使う力であり，言葉や数量，情報などの記号や自らの身体を用いて，世界を理解し，表現する力である。言語スキル，数量スキル，情報スキル等の学びの前提となる力である。中核とする「思考力」

とは，深く考える力であり，一人一人が自分の考えをもって他者と対話し，考えを比較吟味して統合し，よりよい考えや知識を創り出す力，さらに次の問いを見つけ，学び続ける力である。問題解決・発見，論理的・批判的・創造的思考，メタ認知・学び方の学び等である。思考力の使い方を方向づける「実践力」とは未来を創る力である。生活や社会，環境の中に問題を見出し，多様な他者と関係を築きながら答えを導き，自分の人生と社会を切り拓いて健やかで豊かな未来を創る力である。自立的活動，関係形成，持続可能な社会づくり等を意味している。

学習指導要領総則における資質・能力

　「幼稚園，小学校，中学校，高等学校及び特別支援学校の学習指導要領等の改善及び必要な方策等について（答申）」においては，資質・能力の３つの柱は，以下の通りに整理された。
①「何を理解しているか，何ができるか（生きて働く「知識・技能」の習得）」
②「理解していること・できることをどう使うか（未知の状況にも対応できる「思考力・判断力・表現力等」の育成）」
③「どのように社会・世界と関わり，よりよい人生を送るか（学びを人生や社会に生かそうとする「学びに向かう力・人間性等」の涵養）」

道徳教育・道徳科においては，③の「学びに向かう力・人間性等」に含まれる以下のような情意や態度等に関わるものが大切であると考えられる。

・主体的に学習に取り組む態度も含めた学びに向かう力や，自己の感情や行動を統制する能力，自らの思考の過程等を客観的に捉える力など，いわゆる「メタ認知」に関するもの。一人一人が幸福な人生を自ら創り出していくためには，情意面や態度面について，自己の感情や行動を統制する力や，よりよい生活や人間関係を自主的に形成する態度等を育むことが求められる。こうした力は，将来における社会的な不適応を予防し保護要因を高め，社会を生き抜く力につながるという観点からも重要である。

・多様性を尊重する態度と互いのよさを生かして協働する力，持続可能な社会づくりに向けた態度，リーダーシップやチームワーク，感性，優しさや思いやりなど，人間性等に関するもの。

道徳科の目標と育成すべき資質・能力

前記の「答申」においては，「道徳教育・道徳科で育成することを目指す資質・能力と，今回の学習指導要領改訂において整理する資質・能力の三つの柱（『知識・技能』『思考力・判断力・表現力等』『学びに向かう力・人間性等』）との関係については，人格そのものに働き掛け，道徳性を養うことを目的とする道徳教育の特質を考慮する必要がある。こ

のため，『道徳教育に係る評価等の在り方に関する専門家会議』の報告（平成28年7月22日）では，資質・能力の三つの柱との関係について，道徳科の学習活動に着目した捉え方を示している」とした後，小・中・高等学校における道徳教育・道徳科の目標について考察している。さらに「答申」においては，「こうしたことを踏まえると，道徳教育と資質・能力の三つの柱との関係については，道徳教育・道徳科の学習の過程に着目して，道徳性を養う学習を支える重要な要素である『道徳的諸価値の理解と自分自身に固有の選択基準・判断基準の形成』，『人間としての在り方生き方についての考え』及び道徳教育・道徳科で育成することを目指す資質・能力である『人間としてよりよく生きる基盤となる道徳性』の三つが，各教科等で育成することを目指す資質・能力の三つの柱にそれぞれ対応するものとして整理することができる」と示しており，「これらのことは改訂後の小・中学校の道徳科の目標等に示されていると言えるため，改めて小・中学校の道徳科の目標を改訂し直すのではなく，指導資料の作成等を通じて周知していく中で分かりやすく示していくことが必要である」としている。

〈参考文献〉
・国立教育政策研究所『国研ライブラリー　資質・能力　理論編』東洋館出版社2016，田沼茂紀『道徳科で育む21世紀型道徳力』北樹出版2016，

（澤田浩一）

20　考え，議論する道徳

基本的な押さえ

　平成27年3月の学校教育法施行規則改正に伴って，従前の「道徳の時間」から「特別の教科　道徳」，つまり道徳科へ移行転換した際に注目されたのが「考え，議論する道徳」という印象的なキャッチ・コピーである。

　この改正では，平成26年10月の中央教育審議会答申「道徳に係る教育課程の改善等について」で示された内容，「特定の価値観を押し付けたり，主体性をもたず言われるままに行動するよう指導したりすることは，道徳教育が目指す方向の対極にあるものと言わなければならない」「多様な価値観の，時に対立がある場合を含めて，誠実にそれらの価値に向き合い，道徳としての問題を考え続ける姿勢こそ道徳教育で養うべき基本的資質である」等を踏まえ，新たに開始される道徳科の方向づけを行っている。

　よって，「考え，議論する道徳」の基本的な要件をとりまとめると，①「学ぶ子どもの主体性」，②「自分事として考える道徳」，③「多様な価値観と向き合う道徳」とすることができよう。

「考え，議論する道徳」に至る背景

　道徳科で意図する「考え，議論する道徳」に言及するとき，なるほどと納得すると同時に疑念もわいてくる。なぜなら，学習指導要領解説の第2章「道徳教育の

目標」にも明記されているように，学校における道徳教育は子どもが自己の生き方を考え，主体的な判断の下に行動し，自立した一人の人間として他者と共によりよく生きるための基盤となる道徳性の育成を目指すもので，このような基本的指針は今頃になって改めて述べられたものではない。

　つまり，道徳を学び考える子どもの主体性，当事者性，多様な思考・判断などは本来的に当たり前のことである。この点に言及するなら，従前は道徳の時間であったからとか，道徳科になったのだから今後は留意してといったような問題ではない。本来的に子ども自身の生き方学習を考えれば，当然そうでなければならないはずの我が国の道徳教育がその要件を満たしてこなかったということの証左でもある。道徳科設置に伴って謳われた「考え，議論する道徳」は，これまでの道徳教育充実を阻み，打開できなかった根源的な問題に対する真正面からの問題提起そのものと理解すべきであろう。

　事実，平成28年11月，時の松野博一文部科学大臣は「いじめに正面から向き合う『考え，議論する道徳』への転換に向けて」と題する大臣メッセージを発表し，国民総がかりの道徳教育改革を強くアピールした。いじめ防止に起因する道徳教育改革だからである。そこでは，「これまでの道徳教育は，読み物の登場人物の

気持ちを読み取ることで終わってしまっていたり、『いじめは許されない』ということを児童生徒に言わせたり書かせたりするだけの授業になりがちと言われてきました」と断言し、道徳教育の中でしっかり学べるようにする必要があることから「考え、議論する道徳」への転換を全面に訴えたのである。

「考え、議論する道徳」の具体的内容

　「考え、議論する道徳」という文言から連想される道徳科の授業イメージとは、一体どのようなものなのであろうか。低学年の小学生が口角泡を飛ばして議論することなど考えにくいし、かといって思春期の只中に位置する中学校上学年生徒が自らの内面を全てさらけ出して語り合う等は、なかなか考えにくいことである。この「考え、議論する道徳」という文言は、道徳科の授業改革イメージと理解することが大切であろうと思われる。

　やはり、子どもたちが道徳科授業の中で自分自身の問題として受け止め、考え、よりよい生き方を探し求めていく道徳学習プロセスやその方法論的な手立てを具体的に検討していくと、そこには当然の前提として発達の段階や道徳的な実態が考慮されなければならない。全国一律に同一の指導スタイルを模索するといったことでは子どもの主体性や当事者意識を引き出すことなど不可能である。また、多様な価値観と向き合うには、学ぶ側の道徳的実態が大きく作用する。それらを踏まえてこその「考え、議論する道徳」

と、論点を明確にして理解しておきたい。

　学習指導要領解説の第1章「総説」では、道徳科を「発達の段階に応じ、答えが一つではない道徳的な課題を一人一人の児童（生徒）が自分自身の問題と捉え、向き合う『考える道徳』、『議論する道徳』へと転換を図るもの」と位置づけている。

　このような「考え、議論する道徳」の実現を目指すのが道徳科であると認識を新たにすると、従前の道徳の時間での指導で主流を占めていた道徳教材中の人物の生き方の是非や登場人物の心情理解のみでなく、問題解決的な学習を取り入れたり、道徳的行為に関する体験的な学習を取り入れたりするといった学習も当然のように求められてくるのである。

「考え、議論する道徳」の推進課題

　道徳科の目標の中に、「物事を（広い視野から）多面的・多角的に考え、自己の（人間としての）生き方についての考えを深める学習を通して」という一節がある。これが意図するのは、多様な考え方にふれることでしか個の望ましい道徳的価値観形成はかなわないということである。それを実現するのが「考え、議論する道徳学びの場」であることを肝に銘じ、その具現化を目指したいものである。

〈参考文献〉

・松野博一「いじめに正面から向き合う『考え、議論する道徳』への転換に向けて」2016

（田沼茂紀）

道徳科の特質・目標

49

21 OECD Education 2030と今後の道徳教育

基本的な押さえ

Education 2030は，OECD（経済協力開発機構）が2015年から進めている未来の教育を開発するプロジェクトである（正式名は「OECD 教育とスキルの未来プロジェクト2030」）。その目的は，2030年という近未来に求められるコンピテンシー（資質・能力）を提起し，それらを育む新たな教育の在り方を検討することである。

Education 2030のフェーズ1（2015〜2018年）では，未来社会のビジョンのもとに教育の将来と学びの枠組が開発され，その成果は，「学びの羅針盤」を盛り込んだ「方針文書」として公開された。フェーズ2（2019〜2022年を予定）では，この枠組の実現に向けたカリキュラム開発や教授・評価法，教員養成に関する検討が進められている。

Education 2030は，21世紀初頭から世界の教育改革を牽引してきた「キー・コンピテンシー」の発展形であり，知識や思考力の育成を支える諸価値や態度についても積極的な議論が展開されている。

個人と社会のウェルビーイング（幸福）

これからの子どもたちは，予測困難な未来を生きることになる。Education 2030は，このVUCA（Volatility：不安定,Uncertainty：不確実,Complexity：複雑,Ambiguity：曖昧）と呼ばれる世界観を共有し，教育の目標を「ウェルビーイング（Well-being）」と定める。「ウェルビーイング」とは，社会の厚生・福祉や個人の幸福を意味する。この語には，社会については，物質的な豊かさだけでなく，健康や安全，市民の社会参画などが含意され，個人については，生活の質（QOL）の向上や充実した人生の創造が込められている。さらに，教育が子どもの「将来」の幸福に備えるだけでなく，現在の幸福やニーズを考慮しなければならないことも示唆されている。

学びの羅針盤とエージェンシー

Education 2030が新たな学習の枠組として提起した「学びの羅針盤（learning compass）」（下図）には大きな羅針盤が描かれ，左手前には，その羅針盤を手に道を進もうとする子どもの姿が見える。

OECD ラーニング・コンパス（学びの羅針盤）2030

道徳科の特質・目標

学び手である子どもは,「生徒エージェンシー（student agency）」と捉えられている。エージェンシーとは「主体的な行為者」である。そこでは,子どもが,周りの世界,すなわち,現実の生活世界の中で他者や社会に自ら働きかけながら,それらとの様々な関わりの中で自ら学ぶ姿が強調されている。子どもは,仲間や教師,家族やコミュニティでの様々な対話的・協働的な関わりの中で,「共同エージェンシー（co-agency）」を育んでいく。学校は,その相互に関わり合う様々な学びの大きな体系（エコシステム）の1つとして位置づけられる。

「学びの羅針盤」では,スキルや知識,価値,態度で構成される学びの「中核的基盤」をもとに,「変革を起こすコンピテンシー」に焦点が当てられている。具体的には「自ら考え,主体的に行動し,責任をもって社会変革を実現していく力」であり,「新たな価値の創造」「対立やジレンマへの対処」「責任をとること」が挙げられている。

学習プロセスは「見通し,行動,振り返り」のサイクルで構成され,目標をもって進路を見出し,よりよい未来創造へ向かう主体的な学びが提起されている。

新たな道徳の学びの創造

Education 2030は,今後の道徳教育にどのような示唆を与えるだろうか。

まず注目したいのは,Education 2030が,育成を目指すコンピテンシーを,知識やスキル（思考力や非認知能力）,態度,そして諸価値を統合した包括的な力と捉えていることである。

知識やスキル（批判的・創造的思考力,学び方を学ぶこと,自己調整などの認知スキルやメタ認知スキル,共感や自己効力感,協働性などの社会情動的スキル,ICT活用などの実用的・身体的スキル）は,態度や諸価値によって媒介されてその力を発揮する。道徳教育には,知識やスキルを活用して諸価値を現実世界で実現する力の育成が求められよう。

次に,学習の枠組から見ると,「見通し」や「振り返り」など,子ども自身が目標をもって学ぶ意義に加え,教室の学びを実生活に関連づけたり,他教科等と関連づけたりと,新たな学びを実現する手がかりは学習指導要領にも盛り込まれている。さらに,具体的な文脈での学習を充実するには,Education 2030が提起するカリキュラムの柔軟性（事前の計画から状況に応じた動的な学習へ）や関与（教師や生徒のカリキュラム開発への参加）が今後の課題となるだろう。

Education 2030は,日本も参加する国際的な協働プロジェクトである。教育の未来創造に向けて,日本の道徳教育からの積極的な発信が求められよう。

〈参考文献〉
・Education 2030のWebサイト（URL：https://www.oecd.org/education/2030-project/）,Education 2030既刊報告書,「OECDラーニング・コンパス（学びの羅針盤）2030　仮訳」2020

（西野真由美）

道徳科の特質・目標

51

22 ４つの視点と内容構成

基本的な押さえ

　道徳科の「内容」における４つの視点とは，道徳教育の目標を達成するための内容の構成に関する枠組の原理であり，平成元年度版の学習指導要領において初めて登場した。現行の平成29年版の学習指導要領において道徳科では，小学校の「第１学年及び第２学年」「第３学年及び第４学年」「第５学年及び第６学年」，中学校の「第１～３学年」の全ての内容項目が，以下の４つの視点に分類されて整理されている。

A　主として自分自身に関すること

B　主として人との関わりに関すること

C　主として集団や社会との関わりに関すること

D　主として生命や自然，崇高なものとの関わりに関すること

道徳科の内容

　そもそも道徳科ではいったい何を学ぶべきなのか。学習指導要領には道徳科で扱う内容として，「第２　内容」に内容項目が示されている。内容項目には，児童生徒が人間として他者とよりよく生きていく上で学ぶことが必要と考えられる道徳的価値を含む内容が短い文章で平易に表現してあり，端的にその内容を表す言葉（キーワード）も付記されている。

　だが道徳科の場合，内容項目は他の教科のように，単なる学習すべき対象とし

ての内容が示されているわけではない点に注意したい。教師と児童生徒が，人間としてのよりよい生き方を求めて共に考え，実行していくための共通課題について表現されているのであり，児童生徒が自ら道徳性を養っていくための手がかりにもなっている。しかも，全教育活動を通じて行われる道徳教育の要としての道徳科はもとより，全教育活動を通じて指導されるべき課題も表されている。したがって，指導の際には内容項目そのものやキーワードとなる徳目を教え込んだり，知識理解のみにとどまる指導になったりしないよう十分注意する必要がある。

　また，この各内容項目は関連する児童の実態を把握し，課題点を捉えるためのものでもある。児童生徒が道徳的価値の理解を基に自己を見つめ，物事を多面的・多角的に捉えて自己の生き方についての考えを深めるようにするための，ある意味で指標と言い換えることもできるだろう。教師には，内容項目をもとにしながら実態に応じた指導の工夫が求められているのである。

４つの視点

　内容項目の全体は，前述した４つの視点によって分類整理されることで，道徳科における内容全体の構成や相互の関連性，そして発展性も明確にされている。

　Aの視点とは，自己の在り方を自分自

道徳科の特質・目標

身との関わりで捉え，望ましい自己の形成を図ることに関連するものである。Bの視点とは，自己を人との関わりにおいて捉え，望ましい人間関係を築くことに関するものである。Cの視点とは，自己を様々な社会集団や郷土，国家，国際社会との関わりにおいて捉え，我が国に生きる日本人としての自覚に立ち，平和で民主的な国家及び社会の形成者として必要な道徳性を養うことに関するものである。そしてDの視点とは，自己を生命や自然，美しいもの，崇高なものとの関わりで捉え，人間としての自覚を深めることに関するものである。

　私たちは一生を通じて，様々な関わりとの生活の中で成長していくとともに，その関わりの中の様々な側面から道徳性を学んだり身につけたりしながら，少しずつ人格を形成していく。こうした関係性について，４つの視点は自分から見た自分，自分と他の人，自分と集団及び社会，そして自分と自然や崇高なものというように，同心円的に順に拡大していく自分と価値の関係性を整理した概念なのである。

　ただし，いうまでもなくこれらの各視点は独立しているわけではなく，相互に深い関連をもっている。例えば，Aの視点が基盤となることで他の３つの視点の内容に関わっていくことになるし，再びAの視点に戻ることで自律性が高まっていくことにもなる。Bの視点が基盤となってCの視点に発展していくし，AやBの視点を深く追究すればDの視点が重要になってくる場合もあるだろう。したがって，各学年段階では児童生徒の発達段階を勘案し，これらの４つの視点の関連性について十分考慮しながら，適切に指導していくことが求められるのである。

内容の発展的指導と重点化

　道徳科の内容項目は，小学校の低学年が19項目，中学年が20項目，高学年が22項目，そして中学校では22項目にまとめられている。だが，これらはあくまでも９年間の指導を視野に入れながら，児童生徒の価値認識の能力や社会認識の広がり，生活技術の習熟度や発達段階を考慮して精選し，学年ごとに整理したものである。したがって指導する際には，まず内容項目相互の関連性と発展的指導を意識する必要がある。一般に道徳的行為とは１つの内容項目だけが単独に作用することはほとんどないからである。項目間の関連性を十分考慮しながら，上位学年への発展的な関連性や発達段階を考慮していく必要がある。また，各学校では重点的指導の工夫も求められるだろう。各学年の段階で重点化されている内容項目や学校として重点化したい内容項目を明確にし，児童生徒や学校の実態に応じて弾力的に運用していく観点が不可欠なのである。

〈参考文献〉
・貝塚茂樹・関根明伸『道徳教育を学ぶための重要項目100』教育出版2016

（関根明伸）

23　各教科等における道徳教育

基本的な押さえ

　各教科等における道徳教育の実施は，学習指導要領の総則における次の記述に基づいている。「学校における道徳教育は，特別の教科である道徳（以下「道徳科」という。）を要として学校の教育活動全体を通じて行うものであり，道徳科はもとより，各教科，外国語活動（小学校のみ），総合的な学習の時間及び特別活動のそれぞれの特質に応じて，児童（生徒）の発達の段階を考慮して，適切な指導を行うこと」

　これは，学校の道徳教育は特定の教科が担うのではなく，全ての教科と「領域」による教育活動の全体を通じて実施されるという，いわゆる全面主義的道徳教育の考え方によるものである。昭和26年の「学習指導要領　一般編（試案）」以来，我が国では道徳教育の基本原則として一貫して重視されてきた基本方針である。

各教科等における指導の基本方針

　学校における道徳教育は，道徳科を要としながらも学校の教育活動全体を通じて行われる必要がある。具体的な道徳教育の指導方法は学校の創意工夫に委ねられるが，指導の際には各教科等の目標に基づく指導を充実させながら，その過程で同時に道徳性の育成も意識しなくてはならない。したがって，教師は次のような視点に基づいて指導することが大切である。

①目標，内容との関連性を明確に

　そもそも各教科等の目標や内容には，児童生徒の道徳性の育成に関連する道徳的価値が多く含まれている。したがって，各教科等において道徳性の育成に関わりが深い関連事項を明確にするとともに，学校独自の重点項目との関連性も考慮しながら指導していくことが肝要である。

②学習活動や態度への配慮

　各教科等で道徳性を指導する場合は，道徳的価値を視点とする学習活動や学習態度への配慮も大切となる。なぜならば，学校の様々な場面での学習には主体的な発表や話し合い活動の在り方，自主的かつ協力的な学級の雰囲気，そして人間関係などが大きく関わるからである。これらは各教科等の学習効果を高めるだけでなく，望ましい道徳性の育成にもつながっていくものである。

各教科等における道徳教育

　各教科等における道徳教育では，次のような点を大切にしていきたい。

❶国語科

　言語感覚を豊かにすることは道徳的心情や道徳的判断力の育成につながるものであり，言語文化の尊重は我が国の伝統と文化を尊重し，それらを育んできた我が国と郷土を愛する心情にも通じる。

道徳科の特質・目標

❷社会科

「主として集団や社会との関わりに関すること」に関連する。地域や我が国の歴史と文化への理解は、地域社会への誇りと我が国の伝統と文化を尊重し、我が国と郷土を愛することにつながっていく。

❸算数科（数学科）

日常の事象を数理的に捉え、見通しをもって筋道を立てて考察する能力の育成は、道徳的判断力の育成に資する。

❹理科

栽培や飼育を通した自然を愛する心情の育成は、生命尊重の精神や自然環境の保全に寄与する態度育成につながる。

❺生活科

社会と自然に関わる活動や体験は、自然愛や生命尊重の精神に通じる。また、生活上のきまりや言葉づかい、振る舞いなどを身につけることは、自分自身に関する規律や生活習慣につながっていく。

❻音楽

音楽を愛する心情や音楽に対する感性は、美しいものや崇高なものを尊重する心情につながる。また、音楽を通して育まれる豊かな情操は道徳性の基盤を養うものとなっていく。

❼図画工作

創作活動の喜びは、美しいものや崇高なものを尊重する心につながる。また造形的な創造の活動は豊かな情操の育成にも寄与する。

❽家庭科

日常生活に必要な知識や技能を身につけることは、生活習慣の大切さを理解し、自律的な生活につながっていく。また、家庭生活を大切にする心情は家族への敬愛と楽しい家庭の創造につながる。

❾体育科（保健体育科）

目標をもった運動活動や集団でのゲームは向上心や克己心を育成し、「努力と強い意志」、協力やフェアプレーの精神などと関連が深い。健康・安全への理解は生活習慣や自律的な生活につながる。

❿外国語科

日本人としての自覚をもち、国際的視野に立って世界の平和と人類の幸福に貢献する態度につながる。また、語学の習得は他者を受け入れる寛容の精神や平和・国際貢献の精神につながっていく。

⓫総合的な学習の時間

探究的な見方・考え方を働かせての横断的・総合的な学習は、現代社会の課題に取り組むことで自己の生き方に向き合うことにつながっていく。また、探究的な課題解決の学習は主体的な判断や自己の目標の実現、他者との協調につながる。

⓬特別活動

集団活動や体験的な活動は、道徳的な実践指導を行う重要な機会や場となる。目指す資質・能力には「多様な他者との協働」「人間関係」「自己の生き方」「自己実現」などがあり、道徳教育において果たす役割は極めて大きい。特に、学級活動や児童会・生徒会活動は、自発的、自治的な活動により、よりよい人間関係の形成や学校生活づくりに参画する態度につながる。

（関根明伸）

24 道徳科カリキュラム・マネジメント

基本的な押さえ

カリキュラム・マネジメントとは，各学校が教育課程に基づいて組織的かつ計画的に各学校の教育活動の質の向上を図っていくための一連の活動を指しており，小・中学校の学習指導要領では平成29年版に初めて登場した概念である。「第1章　総則　第1の4」の記述に基づくが，そこでは教育課程の運営に関して以下の3つの側面が強調されている。

①学校の教育目標を踏まえて，教科横断的な視点で各教科等の教育内容を組織的に配列し，組み立てること
②教育内容の質の向上に向けて，教育課程の編成と実施，評価により改善を図っていく，一連のPDCAサイクルを確立すること
③教育課程の実施に必要な人的又は物的な資源を確保し，それらを効果的に組み合わせながらその改善を図っていくこと

教育課程は，学校のあらゆる教育活動を支える基盤となるものであり，それが効果的に実施されるためには計画的かつ組織的に運営されていく必要がある。その点で教育活動の全体を通じて実施される道徳教育は，道徳科を要としながらも，まさにこのカリキュラム・マネジメントの視点に立って着実に実施されていかなくてはならない。

カリキュラム・マネジメントの理念

そもそもカリキュラム・マネジメントの概念は，どのような経緯で導入されたのだろうか。かつて昭和22年版及び昭和26年版の学習指導要領は「試案」の位置づけであったため，当時の各小・中学校では児童生徒の実態や地域の特性に基づき，比較的自由度の高い独自のカリキュラム編成が実施されていた。だが，昭和33年の改訂で学習指導要領のいわゆる「法的拘束性」が規定されると，こうした全国の学校で盛り上がっていた特色あるカリキュラム編成の機運は，たちまち後退を余儀なくされることになった。

ところが，平成10年の中央教育審議会答申「今後の地方教育行政の在り方について」や教育課程審議会答申「幼稚園，小学校，中学校，高等学校，盲学校，聾学校及び養護学校の教育課程の基準の改善について」に続いて，平成10年版学習指導要領で「総合的な学習の時間」が新設されると，大きな転機を迎えることになった。教育課程の編成における学校裁量権の拡大や，情報や環境などのテーマに対する教科横断的で総合的な学習を推進する仕組みが提起されたからである。

その後，こうした教育課程の自律性と独自性を重視する傾向は，組織的かつ計画的に学校の教育活動の向上を図るカリキュラム・マネジメントの理念として継続・発展していった。平成28年12月の中

央教育審議会答申では，「学習指導要領等を受け止めつつ，子供たちの姿や地域の実情等を踏まえて，各学校が設定する学校教育目標を実現するために，学習指導要領等に基づき教育課程を編成し，それを実施・評価し改善していくこと」と定義され，上記の３つの側面が示されている。カリキュラム・マネジメントの理念は，平成29年版学習指導要領の重要なキーワードの１つとなっている。

道徳教育のカリキュラム・マネジメント

　道徳科を要とする学校の道徳教育においては，カリキュラム・マネジメントの視点から前述の①～③が重要となるが，具体的な注意点は以下の通りである。

❶指導体制

　まず教育課程の管理者である校長は，関係法規や社会的な要請，学校や地域の実情，児童生徒の実態，家庭や地域の期待などを踏まえながら，学校の教育目標との関わりで，道徳教育の基本方針を明確に示す必要がある。全教師に対して重点事項や指導方針に関する共通理解を図り，重要性を認識してもらうためである。また，学校が組織体として一体的に道徳教育を進めていくためには，道徳教育推進教師を中心に全教師による協力体制が整備されなくてはならない。全教師が積極的に関わることができる機能的な体制の構築が求められるのである。

❷全体計画の明確化と作成

　学校の全体計画は，当該校の道徳教育の基本的な方針を示すとともに，教育活動全体を通じて進める道徳教育の方策を示す教育計画でもある。校長の方針の下，道徳教育推進教師を中心としながら全教師の参加と協力によって作成されなくてはならない。

　また，全体計画の作成の際は十分な研修を進めて教師たちの意識を高め，学校の特色を生かした重点目標の明確化や道徳科と各教科等との関連性，家庭・地域社会及び関係諸機関との連携，そして計画の実施・評価・改善のための体制の確立等が考慮される必要がある。

❸各教科等での指導

　各教科等での道徳教育の方法は，基本的には学校の創意工夫に委ねられているが，授業での教師の言葉づかいや接し方，授業に対する熱意や姿勢等は道徳性の育成に無関係ではない。また，同様に道徳教育と各教科等の目標や内容との関連，そして授業における学習態度や学習習慣も深く関連する点に注意したい。

　全体計画や別葉については，各教科等で育成を目指す資質・能力と道徳教育で育成を目指すそれとの関連性を提示したり，ホームページ等で公開したりすることも，カリキュラム・マネジメントの視点からは極めて有効な方策となる。

〈参考文献〉

・中留武昭・曽我悦子『カリキュラムマネジメントの新たな挑戦　総合的な学習における連関性と協働性に焦点をあてて』教育開発研究所2015

（関根明伸）

道徳科の特質・目標

57

25　道徳教育推進教師

基本的な押さえ

　道徳教育推進教師（以下、「推進教師」と記す）とは、全ての教師が一体となって道徳教育を推進できるように組織された小・中学校において、その中心的な役割を担う教師を指す。平成20年の学習指導要領から登場したが、校長の指導の下、教科等や生徒指導、保健指導等などの各担当者とも連携しながら、組織として道徳教育を進めていくチーム体制の中心的役割を果たす立場にある。平成20年の学習指導要領解説によれば、「推進教師」の主な役割は以下の内容に関することである。

ア　道徳教育の指導計画の作成

イ　全教育活動の道徳教育の推進、充実

ウ　道徳の時間の充実と指導体制

エ　道徳用教材の整備・充実・活用

オ　道徳教育の情報提供や情報交換

カ　家庭や地域社会との連携

キ　道徳教育の研修の充実

ク　道徳教育における評価

道徳教育推進教師の登場

　我が国の道徳教育は、昭和33年に「道徳」が特設されて以来、いわゆる「特設道徳」が半世紀以上実施されてきた。しかし、「学校の方針が見えづらい」「教員たちの意識が共有されていない」「学校の教育活動全体で取り組む意識が低い」「担任まかせである」など、これまで幾度となくその教育体制の課題点は指摘されてきたところである。そのような中、これらの問題を克服すべく、平成20年1月の中央教育審議会答申「幼稚園、小学校、中学校、高等学校及び特別支援学校の学習指導要領等の改善について」では、道徳教育の充実と改善に関する新しい方向性が打ち出された。そしてこの答申を受け、平成20年版学習指導要領において道徳教育の改善・充実への期待を担う具体化策の1つとして登場したのがまさに「推進教師」であった。校長の指導の下、全ての教師が協力して道徳教育に取り組むために導入されたものであり、平成27年の教科化以降も、その位置づけや役割には変わりがない。

道徳教育指導体制の中心

　道徳科の授業は、原則的には学級の児童生徒をよく理解している学級担任が中心となって計画的に進めるべきだが、学校が掲げる道徳教育の目標を実現するには全ての教師が協力し合って連携し、学校や学年も一体となって進めていく必要がある。そもそも学校の道徳教育は、学校の教育活動全体を通して進めなくてはならないし、学級担任だけでは実施は困難である。そのため、学校では各教師が道徳教育の意義と役割を自覚して全体として一体となり、責任ある実践と指導を主体的に進めていけるような体制づくり

がなされなくてはならない。

具体的な組織としては、道徳科及び各教科等での指導に関する組織や学年ごとの指導体制の組織が考えられるが、その他には生徒指導や保健指導、あるいは家庭や地域社会等と密接に連携して指導していく体制づくりも考えられる。様々な道徳的課題に対応するためには、これらの組織が相互に協力し合いながら連携し、弾力的かつ柔軟に機能していくことが大切であり、その体制の中心になっていくのが「推進教師」なのである。このように、「推進教師」は全ての教師の参画と分担への協力を得ながら、同時に家庭や地域とも連携し、組織的な協力体制が円滑に進められるように調整していく重要な役割を担っているのである。

道徳教育推進教師の機能的役割

「推進教師」は、常に学校全体の道徳教育の推進状況や課題点を確認するとともに、各組織間の連携にも配慮しながら、次のような役割を担っていく。

① プロモーター（推進者）の役割

校長の方針を受けて、学校としての取り組みを発議、提案、企画することで学校全体の取り組みを促進していく。

② コーディネーター（調整役）の役割

教師一人一人の発想や役割を生かしつつ創意工夫を尊重することで学校風土をつくりあげるとともに、全体の意見や方向性を調整していく世話役としての役割。

③ アドバイザー（助言者）の役割

各組織の担当者の悩みや相談に寄り添いながら、関連情報の共有や専門的な知識を提供することにより、積極的に助言していく。

協力体制づくりの手順

各学校では、校長の方針に基づいて道徳教育の方向性と体制づくりが定められ、その上で「推進教師」が選任されることになる。そして次に重要なのが、「推進教師」を中心にどのように組織化し、協力体制を構築していくかである。これら一連の手順の概要は以下の通りである。

❶学校の道徳教育の方針の確認

❷道徳教育推進教師の選任と役割の検討

❸一人一人が活躍できる体制づくり

❹道徳教育の全体計画の立案と実践や活動の具体化

❺道徳科の年間指導計画の具体化と指導体制の構築

教科化が実現した平成27年3月に改正された学習指導要領においても、学校は「道徳教育推進教師を中心とした指導体制を充実すること」と明記されており、改めて「推進教師」の役割と責任が明確に位置づけられている。学校の教育目標や道徳教育の目標、そして児童生徒の実態や地域性に配慮しながら、各学校には「推進教師」を中心とした有機的で機能的な体制づくりがますます求められているのである。

〈参考文献〉

・永田繁雄・島恒生『道徳教育推進教師の役割と実際』教育出版2010**（関根明伸）**

26 善悪の判断，自律，自由と責任

基本的な押さえ

「善悪の判断，自律，自由と責任」は，小学校学習指導要領「第3章 特別の教科 道徳」の「第2 内容 A 主として自分自身に関すること」の最初に位置する項目である。中学校学習指導要領では，この項目と次の「正直，誠実」の項目が統合されて「自主，自律，自由と責任」へと発展する。

善悪の判断は，他律から自律へと発達していく。その過程において，子どもは親や教師など身近な大人の判断基準や帰属する集団の判断基準に盲目的に従う段階から，それらの判断基準に従った行動の結果を広い視野から見つめ直すことで，より自律した判断をすることができるようになっていく。それに対応して，自らのとりうる行動の可能性の幅が広がり，その行動によって生じた結果を引き受ける能力が高まるとともに自由と責任の自覚が生まれる。

自我発達段階との関係性

レヴィンジャーの自我発達段階論を自我がとりうる視点の幅の発達として捉え直したスザンヌ・クック＝グロイターによれば，幼児期前期の子どもは身近な大人からほめられたり罰を受けたりしたことのみに基づいて善悪の判断を行う。そして，まだ行動と結果の因果関係を理解できないため，自分の起こした問題や失敗に対して責任を感じることができない。その後，幼児期後期から学童期初期にかけて相手の立場から見る第二者的視点を獲得する。この段階は規則志向的段階と呼ばれるが，集団の善悪判断基準に従って行動して周囲から受け入れられることを強く求めるようになる。その反面，人が見ていないところでは自己中心的な行動をしたり，他者の行動の外面だけを見て善悪の判断をしたりしがちである。

次の順応的段階では内と外の二種類の他者を意識するようになる。そして，自分が所属したいと感じる集団を内の他者とみなし，集団に受け入れられることを強く求めるために，その集団の善悪基準を絶対視し，無条件に受け入れる。一方，外の他者に対しては敵対し，排除しようとする。この段階では帰属意識をもつ集団と同じ外見や行動をしているかどうかが善悪の判断基準となりやすい。そのため仲間集団への帰属意識が強い場合に周囲に流されて学級集団の規範から逸脱した行動をしやすい。また，仲間集団の中で外見や外面的な行動が異なる者を攻撃したり排除したりしがちである。

自意識的段階で自分から離れた視点から自己を見つめる第三者的視点を獲得する。前の段階では周囲と同じであることが善悪の判断に大きな影響を及ぼしたが，この段階では他者と異なる自分の個性を周囲に認められることが善悪の判断に影

響を及ぼす。自分の主張や行動が正しいと考えがちで，それを受け入れない他者を否定しようとしたり，誤りを他者のせいにしようとしたりするために柔軟な判断ができなくなりがちである。また，自分の善悪判断基準に基づいて自分の責任や義務を果たそうとする点で視野が狭く，優先順位への配慮が欠けがちではあるが責任感が生まれる。この段階では自分の個性を発見したばかりであるため，集団に縛られて個性を失うことへの不安により束縛からの自由を求める傾向がある。

次の良心的段階は，一般に民主主義社会で目標とされてきた段階で，その特徴は中学校学習指導要領解説の「自主，自律，自由と責任」の「内容項目の概要」に示された理想像とほぼ一致している。この段階では第三者的な視点に直線的な時間の視点が加わる。その結果，未来の目標や理想に向けて合理的かつ効率的に目標を達成し，進歩し，改善することへの欲求が善悪の判断に大きな影響を及ぼす。そのため，伝統の保存や継承，人間の弱さや醜さの受容といった進歩主義や理想主義とは異なる価値観を排除しがちである。また，民主主義社会の善悪判断基準を内面化しており，行動の結果の見通しに基づいて優先順位をつけた判断を行う批判的思考力や問題解決能力に基づいた責任感を備えている。この段階では，自らの置かれた環境に働きかけた結果を予測し，その善悪判断に基づいて行動を選択し，行動を起こしてその結果を引き受けることができる自由を求める傾向が

ある。

発達を促す方法

各段階において，子どもが抱いている衝動や欲求を適切に満たせる環境や経験を与えた上で，自らの衝動や欲求を認め，それらを超えていくことを促すことによって，各段階の衝動や欲求にとらわれて無意識に用いていた視点や思考を次の段階では道具として自覚的に使えるようになっていく。しかし，各段階の衝動や欲求に強く固着したり，逆に抑圧したりすると発達が阻害されたり，特定の場面で無意識のうちに衝動や欲求に支配されたり抑圧した衝動や欲求を他者に投影して攻撃したりすることになりがちである。

したがって，例えば順応的段階であれば帰属意識のある集団と同じ外見や行動をとることで安心できた経験，異なる外見や行動だけを見て相手を排除した経験について，それに伴う感情やその結果を見つめさせて，そのよさと問題点に気づかせることは発達の促進につながりうる。それによって外見や行動に基づく善悪判断が適切な場合と不適切な場合を自覚して用いることのできる自意識的段階へと成長する可能性を高めることができる。

〈参考文献〉

・スザンヌ・クック＝グロイター／門林奨訳「自我の発達：包容力を増してゆく9つの段階」『トランスパーソナル学研究　第15号』日本トランスパーソナル学会2018

（吉田　誠）

道徳科の内容

27　正直，誠実

基本的な押さえ

　「正直，誠実」は，小学校学習指導要領「第3章　特別の教科　道徳」の「第2　内容　A　主として自分自身に関すること」の2番目に位置する項目である。中学校学習指導要領では，この項目の前の「善悪の判断，自律，自由と責任」の項目と統合されて「自主，自律，自由と責任」へと発展する。

　小学校学習指導要領解説の本内容項目に関する「指導の要点」で「正直」にふれられているのは低学年と中学年であり，高学年では「誠実」へと表現が移行する。小学校中学年まで「正直」が扱われるのは，子どもが自分の衝動や欲求に都合のよい事実認識や善悪判断を伝える嘘を戒め，大人の基準に従った事実認識や善悪判断を伝える「正直」の価値を認識させる必要があるとする捉え方があるからであろう。そこには子どもの事実認識や善悪判断は未熟であり，大人の事実認識や善悪判断が正しいとする前提がある。

　その後，子どもが第三者的視点で自己を見つめられるようになり，自律した判断や自己の言動の結果に対する責任の意識をもつようになると嘘をつくことが常に間違いであるとは考えなくなる。この段階で，自分の欲求や単純な正直さよりも他者との信頼関係や自分の信念との整合性を重視する「誠実」の価値について学ばせる必要性が生じる。

「正直」から「誠実」への発達

　ポール・エクマンによれば，子どもは4歳頃から誰かを欺く意図をもつことを悪いことだと認識している。しかし，用語としてはあらゆる誤った言明を「嘘」と呼ぶ傾向が見られる。

　スザンヌ・クック＝グロイターの自我発達段階論の各段階の特徴的な欲求に着目すれば，自己防衛的段階では罰を逃れたい，規則志向的段階ではその場をとり繕いたい，順応的段階では集団から排除されたくない，自意識的段階では束縛されたくないという欲求から嘘をつく選択をしがちであると考えられる。そのため，「正直」の価値を客観的に認めることはできても，上記の欲求が強く働く場面では実践が伴わなくなりがちである。

　そこで子どもがいずれかの段階の欲求に固着して嘘をつく習慣が定着してしまうことを防ぐために，例えば正直に話した場合には罰を避けたい欲求を乗り越えたことを認めて罰を与えない対応を行うことが必要となる。

　エクマンによれば10歳から12歳頃までに子どもは表情や言動で見破られずに嘘をつけるようになり，嘘をつくことが常に間違いであるとは考えなくなる。多くの場合，子どもは自分の嘘が発覚することで失敗しながら自分の欲求や単純な正直さよりも他者との信頼関係や自分の欲求と信念の整合性や他者との信頼関係を

道徳科の内容

重視する必要性を学んでいく。

このときに自意識的段階から良心的段階への成長を伴えば嘘をついた結果何が起こりうるのか，また嘘をついたことが発覚したら何が起こりうるのか，について予期する能力が発達し始め，自分の欲求と信念の整合性や他者との信頼関係を考慮に入れた誠実な判断ができるようになっていく。しかし，自意識的段階にとどまり続ける場合には自分のついた嘘を正当化し続けることになりがちである。

エクマンは，思春期の子どもが嘘をつくことにうしろめたさを感じなくなることの肯定的な意義として，子どもが親を全知の存在とみなさなくなり，親や親の価値観から自立を遂げることを挙げている。この点を踏まえれば，「正直」から「誠実」への成長に必要なのは，相手が知る必要があると考えるであろうことと，自分が知らせる必要があると考えることの間にある重要度や深刻度の認識を一致させようとする視点や態度であろうと考えられる。

この点において，「誠実」には，自分の言動の結果を見通すとともに，その結果が他者にどのような影響を及ぼすのか，その結果は他者からどのように受け止められうるのか，その結果に対してどの程度責任を負えるのか，といった判断を自立的に行う能力が必要とされる。このように，「誠実」の価値を理解し，実践することには「善悪の判断，自律，自由と責任」の価値を理解し，実践することが深く関わっている。

発達を促すために

まず，自分の欲求と信念の整合性の観点から「誠実」の価値を理解し，実践するためには，自分の状態や置かれた環境，状況において自分の普段の言動の在り方と自分のやりたいことやなりたい姿を評価し，それらの間にあるズレを建設的に解消するために実現可能な期待や希望を抱いて成長に向かう態度を示せるよう指導することが挙げられる。

次に，他者との信頼関係の構築を重視する観点での「誠実」の価値の理解と実践のためには，自分の状態や自分の置かれた状況に対する周囲の人々の認識を率直に受け止め，自らを成長させる努力によって自己認識とのズレを前向きに修正しようとするよう指導することが挙げられる。

それに加えて，自己認識と自己願望に基づいて他者の自己に対する期待をどの程度受け止めるかを自己決定し，自己決定の内容と他者の期待にズレがある場合には他者に自己決定の内容について理解を求める努力をするよう指導することが挙げられる。

〈参考文献〉
・ポール・エクマン／菅靖彦訳『子どもはなぜ嘘をつくのか』河出書房新社2009，スザンヌ・クック＝グロイター／門林奨訳「自我の発達：包容力を増してゆく９つの段階」『トランスパーソナル学研究第15号』日本トランスパーソナル学会2018

(吉田　誠)

道徳科の内容

28　節度，節制

基本的な押さえ

　本内容項目は，「基本的な生活習慣に関わること」と「思慮深く生活し節度ある生活を送ること」の2つの道徳的価値から「健康・安全」に迫ろうとしている。さらに，自然災害など健康・生命を脅かす危機に対しても対応できることを目指している。そういったところからも，これまで以上に重要視される内容項目である。

心にとめたいこと①　基本的な生活習慣

　家庭での過ごし方が異なり，価値観の多様化により望ましい生活習慣に対する認識も変化している。

　本来，基本的な生活習慣を確立させることには2つのねらいがある。1つ目が自分自身の生活を潤いのあるものにすることである。規則正しい生活や食生活，清潔面への気配りが身の回りを整え，心身をリフレッシュさせてくれる。2つ目が他者にも心地よさを与えることである。友達や家族に対して，互いに配慮し合うことで，思いやりあふれる人間関係となり，潤いのある生活をつくり出す。

　この2つを意識することで，子どもたちは充実した生活を送っていけるのである。特に，低学年のうちに基本的な生活習慣を確立させることは，よりよい学校生活及び家庭生活を送る礎となる。

心にとめたいこと②　節度と節制

　次に「節度」には，3つの意味がこめられている。1つ目が，人に迷惑をかけないことである。相手への思慮をもって，思いやりをもって接することが肝要である。2つ目が，自分がしたいと思ったことを抑制できることである。何でも我慢するのではなく，良識（良心）の範囲内で判断することが望まれる。3つ目が，そのためにたえず自己内省（省察）することである。自身を客観的に見つめたり，俯瞰して考えたりして，状況や他者のことを考えなければならない。

　このような「節度」をもつことで，その場に合った適切な行動や生活を送れるようになってくるのである。

心にとめたいこと③　健康・安全

　古来，日本人の美徳には「用心」があった。「浅い川も深く渡れ」は，浅く見える川でも，渡るときは，深い川と同じように用心して渡らなければならないという教えである。油断しているときこそが一番危ないのである。特に，災害や新型コロナウイルスなど，子どもの身の回りには，常に危険が潜んでいることを忘れてはならないし，それに備えるためにも，この道徳的価値が重要視される。

　指導にあたっては，社会科，家庭科，体育の保健，総合的な学習の時間などの他の教育活動と関連づけながら「安全・

安心」について考え，実践する意欲や態度を高めていくことが極めて重要である。

「節度，節制」と子どもの発達

　「節度，節制」は，これまでも重要な内容項目として指導内容に盛り込まれてきた。低学年の「節度」に関わる内容としては，日常生活に目を向け，健康や安全に気をつける，物を大切にする，身の回りを整える，など日常生活と関連させるようにしている。中・高学年になると，基本的生活についての文言自体は削除されている。「節制」については，低学年では，「わがままをしないで，規則正しい生活をすること」としている。これは，自分勝手でわがままなことをしないことが，結果的には自分の快適な生活につながることに気づかせることをねらいとしている。中学年では，自己決定ができるようになり，善悪の判断等が適切になる。そこで，「自分でできることは自分でやり」「よく考えて行動し」などと自律的な立ち振る舞いを期待している。高学年では，自己内省と管理ができるようになる時期であることから，「自分の生活を見直し」としている。

「節度，節制」の授業例

　小学校の「節度，節制」では，教科書の読み物教材，役割演技などを用いて授業を行う。

　低学年では，学校や家庭でのきまりからよい生活について考える授業と，金銭の使い方を考え，分別ある生活を送ろうとする態度を育てるような授業が行われる。特に，学級内のマナーや約束などを尊重しようとする態度の育成は，自分だけでなく周囲も明るくし，快適な学級に必要である。そのため，学級開きの４月当初に実施されることが多い。

　中学年になると，規則正しい生活を送るためにはどうしたらよいかを考える授業と身の回りの安全について考えるような授業が行われる。特に，自分を律しながら，状況をよく考えて行動することの大切さについて考える契機となる。そのため，「自分だったらどうするか」といった自我関与や問題解決的な授業を進めていくことが考えられる。

　高学年では，自分の行為を深く振り返り，望ましい生活をするために節度ある生活を心がける授業がまず行われる。また，災害や病気，犯罪から身を守り，「安全・安心」を確保するために，どのように考え，行動し，生活していくのかを考えるような広い意味での危機防止意識をもつような授業を展開する。そのため，総合的な学習の時間の防災教育や体育の保健などとの関連を図っていく授業も行うと効果的である。

「節度，節制」の課題

　本項目で示される「基本的な生活習慣」「安全・安心」「節度ある行動」は，実生活と関わりのある道徳的価値である。それだけに，他の教育活動や日常生活と関連づけた指導を繰り返し展開することが望まれる。　　　　　（尾身浩光）

29　個性の伸長

基本的な押さえ

　個性とは，個人を特徴づける性格といわれている。自分のよさを自覚し，生き生きと生活しながら，自分らしさを発揮させ，自己実現を果たしていくための原動力となる。自尊感情や自己有能感が著しく低い我が国の子どもたちに，自己の個性を自覚させ，自信をもって学習や生活を送れるようにするために，個性の伸長は極めて重要な内容項目である。また，個性の伸長は，自分のみならず他者のよさにも気づき，認め合っていくことである。そうすることで，他者理解も進められ，人権感覚や意識を高めていく。

学習指導要領の変遷

　「個性の伸長」が全学年で指導する内容項目となったのは，平成27年に告示された学習指導要領からである。

　前回の平成20年版では，小学校中学年からであり，平成10年版では，小学校高学年と中学校でのみ採用されている。

　平成20年版の中学年では，「自分の特徴に気付き，よい所を伸ばす」，高学年では，「自分の特徴を知って，悪い所を改めよい所を積極的に伸ばす」とされている。この文言は平成10年版も同様である。このように低学年段階で個性の伸長が取り上げられなかった経緯として，低学年の発達段階を考慮したことが挙げられる。

「個性の伸長」のねらい

　「個性の伸長」の授業を進めるにあたって，配慮した方がよい点が3点ある。

　1点目は，「特徴」という言葉への着目である。この言葉には，「長所と短所」が含まれているので，このことを踏まえて授業を進めることである。各自が長所を挙げてそれを伸ばそうとすることは極めて重要であるが，裏にある短所も自覚させることが肝要である。自分の短所を自覚した上で，それを克服していこうとする態度や意欲の育成も同時に重視されなければならない。

　2点目が，短所への過度の指摘や省察が，自尊感情の低下を招くことである。

　特に，低学年では，叱られたり失敗したりした体験を想起することで落ち込んだり，自信を喪失させたりする子どもも出やすくなる。そのため低学年段階では，できるだけ自分の長所に着目させ，中学年以降は短所にも目を向け，メタ認知的に俯瞰して自分を捉えようとし，高学年で長所と短所について取り上げるようにしたい。

　3点目が，自他の個性とよさを認め合うことである。自分のよさを自覚し友達に紹介し，友達とよさや長所を出し合うことで，互いを大切にする心が育まれる。また，同時に他者からよさを見つけてもらうことは，他者尊重の意識を植えつけ，子どもたちに人権意識を醸成することに

なり，いじめなど諸問題の解決に寄与することになる。

「個性の伸長」の授業例

「個性の伸長」は，各学年で年間2時間程度配当して指導を行いたい。1時間目は教科書等の読み物教材を使い，2時間目は体験的な活動を組み入れる。

まず，1時間目の授業では，道徳的心情を高めるために，じっくりと読み物教材にひたらせ，考えさせていく。

2時間目は，構成的グループ・エンカウンターなどを用いて，体験的な活動を実施する。例えば，中学年向けの「わたしのレシピ」がある。自分をPRする内容を5つ用意して，それを料理のレシピのように順序だて，クイズ形式で紹介し合い，楽しく自分と友達のよさを知る活動である。

まず，子どもたちはワークシートに自分のレシピを考えて書く活動をする。名前をふせ，5つのPRをつくる。

第1ヒント	ぼくはサッカーが好きです
第2ヒント	ぼくの好きな教科は体育です
第3ヒント	……
第4ヒント	……
第5ヒント	……

できあがったら，四人程度のグループになり，それぞれのレシピを交換し読み合う。その後，クラス全体に出題する順番と出題者を決める。

クラス全体でクイズを行う。1つのグループ（四人）が前に出て，「このグループの誰のレシピでしょう？」と投げかける。それに他の子どもたちが答える。終わった後は，必ず拍手をする。

こうしたゲームをした後，シェアリングをして，振り返りカードに授業の感想と気づきを書き込む。

また，6年生（中学校3年生）では，この個性の伸長の授業を年度末に実施し，年間を通して成長した自分をメタ認知させる活動も可能である。この時期になると多面的・多角的に考えることができるようになり，自己の振り返りに深みが増すからである。ただし，このときも単なる文章記述による作文にするのではなく，マインドマップやマンダラート（3×3の正方形のマスにテーマを入れ，埋めていく発想法のフレームワーク）などを使うのも有効である。

「個性の伸長」の課題

「個性の伸長」において，体験的な活動を取り入れる際には，教師も子どもも人権的配慮をより意識して授業に臨むことが肝要である。自他のよさや特徴を認識する時間であることを自覚して臨むこと，一部の子どもへの中傷や嘲りにならないこと，などである。特に授業後には，一人一人の活力となっていたか，他者理解を行い尊重しようとしていたか，などを丁寧に見取り，その後の子どもへの指導に生かすことが大切である。「個性の伸長」は授業とともに，授業後の評価と指導が勝負といえる。　　（尾身浩光）

30　希望と勇気，努力と強い意志

基本的な押さえ

　「希望と勇気，努力と強い意志」とは，より高い目標を立て，希望と勇気をもち，困難があってもくじけずに努力して物事をやり抜くことである。「希望」は自分で思い描いたあるべき姿，「勇気」は自分が正しいと思うこと，目標をやり遂げようとする積極的な気力をさす。目標を実現するには，努力を怠らず，自分自身の弱さに打ち勝って様々な困難や失敗を乗り越え，最後までやり遂げようとする強い意志を養うことが大切である。

　ここでは，目標に向かう強い心を大切にすることの道徳的価値の理解をもとに，望ましい自己の形成を図る。

希望と勇気，努力と強い意志の育成

　元プロ野球選手の松井秀喜氏は，目標を目指しやり抜くことについて，「一進一退を繰り返しながら，ちょっとずつ進歩していくしかないと思っています」とその著者で述べている。また，将来に向けて大きな夢をもつとともに，身近な目標を定めることや目標は数字ではなく，具体的な行動にした方が目安になると考えている。より高い目標に向かって努力しようとする強い意志を養うことは大切なことである。しかし，その過程は，決して平たんではない。誰もが壁や挫折を乗り越えて，懸命に努力していることも伝えながら指導したい。

心の発達との関係性

　子どもがひとりの人間として自立しよりよく生きていくためには，常に自分自身を高めていこうとする意欲をもたせることが大切である。そのためには，自分の目標を定めて，それを達成するために粘り強く努力するとともに，やり抜く忍耐力を養うことが必要である。特に小学校高学年では，希望をもつことの大切さや困難を乗り越える人間の強さについて考えることを通して，より積極的な自己像を形成させたい。

　そのために，先人や著名人の生き方にふれ，その生き方に憧れたり，自分の夢や希望をふくらませたりすることで子どもたちに高い理想を追い求めさせたい。ときには自分自身に自信がもてなかったり，思うように結果が出なかったりして，夢と現実との違いを知ることもあるが，困難があってもくじけず努力しようとする強い意志と実行力を育てる必要がある。

授業展開の鍵

　希望と勇気，努力と強い意志の育成は，学習指導要領で示されている自立心や自律性を育てることと関連が深い。そうしたことも念頭に置きながら，自分の目標をもって，勤勉に，粘り強く努力し，自分を向上させることの大切さを学習させたい。指導にあたっては，ねらいとする価値に迫る発問とともに，教材の人物の

生き方に寄り添い，その人物から夢や目標をもって生きることの大切さに気づかせる発問とともに，自分を見つめ，計画的に努力目標を立て，失敗してもへこたれず，希望と勇気をもって取り組み，その理想に向かって粘り強く前進することの価値に迫る工夫をすることが大切である。子どもたちが教材の人物の生き方に学び，自分のことと重ね合わせて考えさせるしかけが授業の鍵となる。

授業展開例

　読み物教材『ヘレンと共に―アニー・サリバン―』を活用した授業展開例を示す。この教材はヘレン・ケラーの家庭教師として，ヘレンへの指導の厳しさに対する周囲の陰口にもくじけず，勇気をもってあきらめずに指導を続けたアニー・サリバンの姿を描いたものである。授業は，アニーの生き方から，信念を貫き，努力することについて考える展開を工夫する。

　発問は，3つ。1つ目の発問は，「ヘレンの家庭教師をすすめられたとき，アニーはどのようなことを考えたか」で，家庭教師をやることへの不安はあるが，体が不自由な人のために役に立ちたいという夢に向かうアニーの姿を確認したい。2つ目の発問は，「周囲の陰口にも屈せず，どうしてアニーはヘレンを根気強く指導できたのか」で，ヘレンのために尽くそうと決めたのだから途中で投げ出したくないと考えるアニーの気持ちに迫りたい。3つ目の発問は，アニーの生き方

から学んだことをもとに，自分自身を振り返り，自分の夢や目標を達成するためにこれからがんばりたいことについて考え，三人ほどのグループで話し合わせる。

　終末では，元プロ野球選手の松井秀喜氏にふれ，目標を目指しやり抜くために大切にしていることのエピソードを紹介し，目標に向かって努力を重ねることが，自分の成長となり，よりよい生き方につながることを考えさせる。

授業の課題

　先人の生き方に学びながら，生涯をかけて夢や目標をもち，困難や失敗を乗り越えて挑戦し続けることが，日々の生活の充実や文化・社会の発展につながる力になることに気づかせる授業である。今回の教材は，目と耳と口が不自由な少女ヘレン・ケラーを扱っていることで子どもたちには親しみがある。しかし，ヘレンに希望をもって熱心に指導するアニー・サリバンの姿に彼女の勇気や知恵を感じはしても，自分には決して真似ができない遠い存在と感じる場合がある。そこで，授業の中では，ヘレンへの指導がいつも成功したわけではない場面にもふれ，どんな偉人でも困難や失敗を乗り越えて夢を追う姿から，子どもたちに生きることの魅力や意味について考えさせることが大切である。

〈参考文献〉
・「ヘレンと共に―アニー・サリバン―」『私たちの道徳　小学校五・六年』文部科学省2014　　　　　　（菅野由紀子）

31 真理の探究

基本的な押さえ

「真理の探究」とは，真実を大切にし，真理を探究して新しいものを生み出そうと努めることである。「真実」とは嘘や偽りのない本当の姿のこと，「真理」とは人が認める普遍的で妥当性のある法則や事実，正しい在り方などのことをいう。歴史を振り返ると，多くの先人たちが真実や真理を求め，努力し続けることで新たな発見や創造を生み出し，社会の進歩や発展に貢献していることがわかる。

ここでは，嘘や偽りのない本当の姿を大切にし，物事の真の姿を探究する価値について考えながら自己の生き方を見つめられるようにしていきたい。

真理の探究の育成

ノーベル生理学・医学賞を受賞した山中伸弥氏は，臨床医から研究者となって幹細胞の研究を始めた。わずか4つの遺伝子を皮膚細胞（線維芽細胞）に導入することで様々な体細胞に分化可能な多能性とほぼ無限の増殖性をもつ「人工多能性幹細胞（iPS細胞）」の作製に成功し，治療法が確立されていない難病の原因の解明，薬の毒性の検査，新しい治療法や薬剤の開発に新たな道を開いた。授業では現代社会がこうした研究の発展に支えられていることにふれながら，探究の精神がよりよい社会をつくる原動力となっていることを取り上げたい。

心の発達との関係性

子どもたちは，知らないことを知りたいという欲求をもっている。しかし，物事への興味・関心が薄れ，自分の意志や判断に基づいて探究しようとせずに他者の力に頼ろうとする受け身的な傾向が見られることもある。そうした傾向を捉えつつ，小学校の段階では，受け身的な状況を乗り越えて物事の真の姿を見極めようとする意欲を高めながら子どもたちの探究心を育てたい。また，中学校の段階では，人間としての生き方や社会の仕組みなどへの関心が高まってきて，嘘や偽りを憎み，真実を求め，真理を探究しようとする思いが強くなる。また，結果を性急に求めるあまり，一面的な見方になったり，他の意見を拒否してしまったりする場合もある。こうした心の揺れを受け止めながら，真理や真実を求めて好奇心を高めながら積極的に学ぶ姿勢が，新たな見方や考え方，発見につながる価値に気づかせる指導が求められる。

授業展開の鍵

授業では，子ども自身の学習体験を振り返りながら，わからないことを謙虚に受け止め探究し続け，真理や真実を求めながら意欲的に学ぼうとする積極的な態度を育てることが重要である。例えば，真理や真実を探求して社会の発展や学問，科学技術に貢献した先人の生き方に学ぶ

とともに，先人の探究心を支えたものについて考えることで，子ども自らの生き方に生かすことができる授業展開が考えられる。そうした展開を通して，真理や真実を探究することで目標をもった生き方ができることに気づかせたい。また，物事を多面的・多角的に考えさせる発問を工夫し，物事の本質を見極めるためには，あきらめずに疑問を探究し続けることで，真理や真実に迫ることができることを実感させたい。

授業展開例

　読み物教材「日本の近代建築に魂をこめて―辰野金吾―」を活用した授業展開例を示す。この教材は，明治・大正時代の日本建築界の基礎をつくりあげた辰野金吾が，高い理想を求めて東京駅の真の姿を探究し，的確な判断力で現実を見つめ，「赤煉瓦の駅舎」を創建するまでの積極的な生き方を描いたものである。

　この授業での発問は3つとする。1つ目は，「設計を任されたときの主人公の気持ち」で，念願の仕事に高揚する気持ちと日本を近代国家にするという夢の実現への使命感を子どもたちに気づかせる。2つ目は，「主人公が最初の計画を変更してまで煉瓦造りにこだわった理由」で，建築の進歩だけでなく，東京駅周辺の街との一体化を図ろうとした建築家としての信念に迫らせる。3つ目は，「他の建築家からの厳しい評価にも屈せず，赤煉瓦の駅舎を前に満足感と自信に満ちあふれた主人公の心情」に迫り，夢や理想の

実現に向けて，周囲の反対にも屈せず，信念を貫いた生き方を考えさせたい。「赤煉瓦の駅舎」に日本人の魂をこめた主人公の近代建築家としての地道な努力と積極性，力強さを通して，真理を探究して新しいものを生み出そうとする姿に迫ることが授業の鍵となる。こうした生き方が，自分の人生を豊かにすることにつながることを学ぶ授業例である。

道徳的心情の授業の課題

　先人の生き方に学びながら，生涯をかけて理想や目標をもち，困難や失敗を乗り越えて挑戦し続けることが，人生の充実や文化・社会の発展につながる力になることに気づかせる授業である。授業例の教材は，東京駅を扱っていることで子どもたちには身近なものであるが，東京駅を創建した主人公の多様な生き方からその勇気や知恵などを感じはしても，主人公の偉業が自分にはできない遠いものに見える場合がある。そこで，授業の展開の中では，主人公が人間としての弱さを吐露する姿などにもふれ，困難や失敗を乗り越えて生きることの魅力や意味について考えさせることが大切である。自分が何かにチャレンジした経験などを取り上げながら道徳的価値を理解し，自己を見つめる学習が効果的である。

〈参考文献〉

・「日本の近代建築に魂をこめて―辰野金吾―」『東京都道徳教育教材集　中学校版「心みつめて」活用のための資料集』東京都教育委員会2016　　（菅野由紀子）

道徳科の内容

71

32　親切，思いやり

基本的な押さえ

　親切，思いやりとは，よりよい人間関係を築く上で求められる基本的姿勢として，相手に対する思いやりの心をもち親切にすることに関する内容項目である。

　小学校学習指導要領では，低学年「身近にいる人に温かい心で接し，親切にすること」，中学年「相手のことを思いやり，進んで親切にすること」，高学年「誰に対しても思いやりの心をもち，相手の立場に立って親切にすること」と示されている。中学校では，「思いやりの心をもって人と接するとともに，家族などの支えや多くの人々の善意により日々の生活や現在の自分があることに感謝し，進んでそれに応え，人間愛の精神を深めること」である。平成20年の中学校学習指導要領では，「思いやり」と「感謝」に分かれていたが，今回の改訂では，平成10年と同様にあわせて表記された。

　小学校学習指導要領解説では，「思いやりとは，相手の気持ちや立場を自分のことに置き換えて推し量り，相手に対してよかれと思う気持ちを相手に向けることである」と説明されている。具体的には，まず相手の立場や気持ちを自分のこととして想像して考えることである。その上で，状況に応じて，親切，いたわる，励ます，援助するのである。加えて，温かく見守ることも親切な行為の表れとして示され，中学校では，「それはまた，

黙って温かく見守るといった表に現れない場合もある」とも記されている。つまり，相手の重荷にならないように，相手が感じないようにという，深いところに思いをめぐらせる思いやりであり，実際の教材にもそのような視点が見られる。

　思いやりの心には，相手のことを親身になって考えようとする態度や人間尊重の精神に基づく，相手や人間に対する深い理解と共感が重要なのである。

他者との関わりの軸としての側面

　思いやりは，学習指導要領で「誰に対しても」と示されているように，いかなる相手にも，自己の人間としての在り方として重要な内面の働きである。横山（2007）は，その思いやりという「徳」が他者との関わりの軸となり，「友情」「家族愛」にも含まれていることを指摘している。つまり思いやりは，友人，家族，広くは国際関係など，相手や他者との関わりの軸として必要な「徳」といえる。

調査や教材掲載数から見る思いやり

　思いやりは，対人的な道徳的価値として非常に重視される内容項目であろう。各教科書会社の道徳科の内容項目ごとの掲載数をみると，親切，思いやりは，どの学年でも複数掲載されている内容項目の1つである。小・中学校の教師に聞いた道徳教育に関する調査結果（2012）に

道徳科の内容

おいても，重視したい道徳の内容項目で小・中学校とも，親切，思いやりがもっとも多く，次いで生命尊重であった。

学習指導要領における思いやりの記載

小学校の内容項目の用語としては，昭和33年，43年，52年版では「だれにも親切にし」や「人の気持ちや立場を理解」等の表現で，思いやりとは表記されていない。平成元年版の中学年で「相手のことを思いやり，親切にする」，高学年で「だれに対しても思いやりの心をもち……」と明示され，低学年でも説明の中で使用された。中学校は昭和33年版で，「3(1)家族員相互の愛情と思いやりと尊敬とによって，健全な家族を築いていこう」と家族愛に見られるが，昭和52年版で他者への思いやりとして「8　人間として生きることに喜びを見いだし，温かい人間愛の精神を深めていく。〈中略〉（他人に対しては思いやりの心をもつように努める）」とありこのような用語としての記載の変遷がある。

指導においてのポイント

小学校低学年では，相手の気持ちを考えたり，設定場面で相手の立場を類推したりすることは容易ではない。例えば，動作化や役割演技を取り入れて役割交代を行う等，活動の工夫を検討したい。高学年や中学校では思いやりについての観念的な理解にとどまらずより深いところに思いをめぐらせる発問や活動の吟味が必要である。多くの児童生徒は，思いや

りが大切だと感じているが，なぜそうなのだろうか，と考える機会を設けながら道徳的思考を深めてほしい。ぜひ，解説の各内容項目に関する右側のページ「(2)指導の要点」の内容を具体的な子どもの姿と重ねながら読み込み，道徳的な学びが深まる授業イメージを描いてほしい。

思いやりの関連研究

アイゼンバーグ（1980）によると，向社会的行動は「対人的な調和や集団間の調和に大切なもの」と位置づけられる。向社会的行動（思いやり行動），向社会的な道徳的推論の段階についてはアイゼンバーグやマッセンを，さらに，共感と社会化の関係についてはホフマンの研究を参照されたい。また，ノディングズは，ケアする人とされる人との関係を，関係論だけでなく，道徳教育に関する問題提起とし，自然なケアリングを倫理的なレベルにまで高めることを唱えている。

〈参考文献〉
・横山利弘『道徳教育，画餅からの脱却』暁教育図書2007，ネル・ノディングズ『ケアリング』晃洋書房1997，ポール・マッセン，ナンシー・アイゼンバーグ／菊池章夫訳『思いやりの発達心理』金子書房1980，東京学芸大学「総合的道徳教育プログラム」推進本部第1プロジェクト『道徳教育に関する小・中学校の教員を対象とした調査—道徳の時間への取組を中心として—〈結果報告書〉』2012

（植田和也）

道徳科の内容

33　感謝

基本的な押さえ

　人間は，互いに助け合い，協力し合って生きている。その関係を根底で支えているのは感謝の心である。本項目は，日々の生活は多くの人々の支えで成り立っていることを考え，広く人々に尊敬と感謝の念をもつことに関する内容である。

　小学校学習指導要領では，低学年「家族など日頃世話になっている人々に感謝すること」，中学年「家族など生活を支えてくれている人々や現在の生活を築いてくれた高齢者に，尊敬と感謝の気持ちをもって接すること」，高学年「日々の生活が家族や過去からの多くの人々の支え合いや助け合いで成り立っていることに感謝し，それに応えること」と示されて，感謝の対象が低学年の家族などの身近な人々から広がるとともに，対象が特定されない多くの人々や社会全体などに対する感謝も高学年から中学校では含まれている。中学校では「思いやり，感謝」として，「思いやりの心をもって人と接するとともに，家族などの支えや多くの人々の善意により日々の生活や現在の自分があることに感謝し，進んでそれに応え，人間愛の精神を深めること」である。平成20年の中学校学習指導要領では，「思いやり」と「感謝」に分かれていたが，今回の改正では，平成10年と同様にあわせて表記された。

　小学校学習指導要領解説では，「感謝の気持ちは，人が自分のためにしてくれている事柄に気付くこと，それはどのような思いでしてくれているのかを知ることで芽生え，育まれる」と説明されている。中学校学習指導要領解説では，加えて，「『感謝』の心は，主として他者から受けた思いやりに対する人間としての心の在り方である」と思いやりとの関係でも記されている。

感謝の念と人間としての生き方

　横山（2007）は，O・F・ボルノーが実存的倫理では捉えることのできない道徳的価値の一例として感謝の念を挙げていることにふれて，『実存主義克服の問題』で記している要旨を紹介している。その一節に「人間の内的，精神的，倫理的健全さの状態を認識させるのに，人間のもつ感謝するという能力ほど，適切な人間の固有性は，ほかにない」とあり，人間が生きていく上で，感謝の念は存在の基礎に通ずることであり，私たち自身がそのことに気づいていることが極めて大切な人間的在り方・生き方であることを指摘している。

　さらに，感謝の念の存在やその思いは，人間同士の心と心のふれあいや交わりを育み，潤いのある人間関係を築く上での基礎的感情であり，よい関係性である証拠ともいえることを説明している。

　換言すれば，我々人間は生きていく上

道徳科の内容

で自主性や自律心が求められる一方で，誰かに支えられたり助けられたりするなど，依存しなければ生きていけない存在でもある。学習指導要領解説で，感謝が「よい人間関係を築く」上で必要とされているのは，「人は一人では生きていけない」ともいわれるように，このような相互依存性の側面からでもあろう。

感謝を示す言葉「ありがとう」

日常生活で感謝の念を表す際に「有り難う（ありがとう）」の言葉を用いる。例えば，スポーツ選手の勝利インタビュー等でも，本人の喜びよりも，支えてくださった方々への感謝の言葉を繰り返し語っている場面をよく見かける。

「有り難い」には，「存在が稀である，なかなかありそうもない，珍しい」（『広辞苑　第六版』）といった意味があり，「有り難う」は本来あり得ないくらいその善意や親切に対して感謝したい気持ちを示す言葉でもある。言葉に関する様々なアンケート（21世紀に残したい言葉，美しい言葉等）でも，「ありがとう」はよく上位に挙げられる言葉である。

さらに，子どもの社会性を育む上でも「ありがとう，ごめんなさい」の言葉は重要であり，家庭における躾や学校教育の中でも具体的に指導されてきたことはいうまでもない。大切なことは人や周囲，自分を支える全てのものに対して素直に「ありがとう」と思える心を育て，そして伝えられる姿勢を励ますことである。そのためには言葉に心を添えて伝える姿を大人が日常で示すことである。

指導においてのポイント

小学校低学年では，感謝の対象や具体的な内容の理解について必要に応じて教師が示すことが望まれる。例えば，日常生活のある場面を具体的に振り返ったり，映像や写真等で思い起こさせたりする支援も効果的である。そのような手立てを踏まえて，感謝する気持ちを具体的な言葉に表す指導が求められる。小学校中学年では，周囲の人々の善意や存在意義への理解を深めて尊敬と感謝の念をもって接することができるような指導の工夫を，さらに小学校高学年では，対象が広がるとともに，温かなつながりの中に自分の生活があることに感謝し，善意に応えて自分は何をすべきかを自覚し進んで実践できるようにつなげていきたい。

中学校では，感謝の気持ちを素直に表現できない場合があることにも配慮したい。そこで，根本において自分も他者もともにかけがえのない人間であることをしっかりと自覚することが重要である。そして，自分が何をもって応答できるかを考えさせ，結果として他者との心の絆をより強くすることにも気づかせたい。

感謝の心は，他者との関わりから，多くの社会の人々，自然の恵みへの感謝へと広がっていくものであり，C・Dの視点との関連を図りつつ指導していきたい。

〈参考文献〉

・横山利弘『道徳教育，画餅からの脱却』暁教育図書2007　　　（植田和也）

道徳科の内容

34 礼儀

基本的な押さえ

礼儀とは，人と人との関わりにおける習慣の形成に関するものであり，相互の心を明るくし，人と人との結びつきをより深いものにするための適切な礼儀正しい行為に関する内容項目である。

礼儀は，相手の人格を尊重して，相手を敬愛する気持ちを行動に示すこと。つまり心と行動が1つになって表れて，礼儀正しい行動をすることにより，相手も自分も気持ちよく過ごせるようになる。

具体的には，挨拶や言葉づかい，所作や動作など作法として表現されるが，人間関係を豊かにすることで社会生活を円滑に営めるようにつくり出された文化の1つである。さらに形だけではなく相手に対して真心ある対応が大切であり，人としての生き方の基本となるものである。

児童生徒の発達段階との関係性

〈第1学年及び第2学年〉

この段階においては，元気よく気持ちのよい挨拶や言葉づかい，話の聞き方や食事の作法などの具体的な振る舞いを身につけることを通して明るく接することのできる児童を育てることが大切である。時と場に応じた挨拶や言葉づかい，作法などがあることに気づき，いい気持ちになる体験を繰り返し行うことで，自然と身につけることができるようになるとよい。

〈第3学年及び第4学年〉

この段階においては，児童は相手の気持ちを自分に置き換えて自らの行動を考えることができるようになる。挨拶や言葉づかいなど，相手の立場や気持ちに応じた対応ができるようになり，毎日の生活の中での礼儀の大切さを考えさせる必要がある。

〈第5学年及び第6学年〉

この段階においては，礼儀作法についてそのよさや意義を正しく理解し，時と場に応じて自ら挨拶をしておじぎをするなど，適切な言動ができるようにすることが求められる。児童は礼儀のよさや意義を知識として理解できても恥ずかしさなどから心のこもった挨拶や言葉づかいが行為として現れない場面もあることが考えられる。相手の立場や気持ちを考えて心のこもった接し方ができることが大切である。

〈中学校段階〉

この段階では，教えられ無意識に習慣としてきた姿勢から，あいさつの意義などを主体的に考え直し，TPOに応じて適切な言葉や行動ができる態度へ変わっていくことが求められる。また，我が国では伝統的な礼儀作法があるように他国の礼儀についても理解を深め，他国の人々を尊重し，主体的に適切な言動が行

われることが求められる。

発達段階に応じた指導方法の工夫

　低学年の指導では，生活指導と関連させながら，日常生活を送るために欠かせない基本的な挨拶（おはようございます，さようなら，ありがとうございます等）について，具体的な場面での体験を通して，実感的に理解を深めさせることが必要である。

　中学年の指導では，誰に対しても分け隔てなく真心をもって接する態度を育てようとすることが特に重要である。人に頼むときや，謝るときなど，真心は相手に態度で示すことができることに気づかせることもできる。家庭や地域社会における日常の挨拶，学校生活等様々な場面を設定して考えさせることが大切である。

　高学年の指導では，挨拶などの礼儀は作法の形にこめられた相手を尊重する気持ちを児童の体験を通して考えさせることが効果的である。また武道や茶道など我が国に古くから伝わる礼儀作法を重視した文化にふれてもよい。

　中学校の指導では，日常生活において，時と場に応じた適切な言動を体験的に学習し，礼儀の意義を深く理解できるようにすることが大切である。

道徳的心情を育む授業例

〈教材〉「人間をつくる道―剣道―」（文部科学省『小学校道徳　読み物資料集』より）

〈概要〉剣道を習い始めた主人公は，礼儀や型ばかりを指導されることに不満があったが，初めての試合で負けたことで大人の試合の礼儀正しい態度の美しさに気づき剣道の心を知る。

〈指導上の工夫〉剣道になじみがない児童に話の内容を理解させるために映像等を見せ，関連する価値として「伝統と文化の尊重，国や郷土を愛する態度」についても考えさせるとよい。

「礼儀」を指導する上での授業の課題

　内容項目「礼儀」の授業にあたっては読み物教材や映像資料を活用して，発達の段階に応じた課題を身近な問題と結びつけて自分との関わりで考えられるようにすることが大切である。低・中学年の段階では日常生活の場面から，時と場に応じた言葉づかいや態度を考えさせるために，「自分だったらどうするか」を考えさせ話し合い活動を通して共感的理解を深めたい。

　高学年や中学校では，行動様式は理解していても実際の行動に結びつかない場合が多いので，家庭や地域で行動する場面や日本の伝統文化である「茶道」「武道」等と関連づけて，さらに道徳的価値を深めていく授業の工夫が必要である。その際，道徳科の授業だけでなく，国語の学習「敬語」や社会における「歴史」，体育における対戦型のボールゲーム等の場面などと関連させることが必要である。

〈参考文献〉
・文部科学省『小学校道徳　読み物資料集』2011　　　　　　（針谷玲子）

道徳科の内容

35 友情，信頼

基本的な押さえ

　友達関係の基本とすべきことであり，友達との間に信頼と切磋琢磨の精神をもつことに関する内容項目である。

　友達は家族以外で特に深い関わりをもつ存在であり，友達関係は共に学んだり遊んだりすることを通して，互いに影響し合って構築されるものである。また同世代が似たような体験や共通の興味・関心をもつことで，互いの考えを交流させ，豊かに生きる上で大切な存在として，互いの成長とともに影響力が大きくなる。

　よい友達関係を築くには互いを認め合い，学習活動や生活の様々な場面を通して理解し合い，助け合うことなどを通して，信頼感や友情を育んでいくことができるように指導することが大切である。

児童生徒の発達段階との関係性

〈第１学年及び第２学年〉

　この段階では，幼児期の自己中心性から十分に成長していないために，友達の立場を理解したり，自分と異なる考えを受け入れたりすることが難しい。学校生活における学級での生活の中で，共に勉強したり遊んだり，困っている友達を心配し助け合ったりする経験を積み重ねることで友達のよさを感じることができるようになる。様々な学校生活の場面を通して，自然と友達のよさに気づけるようになるとよい。

〈第３学年及び第４学年〉

　この段階では，活動範囲が広がることで，集団との関わりも増え友達関係も広がってくる。気の合う友達同士で仲間をつくって自分たちの世界を中心に楽しもうとする傾向も見え，友達とのトラブルが増えることが多くなる。日常生活の場面で友情や信頼について考えさせる必要がある。

〈第５学年及び第６学年〉

　この段階では，これまで以上に仲のよい友達との友情関係を深めていこうとする。流行にも敏感になり趣味や傾向を同じくする閉鎖的な仲間集団をつくる傾向も生まれてくる。そのため疎外感や友達関係で悩むことが多くなり，学校生活の不安につながることもある。このことから，協力して学び合う活動を通して，互いに磨き合い高め合うような友情を育て，互いの人格を尊重し合う人間関係を築いていくようにすることが大切である。

〈中学校段階〉

　この段階では，体験や学習の質が高まり，心を許し合える友達を求めるようになる。しかし，価値観の違いや性差がはっきりしてくるこの時期は，様々な問題が生じることもあり，友情とは何か，意見を交換し合うなど，発展的な指導を心がけることも重要である。

道徳科の内容

発達段階に応じた指導方法の工夫

　低学年の段階では，身近にいる友達と一緒に仲良く活動することのよさや楽しさ，助け合うことの大切さに気づかせることが大切である。また相手の気持ちを考え，仲直りするために，友達と活動して楽しいことなどを考えさせ，仲良くする大切さを育む必要がある。

　中学年の段階では，友達のことを互いによく理解し，信頼し助け合うことを通して，健全な仲間集団を積極的に育成していくことが大切である。日常的に友達のことを理解したり関係性について考えさせたりして，友達の大切さを実感することができるように指導するとよい。

　高学年の段階では，さらに重要な友達関係を育て，第二次性徴期に入るため，異性に対する関心が高まるので，互いの人格の尊重を基盤とし，異性同性にかかわらず，信頼を基盤として互いのよさを認め，学び合い，支え合いよい関係を築くように指導することが大切である。

　中学校の段階では，友情は互いの信頼を基盤とするもっとも豊かな人間関係であり，互いの個性を認め相手への尊敬と幸せを願う思いが大切であることを理解させたい。

道徳的心情を育む授業例

〈教材〉「泣いた赤おに」（浜田廣介作）
〈概要〉人間と仲良くなりたいと思っていた赤鬼は，人間たちから信頼されないことを悲しく思い，友達の青鬼に助けてもらい人間と仲良くなれた。しかし，青鬼は赤鬼のことを考えて村から去っていく。青鬼の心を知った赤鬼は，手紙を何度も読み上げ涙を流した。

〈指導上の工夫〉様々な学年によって扱い方が工夫されている教材である。友情とは単なる仲良しではなく，お互いに人間として向上し合おうと努めることが大切であり，相手のために役立つことがあれば協力を惜しまず，絆をより深いものとして友情関係を充実させていくと考えられるようにしていきたい。人間は一人では生きていけない。人を信頼し裏切らないということは，人と人の絆を結ぶ基本であり，この教材における赤鬼と青鬼の信頼関係について深く考えさせ，誠意をもって相手に接していくことの大切さと難しさについても気づかせたい。

指導する上での授業の課題

　係活動や委員会活動等で友達と協力して行えなかったことを振り返る等，日常的な場面を通して力を合わせることの大切さやすばらしさを味わえる体験ができる場面を取り上げ授業中に考えさせてもよい。その際，現代的な課題であるいじめ防止の点を踏まえて，友達と心が通じないと感じたときに，相手を疑ったり傷つけたりすることなく，相手の気持ちや立場を理解するような行動がとれるか，授業との関連を大切にしたい。

〈参考文献〉

・浜田廣介「泣いた赤おに」『ひろすけひらかな童話』岡村書店1935

（針谷玲子）

道徳科の内容

36　相互理解，寛容

基本的な押さえ

　本内容項目は，「相互理解」と「寛容」の2つの道徳的価値から成り立っている。相互理解では，相手との対話といった話し合いを通して互いの思いを交流させ，相互理解を図ることを目指している。「寛容」は，相手の心情を慮り，広い心で相手の過ちを許したり，異なる意見を尊重したりすることを目指している。

　また，中学校になると，相手の個性や立場を多面的・多角的に理解し認めていくとともに，他者から学ぶという謙虚さが加わってくる。「相互理解，寛容，謙虚」がこの内容項目のキーワードである。

今日的な喫緊の課題—寛容—

　SNSによる匿名の誹謗中傷発言や新型コロナウイルスによる自粛に伴う過度の批判など，他者への痛烈な批判が話題になっている。また，相手への攻撃性を発揮するクレーマーと呼ばれるケースも増加している。このような要因として，現在がストレス社会であり，その耐性がなくなり，他者への「寛容」を失ってしまうという意見もある。

　学校においても友達の些細な失敗を許せなかったり，違った考えを排斥したりしようとする心が子どもに蔓延することは避けなければならない。いじめにつながるからである。自分本位に判断するのではなく，自分とは違った立場を理解し，尊重しようとする気持ちを育てることが肝要である。

　また，寛容とは表裏である謙虚もともに学ぶ必要がある。相手を責めるだけでなく，「自分自身も同じような失敗をすることもある」という自戒の念をもち，謙虚に接することで，他者に対しても寛容になれる。

「相互理解，寛容」と子どもの発達

　「相互理解，寛容」が中学年の指導内容に盛り込まれたのは，平成29年版の学習指導要領からである。前回の平成20年版やそれ以前には，小学校高学年と中学校のみで取り上げられていた。

　また，高学年では，「寛容」のみが取り扱われ，中学生になってから「相互理解」を取り扱うことになっていた。

　このように道徳科新設に伴い，「相互理解，寛容」を中学年から指導するようになったのは，次のような要因が考えられる。

　1つ目が，子ども同士の話し合いや対話などを重視し，傾聴したり共感したり様々な立場の人の心情を推察したりする力を育もうとしていることである。相手の意見や考えを大切にし，尊重することがよりよい人間関係を築く。

　2つ目が，相手に対する配慮ある伝え方である。意見を伝え理解を求めるとき，どのような言い方が望ましいのか，感情

的にならないようにするためにはどうしたらよいか，などを考える契機とするのである。

3つ目が，いじめの未然防止に対する強い決意である。自他の立場や考え方の異同を自覚できるようになってくる中学年から，早期に寛容の心を育ませることが極めて重要になってくる。

「相互理解，寛容」の授業例

小学校の「相互理解」では，教科書の読み物教材，役割演技などを用いての授業を行う。

最初に読み物教材を使って，登場人物の気持ちに寄り添い，相互理解するために自分の考えを伝えることの大切さを理解させる。その後，スキルトレーニング的な役割演技を使う。①相手に伝わるような声の大きさや目を見て話す，などをしっかりとできるようなトレーニングをする。それに対して応答する側は，②うなずいたり，笑顔を見せたりして，共感的に聞く，といったトレーニングを行っていく。

次に「寛容」の授業では，友達から「無視しよう，遊びに入れないでいよう」などと誘われた主人公の立場になった役割演技を行い，自分事として主人公の気持ちを捉え，どのように行動したらよいかを考える活動を取り入れる。SNSを使った場面を取り上げ，誤解をまねくメールを出してしまった友達同士が和解するために，どのように振る舞ったらよいかを演じる授業も可能である。演じると

きは，子どもの即興的・自発的に演じる姿を大切にしていく。

中学校では，学校内の人間関係をテーマにして，学級内で起きるいじめや偏見などの諸問題に対して，主体的に立ち向かっていこうとする問題解決力を育てていく。自分が主人公だったらどうしたらよいか，その行為の結果はどうなるのか，について丁寧に考えさせていく。

その際，謙虚に自己内省し，他者を許し認めていくような寛容さについて実感させ，共に成長しようとする前向きな態度を醸成させていく。

「相互理解，寛容」の取扱い

「相互理解，寛容」は，いじめの未然防止，いじめを許さない断固とした態度の育成といった観点から，C−⒀公正，公平，社会正義と関連づけて，2時間連続での授業も可能である。そして，年度はじめの早い時期に実施できるよう年間指導計画に位置づけ，早期によりよい人間関係づくりを目指す姿勢を明確にした方がよい。

また，この内容項目は，深い道徳的心情や的確な道徳的判断力，強い実践意欲と態度の道徳的諸様相全てが求められている。それだけに子どもの心に響く感動的な教材や問題場面の葛藤教材を使ったり，役割演技や構成的グループ・エンカウンターなどの体験的活動を取り入れたりして多様な授業を展開していきたい。そして，意欲化を図るような振り返りを工夫することが望まれる。　（尾身浩光）

37 規則の尊重

基本的な押さえ

　社会生活やよりよい集団生活を成り立たせる上で，大切にしなければならない道徳的価値が「規則の尊重」である。法や約束，きまりを遵守することで人々が安全・安心に過ごすことができるからである。一方，個人の尊厳や意志が尊重されている今日，「個と公共」との関係や，「自由と法や義務による拘束」との狭間で，適切な行為をどのように選択したらよいのか，ジレンマに陥ることもある。

　そのような中だからこそ，「法やきまり」の意義を十分に理解させ，望ましい公共心や義務を果たし，社会正義の実現を果たそうとする指導が重要視される。

「規則の尊重」の諸様相

　米国の心理学者チュリエルは，領域特殊理論を唱え，「社会的ルールの中には，他者の権利や福祉に関する道徳性と社会的相互作用を円滑にし，社会的秩序を維持する社会的慣習が存在している」と述べている。前者が法であり，守らなければならないもの，後者が「マナーや約束」で守るとよいもの，と大別することができる。規則やきまりは，使い方によって，ときには法的，ときにはマナー的に読み取ることができ，やや流動的である。

　道徳科で授業を実施する上でも，これらの諸様相をどのように扱うのかを考慮

して授業をしなければならない。法は遵守する，マナーや約束は尊重することがねらいとなるが，規則ときまりについては注意が必要である。法的あるいはマナー的のどちらで取り扱ってもよいが，授業の中で，意味を混同して使ったり，言い換えたりすると，子どもは混乱する。事前に教材分析を行うときに明確にしておくことが肝要である。

「規則の尊重」と子どもの発達

　「規則の尊重」は，これまでも低学年から指導が行われ，全学年で発展的・継続的に指導されてきた。

　低学年では，身近な学校生活や身の回りにある約束やきまりを取り上げている。公共物や公共の場所についても，子どもが実感しやすいような素材をもとに考えるとされている。そして，約束やきまりをマナー的に捉え，安全やみんなが気持ちよいなどの快適さに着目させている。

　中学年では，集団性や社会性が広がることから，約束やきまりにやや公共性をもたせ，遵守する視点が取り入れられている。「言われたから守る」といった安易に追従する姿勢ではなく，なぜ約束やきまりを守らなければならないのか，その意義を考えさせようとしている。自律的な思考が少しずつ始まってきた中学年の特性を考慮してのことである。

　高学年では，社会に生きる一員として

のモラルや倫理観の確立と，法やきまりの遵法精神をもたせることをねらいとしている。そうした中で，自他の権利や義務にも目を向け，互いを尊重しようとする態度と実践意欲を育てる内容となっている。

中学校では，幅広く社会を見つめ多面的・多角的に状況を捉え，判断し行動しようとする子どもの特性に基づいた指導内容である。特に，社会の構成員としての自覚のみならず，よりよい社会を築く担い手であるといった自覚も期待している。さらに，自他の権利や義務を尊重し確実に遂行しようとする実践的な態度も育んでいく内容である。

「規則の尊重」の授業例

低学年では，身の周りのきまりをテーマにした授業が行える。なぜきまりがあるのかを考えたり，きまりを守りものを大切にしたときの喜びや充実感を味わったりできる授業を進める。その際，主人公と自分とを重ね合わせながら考えさせ，豊かな道徳的心情を育てていく。

中学年では，登場人物の心情を追うばかりでなく，行為の背景を探ろうとする活動を取り入れる。「なぜ，主人公は〜したのだろう」と理由を考えたり，きまりを「守ったとき・守らなかったとき」の違いを考えたりするなど，行為の結果を推察させ，よりよい問題の解決法を見つけていくような授業が展開できる。

高学年では，視野を広げ，社会に必要な公共物や公共施設に目を向け，社会生活を豊かにするために守らなければいけないことを意識づける。自分たちで学校・学級の「ルール」をつくるなどの活動も組み入れることが可能である。また，法律や世界人権宣言などにも目を向け，遵法することの意義や効果を多面的・多角的に考えさせる。そして，法律やきまりは，よりよい社会の実現に不可欠であることに気づかせ，尊重しようとする実践的な態度を育てていく。

中学生には，葛藤的な教材を提示し，法やきまりの意義を深く思考させる。「二通の手紙」は，「規則の尊重」と「思いやり」といった価値が激しく衝突し，生徒もどのような行動をとったらよいか悩むような教材である。こうした，葛藤教材を用いて，「主人公の元さんは，どういう行動をとったらよいだろうか」と多面的・多角的に考え，問題解決させるような授業も行える。

「規則の尊重」の取扱い

「規則の尊重」の授業では，表面的な話し合いは避けたい。規則やきまりを守ることの大切さは，誰しもわかっているからである。規則や約束はなぜあるのか，どうして守らなければならないのか，やぶってもいいときはないのか，などと子どもが様々な思いや解決策を真剣になって考えて，納得解を見出すことが肝要である。価値の押しつけが，子どもの遵法精神や意欲を低下させ，悪影響を及ぼすことを肝に銘じなければならない。

(尾身浩光)

38　公正，公平，社会正義

基本的な押さえ

　「公正，公平，社会正義」とは，正義と公正さを重んじ，誰に対しても公平に接し，差別や偏見のない社会の実現に努めることである。「正義」とは，人が踏み行うべき正しい道筋や社会全体としての正しい秩序などを広く意味し，「公正さ」とは，分配や手続の上で公平で偏りがなく，明白で正しいことを意味する。また，「社会正義」を実現するためには，真実を見極める能力や思いやりの心が基盤となる。いじめとの関わりも深い。

　ここでは，よりよい社会の実現のために正義と公正さを重んじ，物事の是非を見極めて誰に対しても公平に接するとともにいじめのない世界をつくるために自分たちにできることを考えさせたい。

公正，公平，社会正義の育成

　歴史を振り返ると，世界大戦中においては，迫害や大量虐殺などの人権侵害・人権抑圧が横行した。こうした問題は国際社会全体に関わる人権問題であり，人権の保障が世界平和の基礎であるという考えから，1948年12月10日，第3回国際連合総会（パリ）において「世界人権宣言」が採択された。こうした話題を取り上げたり，実際に「世界人権宣言」を紹介したりすることで，差別や偏見のない社会を実現することの意義について考えさせることもできる。

心の発達との関係性

　子どもたちは，正義が通る公正・公平な社会生活，とりわけ学校生活への願いがある。特に小学校の高学年になると，差別や偏見がいじめにつながることを理解できるようになるが，いじめの場面では，傍観者となって目の前の問題から目を背けてしまうことも少なくない。中学校の段階では，自己中心的な考えや偏った見方から，相手に対して不公平な態度をとったり，周囲で不公正があっても，多数派に同調して関わらないようにしたりすることがある。また，いじめや不正な行動が起きても，見過ごしたり，あきらめたりすることがある。

　こうした現状を踏まえ，「見て見ぬふりをする」や「避けて通る」という行為や行動を改め，不正を憎み，不正な言動を断固として否定する正義感とたくましさ，主体性が育つように指導することが大切である。

授業展開の鍵

　授業では，公のことと自分のこととの関わりや社会や学校における自分の立場を見つめ，社会や学校をよりよくしていこうとする気持ちを高める工夫が必要である。そのためには正義を愛する気持ちや自分や相手の不正や不公平を許さない断固とした姿勢，みんなと力を合わせて積極的に差別や偏見をなくすために努

力することの大切さに気づく授業展開が鍵となる。また，担任としていじめ問題を憂慮し，いじめをなくす指導につなげる場合は，学級での人間関係や差別・偏見に目を向けさせ，子どもたちの公正・公平への意識を高めるための授業展開の工夫も考えたい。いじめを許さず，正義が通る社会や学校・学級の在り方を考えさせるために重視したい内容項目である。

授業展開例

　読み物教材「魚の涙」を活用した授業展開例を示す。この教材は，東京海洋大学名誉博士のさかなクンが執筆している。魚の情報や正しい知識，おいしい食べ方や環境問題等に取り組んでいる作者ならではの内容で，学校の狭い人間関係の中で起きてしまういじめや差別，偏見の本質をわかりやすく伝えている。

　この授業での発問は３つとする。１つ目は，「水槽の魚の世界と学校の人間の世界のいじめに共通することは何か」で，狭い空間の中でいじめが発生する集団の関係性の弱さについて考えさせる。２つ目は，「相手をいじめたり仲間はずれにしたりするときの心」で，自己中心的で偏った見方をする自分の心の弱さが相手をいじめる行為へと発展してしまうことに気づかせる。そして，３つ目は，「いじめや差別・偏見をなくすために何が必要か」で，この授業で考えさせたい「公正，公平，社会正義」の道徳的価値に迫る発問である。この発問を通して自分自身がこれからどう考え，どう行動してい

くことがいじめや差別・偏見のない学校や社会につながるのかということに迫り，いじめの原因を相手に探してしまう都合のよさや相手のことを表面だけで判断しないこと，ものの見方や考え方を広くもつこと等について考えさせたい。楽しい学校や安心できる社会を実現するためには，正義を愛する心や自他の不正や不公平を許さない姿勢とみんなが力を合わせて積極的にいじめや差別・偏見をなくす努力が必要であることに気づかせる授業例である。

授業の課題

　特にいじめについては，どの子どもにも，どの学校でも起こりうるものであり，「いじめは人間として絶対に許されない行為である」という意識を一人一人の子どもに徹底することが必要である。しかし，いじめをそばではやし立てたり，傍観したりすることもいじめる行為と同様に許されないということやいじめを目撃した場合にはそれを見逃さず，すぐに大人に伝える行動が大切であるという意識を子どもたちがもつことも重要である。

　いじめ問題は，学校全体で計画的に取り組む重要な教育課題である。いじめの加害者と被害者だけでなく，周囲にいる子ども一人一人が自分の内面と向き合い，考え，正義が通る社会をつくっていこうとする心を耕す指導が要となる。

〈参考文献〉

・さかなクン『さかなのなみだ』リヨン社2007

　　　　　　　　　　（菅野由紀子）

道徳科の内容

39 勤労，公共の精神

基本的な押さえ

「勤労，公共の精神」とは，勤労の尊さや意義を理解し，将来の生き方についての考えを深め，勤労を通じて社会に貢献することである。「勤労」は，自分の生活の維持向上と幸福を追求するものであるとともに，自分に課された社会的責任を果たすことで，社会そのものを支えているものでもある。よって，生きていくには，自分の仕事に誇りと喜びを見出し，喜びと生きがいをもって仕事を行えるようにすることが大切である。

ここでは，進んで公共のために働く意義を理解し，集団の一員として自分の役割を果たそうとする態度を育成する。

勤労，公共の精神の育成

令和2年，世界中を震撼させた新型コロナウイルスの猛威と感染が広がる中，マスクや防護服が不足する過酷な状況に置かれた医療現場で，医師や看護師等の医療従事者は自分と家族の感染リスクと戦いながら治療にあたった。医療最前線で働く人たちだけでなく，配達を担う物流事業者，スーパーやドラッグストアなどの販売員，公的機関や公共交通の職員等，多くの人が働いて私たちの生活を支えている。こうした現実と経験を踏まえて，公共の福祉と社会の発展に尽くすことの意義と子どもたち一人一人が進んで貢献しようとする態度を育成したい。

心の発達との関係性

かつての子どもの家庭生活では，家事の分担があり，子どもたちは「任されたお手伝い」の中で働くことを身近に感じ，成功や失敗を通して学んでいた。しかし，時代の流れとともに，現代ではそうした家庭生活での場面が少なくなり，子どもは，人のために働くことのよさや意義が見出しにくくなっている。

小学校の段階では，当番活動や係活動等を通してみんなのために役立つ喜びや満足感，仕事を成し遂げた成就感を体得できるようになり，中学校の段階では，学校内だけでなく，地域の活動や行事のボランティア活動を通して，よりよい社会を築こうとする意欲が高まってくる。こうした発達段階の違いを踏まえながら，仕事に対して誇りや喜びをもち，働くことや社会に貢献することの充実感を通じて，働くことの意義を自覚し，進んで公共のために役立とうとする意欲や態度を育てることが求められる。

授業展開の鍵

授業では，勤労は自分のためだけではなく社会全体を支えていることを理解し，公共の福祉と社会の発展に尽くすことの大切さを扱いたい。

例えば，中学校の段階で行われる職場体験では，実際に事業所で働くことで，仕事を実感して意義を発見し，社会との

関わりについて考えることができるようになる。こうした体験を道徳科の授業に取り入れ、勤労の尊さについて考えるとともに、充実感を知り、働くことによって生きがいのある人生を実現しようとする意欲を高めたい。

　子どもたちにとって、働くことに対する関心や意識は決して高いとはいえない。そこで、授業の中で身近な体験を引き出し、働くことと社会との関わりを考えさせ、よりよい社会を築くことが私たちの幸福につながることに気づかせたい。

授業展開例

　読み物教材「加山さんの願い」を活用した授業展開例を取り上げる。この教材は、老人の孤独死を悼み、老人訪問のボランティア活動を始めた主人公の加山さんが、世話をする側とされる側の考え方の違いを知ることを通して、互いの心が通じ合う人間関係やボランティアの在り方を描いたものである。

　この授業での発問は3つとする。1つ目は、「ボランティアで訪問した老人から『いらぬ世話はしないでくれ』と言われた加山さんの気持ち」で、自分の親切心と自分にもできそうだと思って始めたボランティア活動で、いきなり相手に背を向けられた加山さんの気持ちに共感させる。2つ目は、「背を向けていた相手が、加山さんに心を開くようになった理由」で、相手の心を開くためには、まず自分の心を開き、自然に接することが大事であることに気づかせたい。3つ目は、

「公共のために進んで働くために必要なことは何か」で、社会奉仕の難しさとすばらしさについて考えさせる。この授業は、職場体験の事前指導の一環として行うことが効果的である。勤労を通して社会に奉仕し貢献することが、充実した生き方につながり、自分だけでなく相手の幸福につながっていくことに気づかせ、公共の福祉と社会の発展に尽くそうとする気持ちを育てたい。

授業の課題

　この授業では、公共の精神を育てることが大切である。しかし、学年が上がるにつれて、社会での人間関係が希薄化する傾向がみられ、配慮を欠き、公の場でも自己中心的な言動をとってしまうことがある。また、働くのはお金を稼ぐためであり、ボランティア活動が個人の生きがいや幸福の実現につながることへの違和感をもつことも考えられる。

　指導にあたっては、これまでの自分の勤労観や職業観を振り返らせた上で、働くことの尊さや意義について考えさせたい。前述の新型コロナウイルスに向き合いながら働いている多くの人の勤労と奉仕を取り入れながら、個人が安心・安全によりよく生活するためには、人任せではなく、主体的に自分の役割と責任を果たすことの大切さを伝えたい。

〈参考文献〉

・文部省『中学校　読み物資料とその利用—「主として集団や社会とのかかわりに関すること」—』1994　（菅野由紀子）

40 家族愛，家庭生活の充実

基本的な押さえ

　家庭は，子どもにとって生活の場で，心の拠り所となる団らんの場である。本項目は，家族との関わりを通して父母や祖父母を敬愛し，家族の一員として家庭のために役立つことに関する内容である。

　小学校学習指導要領では，「父母，祖父母を敬愛し」が各学年の冒頭部分に示され，続けて次のように記されている。

　低学年「進んで家の手伝いなどをして，家族の役に立つこと」，中学年「家族みんなで協力し合って楽しい家庭をつくること」，高学年，「家族の幸せを求めて，進んで役に立つことをすること」。中学校では，「父母，祖父母を敬愛し，家族の一員としての自覚をもって充実した家庭生活を築くこと」である。

　小学校学習指導要領解説では，自分の存在が父母や祖父母から受け継がれていることを実感するためにも，家族一人一人への理解を深めていくことの重要性が説明されている。その上で，「自分の成長を願って無私の愛情で育ててくれたかけがえのない存在である家族に対して敬愛する心が一層強くなる」と記されている。

　中学校学習指導要領解説では，加えて，「充実した家庭生活を築くこと」とあるように，家庭の姿は一様ではないが，家族が温かい信頼関係や愛情により互いが深い絆で結ばれているという自覚をもつ

ことが，より充実した家庭生活を築くことにつながることを再確認したい。

現代の多様な家族の形態

　私たちが生を受けて初めて帰属する社会は家庭である。家庭は人間生活の基盤となる基礎的集団でもあり，子どもは家族との関わりを通して愛情をもって保護され育てられる。そのような面からも，もっとも心が安らぐ場が家庭である。家族は本来，親子や夫婦の絆といった血縁や婚姻で結ばれた人々からなる集団である。現代では一人一人が各々の個性や考え方に合ったライフスタイルを選択するようになり家族の形態も多様化している。日本社会では，祖父母・親・子どもの三世代が共に暮らす大家族が減少し核家族化が進んできた。さらに，最近では一人暮らしの単独世帯（単身者世帯）が増え，総務省統計局の平成27年国勢調査結果では34.6％となっている。そのようなことも踏まえて，授業では多様な個々の家庭環境にも配慮しておきたい。

日常生活と家族の意義

　人間は，日常生活において食べなければ生きていけない。また，集団を形成しなければ，様々な危険から身を守り，安全に生存することが困難でもある。生きていくために必要な集団の最小単位が家族だといえる。だが，悲しいことに，信

道徳科の内容

じがたい児童虐待のニュースが流れている。子どもたちの生命の安全が脅かされる事件が後を絶たず深刻化している。加えて，少子高齢化が急激に進展する中，社会における家族の在り方も多様になってきている。家族の意義や必要性についても，昭和から平成，令和となり大きく問い直されている。なぜ，家族が大切なのか，家族が必要なのかという根源的な問いも含めて，家族の本来の役割とは何かをじっくりと考えていきたい。そして，この問いは子どもだけに向けられるのではなく，大人も共に考えるべき重要な問いであることを忘れてはいけない。

社会へつながる出発点の家族

ドイツの哲学者であり，ドイツ観念論を完成させたヘーゲルは，家族は人倫（人間が社会生活を営む基盤となる共同体）の出発点で愛情によって結ばれた共同体であるとした。ここでは，個人の人格の独立性はまだ自覚されていないが，成長した子どもは家族から独立し市民社会に参加する。つまり，人倫は家族を出発点として，市民社会，国家へと弁証法的に発展すると考えたのである。

ヘーゲルの考えた人倫とは，個人の主体的な自由と社会の客観的な秩序が結びついた共同体であり，家族においてもその家族内での秩序や習俗といったものがあり，それが個人の成長にも少なからず影響を与えると考えられる。

指導においてのポイント

担任は個々の状況を踏まえて，気になる子どもの反応の予想や，必要があれば事前に保護者への相談も学年団等で検討したい。教材内容等により，ある子どもが深く傷つくだけで終わってしまう授業とならないような配慮が肝要である。

小学校の指導では，主人公を通して，自らの家庭生活を見つめて自分にできることを考えられるように吟味していきたい。例えば，事前に行った家庭生活の振り返りや手伝いの実態を導入で活用する等の支援も効果的である。また，自分の行動が具体的に家族の役に立っていることや感謝された経験を紹介する活動，家族の幸せのために何ができるのかを考える機会を設定することも考えられる。発達に応じて，そのような手立てを講じ家族の一員として役に立つ喜びを実感できるようにする指導が求められる。

中学校では，家族関係を子どもの視点だけでなく，家族それぞれの立場から考える等，多面的・多角的に捉えられるよう指導の工夫を図りたい。さらに，他教科とも関連を図り，自分は何をすべきかを自覚し，進んで実践することで充実した家庭生活を築くことにつなげたい。

〈参考文献〉

・廣松渉他『岩波　哲学・思想事典』岩波書店1998，総務省統計局『日本の統計2019』2019（URL：http://www.stat.go.jp/data/nihon/02.html）

（植田和也）

41 よりよい学校生活，集団生活の充実

基本的な押さえ

本項目は，先生や学校の人々を尊敬し感謝の気持ちをもって，学級や学校の生活をよりよいものにしようとすることや，様々な集団の中での活動を通して，自分の役割を自覚して集団生活の充実に努めることに関する内容として示されている。今回の改訂で，「集団生活の充実」と「学校生活」が統合されて示されることとなった。中学校学習指導要領解説では，「より体系的・系統的に指導ができるよう，従前の4-(4)及び4-(7)統合するとともに，集団における役割遂行を重視して，『集団の中での自分』を追加した」と説明されている。

小学校学習指導要領では，低学年から高学年にかけて，「先生を敬愛し」から，「先生や学校の人々を敬愛し」と対象の広がりと，低学年の「親しんで，〈中略〉楽しくすること」から，「協力し合って楽しい学級や学校をつくること」「様々な集団の中での自分の役割を自覚して集団生活の充実に努めること」と発展的に内容項目が示されている。高学年では，「様々な集団」と学級・学校内だけでなく，多様な集団での役割についても言及している。さらに，小学校学習指導要領解説では，様々な活動を通して集団への所属感を高めること，集団での役割を自覚して役立つ自分への実感とともに学校を愛する心を深められることが求められ

ている。そのようなことを通じて充実した集団生活を構築しようと努力する姿を励ましていきたい。中学校では，加えて「よりよい校風をつくる」ことや「様々な集団の意義や集団の中での自分の役割と責任を自覚」することが求められる。そのために中学校学習指導要領解説では「集団での規則を守り，互いに協力し励まし合う関係づくりをすることが重要である」と示されている。さらに，そのようなことが集団生活の充実とともに自己の資質・能力を高め自分自身の向上にもつながると指摘している。

集団における個の在り方

小学生にとって，身近な集団はまず学級や学校である。日々の学校生活においても，係活動，委員会やクラブ活動等，いくつかの集団に所属し，その中での役割遂行が求められている。それらの集団の中で一人一人が生かされながら，主体的な参加と協力のもとに集団が成り立ち，質的な向上にもつながっていくのである。その過程において，児童は自らが社会的な存在であることを少しずつ自覚することにもなる。あわせて学級や学校生活での充実感を味わうことを通して，そこに関わる先生を含めた人々への感謝や敬愛の念を深めるとともに学校への愛着が徐々に形成されていくようになる。

中学校学習指導要領解説では，「人間

は，他の人間と関係をもち集団をつくり上げ，様々な集団や社会の一員として生活している。それぞれ目標や立場が異なる集団に所属しながら，共同して日々の生活を営んでいる」と示されている。つまり，一人一人が集団や社会の一員としての自覚をもつだけでなく，役割と責任を果たし集団生活の充実に努めることが重要であり，集団における個の在り方が強調されている。

学校内外のどのような集団であれ，望ましい集団を形成するためには，所属する個々の人間関係を大切にするとともに互いに励まし合うという協力関係をつくりあげていくことが肝要である。

社会の現状と課題

大人社会でも様々な集団が形成され，社会貢献として重要な役割を果たしている。近年，そのような集団に属して，役割を果たすなど貢献しようとする意識の低下や集団内の役員の継承問題，集団自体の存続問題等も聞かれることがある。内閣府による世論調査（令和2年1月調査）の「社会への貢献意識」でも，約10年前と比較すると，「自主防災活動」や「自分の職業を通して」は微増傾向だが，身近な地域活動や社会活動への貢献意識の低下が若干みられる。例えば，「町内会などの地域活動」は，36.6％（平成21年）が29.1％（令和2年）に，「自然・環境保護に関する活動」が，41.6％（平成21年）が31.8％（令和2年）に低下している。子どもに関わるような「交通安全に関する活動」でも4.7％減，「青少年健全育成に関する活動（子ども会など）」でも6.7％減となっている。社会の変化に伴い，人々の意識の変容が起こるのも当然であるが，このような傾向や実態は，少なからず若者にも影響を与えていると考えられる。特効薬ではないが，このような現状を前進させる力の源となる道徳性の育成が道徳教育に求められていると肝に銘じたい。

指導のポイント

小学校では，教材の内容に応じて，子どもたちが所属する集団の人々を思い起こすことを大切にしたい。また，みんなで協力し合ってよりよい学級や学校をつくるために，どのような見方・考え方が大切なのかをじっくりと考えさせたい。他教科との関連を生かして，集団での役割の自覚を具体的に振り返ったり，集団生活の充実に努める目標を視覚化したりする等，発達に応じて活動を工夫したい。

中学校では，学校や校風等でプラスの面に視点を置くこと，学級や学校の一員であることの自覚を促すことも肝要である。加えて，誰しも自分が所属する集団の利益のみを優先しがちな人間の弱さにも配慮するなど，望ましい集団の在り方について多面的・多角的に考えられる時間を確保することも大切である。

〈参考文献〉

・内閣府「社会意識に関する世論調査（令和2年1月調査）」2020

（植田和也）

道徳科の内容

42 伝統と文化の尊重，国や郷土を愛する態度

基本的な押さえ

　我が国や郷土の伝統と文化を尊重し，それらを育んできた我が国や郷土を愛する心をもつことに関する内容項目である。

　生まれ育った郷土は，人生を送る上での心の拠り所となるものであり，精神的な支えとなるものである。郷土での様々な体験等から郷土を愛する心が育まれていくが，郷土から国へと親しみをもちながら視野を広げ，国や郷土を愛する心をもち，よりよくしていこうとする態度を育成することが大切である。

　我が国や郷土の伝統を継承することは，長い歴史を通して培われてきた，習慣や風俗，芸術などを大切にして次代に引き継いでいくということである。なお，「国や郷土を愛する」とは，教育基本法において教育の目標として「伝統と文化をはぐくんできた我が国と郷土を愛する態度」を養うと定めていることと同様の趣旨である。

児童生徒の発達段階との関係性

〈第1学年及び第2学年〉

　この段階は，昔遊びを体験したり，地域行事に参加したりして昔からあるものにふれる機会が多くなり，家庭や学校をとりまく郷土に目を向けられるようになる。昔遊びや季節の行事などを通して伝統文化にふれ親しみをもてるようになる。

〈第3学年及び第4学年〉

　この段階は，地域での生活が活発になり地域行事や活動に興味をもち，地域生活や環境などの特色にも目を向けられ，郷土のよさやすばらしさを実感できるようになる時期である。

〈第5学年及び第6学年〉

　この段階は，我が国の国土や産業，歴史などの学習などを通して，先人の業績や優れた文化遺産に目を向けられるようになり，受け継がれている伝統文化を尊重し，さらに発展させていこうとする態度を育てることが大切である。

〈中学校〉

　この段階は，家族や社会に尽くした先人や高齢者などの先達によって自分が支えられて生きていることを自覚し，郷土の発展のために自ら寄与しようという意識を高めたい。

発達段階に応じた指導方法の工夫

　低学年では，児童が住む町の身近な自然や文化などに直接ふれる経験や機会から，関わる人々とのふれあいを深め，国や郷土への愛情をもち，親しみをもって生活できることが大切である。

　中学年では，地域の人々や生活，伝統文化に親しみ，大切にすることを通して，郷土を愛することについて考えさせ，地域に積極的に関わろうとする態度を育てたい。さらに，自然文化，スポーツなど

への関心を高め，視野を広げて我が国の伝統文化について理解を深め，これらに親しむ気持ちを育てるように指導することが必要である。

　高学年では，機会を捉えて我が国の伝統文化などを話題にしたり，直接的にふれあう機会を増やしたりすることを通して，伝統文化をこれまで育んできた我が国や郷土を受け継ぎ発展させていく責務があることを自覚し，努めていこうとする心構えを育てる必要がある。

　中学校では，地域社会の実態を把握したり，地域の人々との人間関係を問い直したりして，郷土に対する認識を深め，郷土を愛し，その発展に努めるよう指導していく必要がある。そのための体験の機会を意図的につくっていくとよい。

道徳的心情を育む授業例

〈教材〉「米百俵」（山本有三著）
〈概要〉幕末の戦いで敗れた長岡藩に届けられた百俵の米。その米を売って人材育成によって郷土の復興を果たそうとする小林虎三郎の命がけの思いに打たれた藩士たちが長岡藩を蘇らせようとする。

　この教材から，米の使い道をめぐって対立する小林虎三郎と藩士たちの思いに気づかせ，小林虎三郎の郷土の将来を思う心について自分なりの考えをまとめさせたい。

〈指導上の工夫〉小林虎三郎の言葉から，郷土の将来を見据えて努力することについて，自分のこととして考えてほしい。そのためには，授業において役割演技を活用し，小林虎三郎と藩士のそれぞれの立場を明確にして考えの変化を理解することが大切である。また，さらに発展させ，地域の発展のために活動してきた人たちの思いや業績について深く考え，地域社会の伝統文化を尊重し郷土を愛する心情を育みたい。

指導する上での授業の課題

　郷土を取り入れた授業のために使用する教材は，自分たちになじみが薄い場合も多く，場面や登場人物の行動や心情を理解するための時間が多くなることがある。道徳科においては，こうしたことは好ましくない。

　また，他教科等と関連させ，社会科における歴史的事象の関わりや総合的な学習の時間における地域との交流学習と関連させることも効果的である。

　家庭との連携では，授業後の感想を通信に掲載し，児童が地域への所属感をもっているか，地域への愛着をどう深めているかを知らせることも効果的である。

　地域におけるこれまで育まれてきた伝統文化を受け継ぎ，発展させていくための町会の人々の工夫を取り上げ，ゲストティーチャーに招いて話を聞く等の機会を設定し，自分との関わりにおいて考えを深める活動を工夫することも考えたい。

〈参考文献〉
・山本有三「米百俵」新潮社2001

（針谷玲子）

道徳科の内容

93

43 国際理解，国際親善

基本的な押さえ

　他国の人々や多様な文化を理解し，日本人としての自覚や国際理解と親善の心をもつことに関する内容項目である。グローバル化が一層進展する今日，国際理解や国際親善は重要な課題であり，他国の人々や文化に対する理解と尊重する態度を養うことが必要である。そのことを我が国の伝統と文化に対する尊敬の念とあわせて理解できるようにしたい。

　宗教については，宗教が社会で果たしている役割や宗教に関する寛容な態度については，教育基本法第15条の規定を踏まえた配慮をするとともに，宗教についての理解を深めることが，人間としての生き方についての考えを深めることにつながることになる意義を十分に考慮して指導することが必要である。

児童生徒の発達段階との関係性

〈第1学年及び第2学年〉

　この段階は，身の回りの事物が自国の文化なのか他国のものなのか区別することは難しい。また他国の人々とのふれあいに消極的になる児童もいる。外国籍の児童が在籍する場合もあり，学級の実態に応じた指導が大切である。

〈第3学年及び第4学年〉

　この段階は，我が国が様々な国と関わりがあることに気づくようになる。また，自分たちの身の回りには多様な文化があ

ることや文化の特徴などについて理解や関心が高まる時期である。他教科等と関連させ，視野を広げたい。

〈第5学年及び第6学年〉

　この段階は，特に社会的認識能力が発達し，新聞などのマスメディアに接することや各教科で学習することで，他国への関心や理解が一層深まる。また他国の芸術や文化，他国の人々と接する機会もある。日本人としての自覚や誇り，我が国の伝統と文化への愛着や誇りについて一層理解が進むように指導したい。

〈中学校〉

　国際社会と向き合うことが求められていることの自覚をもって生きていくには，国際感覚をもち広い視野に立って自分の基盤をしっかりすることが必要である。我が国の伝統と文化に関する関心や理解を深め，尊重し継承・発展させる態度を育成したい。

発達段階に応じた指導方法の工夫

　低学年では，身近な出来事や図書，生活の中にある他国の文化に気づいたり，スポーツや芸術などを通じた他国との交流を通して，他国の人々に親しみをもち，自分たちと異なる文化のよさに気づけるようにすることが大切である。

　中学年では，他国の人々や文化に気づき，共通点や相違点などにも目を向けられるようにしたい。また他国の人も同様

に文化に愛情をもって生活していること
を理解させ，他国の文化への関心や理解
を深めさせたい。

　高学年では，文化やそれに関わる事柄
を関連づけ国際理解を深め国際親善に努
めようとする態度を育てることが重要で
ある。また，日本人としての自覚や誇り，
我が国の伝統と文化を理解し，進んで他
国との交流活動を進めるなど，国際親善
の態度を養うことが求められる。

　中学校では，「国際理解，国際貢献」
との関わりも踏まえ国際社会と向き合う
ことが求められる日本人としての自覚に
関する内容や国際社会との関わりについ
て考えを深めることも求めていきたい。

道徳的心情を育む授業例

〈教材〉「ペルーは泣いている」（大野真
作，文部省『小学校　読み物資料とその
利用―「主として集団や社会とのかかわ
りに関すること」―』より）

〈概要〉ペルーの女子バレーボールナシ
ョナルチームの監督に就任した加藤明
（アキラ）が文化や習慣の違いを乗り越
え，ペルー選手と理解し合う姿を通して
国際親善について考える。

〈指導上の工夫〉高学年では，音楽や芸
術，スポーツ選手の姿を通して他国への
親しみを深める。さらにインターネット
等を通じて海外の文化や生活にふれる機
会も多くなる。しかし，自国との違いを
考え，よさに気づくことにまで至ること
は難しい。他教科等の学習との関連を深
め，知識理解とともに，世界の人々と積

極的に接し，国際親善に努めようとする
心情を育てたい。

指導する上での授業の課題

　2020年開催の東京オリンピック・パラ
リンピックを契機に我が国のグローバル
化が進展する中，国際理解や国際親善は
重要な課題となった。しかし，新型コロ
ナウイルス感染症拡大防止のため，東京
オリンピック・パラリンピックは延期と
なった。国ごとに独自の伝統や文化があ
り，誇りをもって大切にしようとしてい
ることが各国共通であることを，報道等
を通じて児童は以前よりも意識する機会
が多くなった。国による違いがあっても，
他国への関心や理解を高め，言葉や文化
の違いを超えて世界の人々とふれあって
いこうとすることは今後ますます必要で
あり，児童にも実感してほしいことであ
る。他教科等とも関連させ，我が国との
つながりの深い国の人々や世界で活躍す
る日本人等を取り上げて学ぶことで国際
理解をさらに深めていきたい。

　また特に中学校では，国を愛すること
は偏狭で排他的な自国賛美ではなく国際
社会と向き合うための自覚と責任をもっ
て国際貢献に努めようとする態度につな
がっている点に留意する必要があり，中
学校の内容項目「国際理解，国際貢献」
との関連に配慮した指導が大切である。

〈**参考文献**〉

・文部省『小学校　読み物資料とその利
用―「主として集団や社会とのかかわり
に関すること」―』1994　　**（針谷玲子）**

道徳科の内容

基本的な押さえ

　「生命の尊さ」とは，その連続性や有限性なども含めて理解し，生命ある全てのものをかけがえのないものとして尊重し，大切にすることである。

　ここで扱う生命は，生物的・身体的生命，さらには人間の力を超えた畏敬されるべき生命として捉えている。したがって，決して軽々しく扱われてはならない。自他の生命を尊ぶためには，まず自分の生命の尊厳，尊さを深く考えることが重要である。生きていることへの有り難さを感じ，今を精一杯生きようとする姿勢やあらゆる生命の尊さへの理解につなげ，生命尊重への学びを深めていく。

生命の尊さの育成

　相田みつを氏は，独特の書体で哲学的な作品を数多く発表し，いのちの詩人ともいわれている。彼の作品の『にんげんだもの』に「いまここにしかないいのち」という作品がある。子どもたちは日常生活の中で，比較的健康に毎日を過ごせる場合が多いため，自分の生命に対する有り難みや生命があるゆえの幸福感を実感することが多いとはいえない。だからこそ，心を揺り動かす生命尊重への理解を深めたい。

心の発達との関係性

　小学校の段階では，毎日の生活経験から生命の大切さを感じ取り，個々の生命が互いを尊重する生命のすばらしさを考え，理解し，生命に対する畏敬の念が育つようになる。中学校の段階では，人間の生命の有限性だけでなく連続性についても考えられるようになり，自分が今ここにいることの偶然性につなげて生命の尊さを理解できるようになる。

　こうした発達段階を踏まえ，社会的関係性や自然界における他の生命との関係性などの側面からより多面的・多角的に捉えることが重要である。例えば，中学校では，脳死と臓器提供・遺伝子検査等の生命倫理に関わる問題や自殺等に迫る授業を通して，自他の生命を尊重する態度を身につけさせることも可能である。

授業展開の鍵

　授業を展開するにあたって，まず，自分の今ある生命の大切さを自覚させたい。そして，人間の生命のみならず，生きとし生けるものの生命の尊厳に気づかせ，生命あるものは互いに支え合って生き，生かされていることに感謝の念をもたせるようにする。

　この内容項目は，道徳科の内容全体に関わる項目であり，他の内容項目の指導においても，生命尊重に関連する事項を授業で扱う場合には，関連を意識した指導を心がけたい。また，家族や仲間とのつながりの中で共に生きることのすばら

しさ，生命の誕生から死に至るまでの過程，人間の誕生の喜びや死の重さ，限りある生命を懸命に生きることの尊さ，生命を守り抜こうとする人間の姿などを含めて，様々な側面からのアプローチを工夫し，生命を尊重する心情や態度を育むことができる授業展開が鍵となる。

授業展開例

　教材「命の詩—電池が切れるまで」を活用した授業展開例を取り上げる。この詩は，宮越由貴奈さんが書いたものである。由貴奈さんは，5歳のときに神経芽細胞腫を発症して5年半にも及ぶ闘病生活を送り，1998年，11歳で短い生涯を終えた。この詩は，由貴奈さんが亡くなる4か月前に書いたものである。

　発問は3つ。1つ目の発問は，「電池と命の違い」で，交換できる電池と交換できない命という答えにとどまらず，自殺の原因になるいじめをしたり，自分で死を選択したりしてはいけないという由貴奈さんの思いに共感させたい。

　2つ目の発問は，「『せいいっぱい生きよう』にこめられた意味」で，命を大切に生きることや一生懸命に生きるだけでなく，この世に生命を受けた一人一人が唯一無二の存在であり，かけがえのない命を大切にして，限りある生命を輝かせることの価値に気づかせたい。

　3つ目の発問は，「『命』について考えたこと」である。ここでは，これまでの自分を振り返り，自分の命や精一杯生きることについての考えをまとめさせ，少人数のグループで意見交換をさせたい。子どもたちが精一杯生きること，生き抜くことの大切さについて向き合い，自他の命を大切に思うとともに，周りの人に感謝しながら1日1日を大切の過ごすことの意味について考えることで，価値の深まりが期待できる。

　終末では，相田みつを氏の詩を紹介し，生きることの尊さや共に生きることのすばらしさを大切にする人の生き方や考え方にふれさせる。

授業の課題

　今回の授業例は「命の詩—電池が切れるまで」を取り上げ，かけがえのない自他の生命を大切にしていくことを考えさせた。教材の中には，生命倫理の課題を扱い，考え，議論する展開もある。よって，多様な価値観から意見が対立することもあるので，授業者は一人一人の意見を尊重した授業展開となるように配慮しなくてはならない。特に，中学校の授業においては，結論を求めるのが大事なのではなく，現代社会の中で，一人一人が現代的な課題に向き合って生きていくための学習であるという意識をもたせることが必要である。

〈参考文献〉

・宮本雅史『電池が切れるまで』角川学芸出版2009，相田みつを『にんげんだもの　逢』角川書店2000

（菅野由紀子）

道徳科の内容

45　自然愛護

基本的な押さえ

　「自然愛護」とは，自然の崇高さを知り，自然環境を大切にすることの意義を理解し，進んで自然愛護に努めることである。

　「自然の崇高さを知る」は，自然の美しさや神秘さを感性で受け止めるとともに，自然が人間の力が及ばない存在であり，ときとして人間に「恐れ」や「緊張」をもたらすものであることを理解すること，「自然環境を大切にすることの意義を理解」は，自然の中で生かされている人間が，自然に対して謙虚に向き合うことの大切さ理解することである。つまり，ここでは，自然への感謝と尊敬の心が，自然を大切にすることにつながるということを押さえておきたい。

自然愛護の育成

　映画作家の大林宣彦氏は，その著書の中で，自然との対話の仕方を伝えている。それは，中学生の頃に出会ったひとりの老女の「我が国で，降りだした雨がやまなんだことは，まだ一度もござんせん……」という言葉から学んだことだった。

　雨が降るのもやむのも自然の摂理であり，この地球を活力ある美しいものにするための自然の生命力であるのに，人間は雨が降った，やんだと勝手に大騒ぎしている。人間は自然の中で本当に人間らしく生きていくための賢さをこそ学ぶべ

きであると，大林氏はいう。自然から受ける恩恵に感謝し，自然との調和を図りながら生活を営むことを端的に伝えた教材を活用したい。

心の発達との関係性

　小学校の段階では，低学年で身近な自然の中で遊んだり，動植物に関心をもったりすることで自然に楽しさを感じる。高学年になると自然の仕組みが理解できるようになり，自然やその中に生きる動植物を大切にしたり，自然環境を保護したりすることの大切さに気づくようになる。人間の力が及ばない自然の偉大さに気づくのもこの時期である。中学校の段階では，様々な体験を通して自然の雄大さや美しさに癒されることに気づく半面，大地震や火山噴火等で自然の力のすさまじさとたちうちできない人間の力の限界を理解し，自然の崇高さを感じ取れるようになる。

　子どもの発達段階を鑑み，人間と自然との調和を考え，共存を目指そうとする意欲を引き出していくことが大切である。

授業展開の鍵

　科学技術の進歩や発展による物資の豊かさや便利さ，情報伝達の迅速さの中での現代の暮らしは，人間の感性や知恵を発揮する場面を狭くしていることがある。自然災害とともに環境破壊が進んでいく

中で，自然や動植物を愛し，その恵みに感謝し，自然環境を大切にしようとする気持ちや態度を身につけることは重要なことであり，自然愛護は，これからの持続可能な社会の実現のためにも学校の教育活動で取り組んでいきたいことである。

ここでは，自然の恩恵に感謝し，自然と共存してよりよく生きていくために，人間が知恵と勇気を結集して困難なボランティア活動に挑み，豊かな自然を取り戻す姿を取り上げる。人間と自然との共生が鍵となる。

授業展開例

読み物教材「よみがえれ，日本海！」を活用する。この教材は，1997年1月に日本海で沈没したロシアのタンカーから流出した重油で，一面が真っ黒になった福井県三国町の海岸で，地元住民とたくさんのボランティアが協力して，もとの美しい海を取り戻したという実話である。

発問は，3つ。1つ目の発問は，「町の人や全国から集まった多くのボランティアが，真冬の寒さの中でも重油をすくう作業を続けたのはどんな思いからか」で，黒い海，黒い浜になった三国の海を何とかよみがえらせたいと願う人間の強い気持ちに共感させたい。2つ目の発問は，「『よみがえれ　日本海』のスローガンにこめられたもの」で，かつての美しい海を取り戻したいという願いだけでなく，スローガンで地味な作業をする人々の心がつながってボランティア活動が続いていることに気づかせたい。3つ目の発問は，「自然愛護とは何か」で，この授業の主題に迫る発問である。この発問を通して，自然との向き合い方や自然を守ることの大切さ，自然環境問題について考え，班で意見交換をする。

終末では，映画作家の大林宣彦氏の「快晴との出会い」にふれ，人間が自然の中で人間らしく生きていくためには，自然への感謝と自然と共存する気持ちが大切であることに気づかせる。

授業の課題

人は人間の力を超えたものに対して恐れや緊張，神秘を感じる。実際に自然と向き合って，自然のすばらしさを実感できる機会がそう多くはない子どもたちが，地震や津波等の自然の猛威を知って，人間の無力さに落胆してしまうこともある。

ときに人間に大きな被害をもたらす自然だが，自然が人間に与えてくれる恵みに感謝し，人間が自然の中で生かされていることに気づくことが自然愛護のスタートである。今回の授業例は，自然への感謝が海を救うボランティア活動に結びつき，自然を守り抜こうとする人間の姿となった。こうした授業からよりよい生き方を模索させたい。

〈参考文献〉

・大林宣彦「快晴との出会い」『朝日新聞』1990年12月11日，NHKプロジェクトX制作班「よみがえれ，日本海〜ナホトカ号重油流出・三〇万人の奇跡」『プロジェクトX　挑戦者たち5』日本放送出版協会2001

（菅野由紀子）

道徳科の内容

46 感動，畏敬の念

基本的な押さえ

「感動，畏敬の念」は「生命の尊さ」や「自然愛護」「よりよく生きる喜び」と関連するが，それらが知的理解中心であるのに対し，感情の涵養を中心とする。我々は，自然の風景を眺めたり，音楽を聴いたりしているが，感情を発達させようとして自然観賞や芸術鑑賞を行うことはほとんどない。ここに道徳科で美しさや気高さ，畏れの感情の追体験を通して観賞や鑑賞の視点や思考を洗練しながら感情を発達させることで，より豊かな生き方につなげる意義がある。

感動，畏敬の念の発達段階

美的感性や宗教的情操の発達は一般に認知の発達から遅れて生じることから，幼児期から学童期初期の認知的には自我発達段階論の規則志向的段階に達した子どもでも美的感性や宗教的情操については1つ前の自己防衛的段階にとどまっている可能性が高い。そこで，自己防衛的段階から自意識的段階までの各段階における感動・畏敬の念の特徴についてハウゼンの美的感受性の発達段階及びファウラーの信仰の発達段階の各段階と対応させながら解説する。

自己防衛的段階では力への衝動に支配され，自然のもつ力強さに心を惹かれる傾向が強い。この段階は美的感受性の発達段階論では物語の段階に対応し，自分が知っていることや好きなことを基準に美しさを感情的に判断し，対象に入り込んで物語の展開の一部になろうとする。信仰の発達段階では直観的・投影的段階に対応し，架空の映像も含めて目に見えるものが現実のものか，想像上のものか区別せずに想像力によって自己中心的に世界を組み立てていく。

規則志向的段階では信頼する他者の視点や求められる役割を引き受けようとするため，親や教師の美的感性や宗教的情操を絶対的に正しいものとして受け入れる傾向がある。そして異なる見方を排除したり，されたりした結果，原理主義的な見方になったり美的感性や宗教的情操を否定的に見たりしがちである。美的感受性の発達段階論では構築の段階とされ，親や教師の芸術作品を見る枠組に従って上手な作品と下手な作品を区別する傾向がみられる。信仰の発達段階論では神話的・字義的段階とされ，自集団で語り継がれる神話や伝承上の人物が実在する前提で一貫した物語をつくりあげる。

順応的段階では帰属集団に受け入れられることを求めるために集団の価値基準を絶対視し，無条件に受け入れる傾向がある。美的感受性の発達段階論では分類の段階とされ，帰属集団の美的価値判断の類型的な枠組に無条件に従い，それ以外の美的価値判断を排除する傾向がみられる。信仰の発達段階論では総合的・慣

習的段階とされ，帰属集団の仲間と信念や価値観を共有しながら，いろいろな場面で見聞きしたことを１つの価値観に集約，統合して考えられるようになる。

　自意識的段階では，自分や自集団から離れた視点から自己を見つめ始める。その過程で他者の美的感受性や信念との違いに気づき始める。美的感受性の発達段階論では解釈の段階とされ，芸術作品に個人的な出会いを求め，作者の意図や技法を批判的に捉えながら自らの解釈を探究し始める。信仰の発達段階論では個人的・内省的段階とされ，自分の価値観を見つめて本当に自分のやりたいことや生まれてきた意味について自問自答する傾向がみられる。

発達を促すために

　自己防衛的段階の子どもは自然や音楽，芸術作品など心に力強く迫る美しさや感動を魔法の力のように感じ，想像の世界に入り込んでいく。子どもの想像を過度の力強さによる恐怖や破壊のイメージと結びつけた道徳や教義の押しつけによって抑圧しないよう配慮しながら，子どもの素直な感動と想像を教師が大切にしながら他の子どもたちと共有できるよう指導することが大切である。規則志向的段階への発達は，好奇心の発達と教科学習を通して現実と空想の区別をつけさせることで促される。

　規則志向的段階の子どもは信頼できる他者の視点や求められる役割を引き受けようとするため，身近な大人の美的感性や宗教的情操の在り方から強く影響を受ける。また，気高い生き方をした偉人の物語を好む傾向もみられる。教師は自身の美的感性や宗教的情操を捉える枠組を自覚し，それとは異なる枠組も受け入れる姿勢を示すことが大切である。順応的段階への発達は，美的感性や宗教的情操を捉える複数の枠組や物語に暗に含まれる対立や矛盾に気づかせ，その意味について考えさせることで促される。

　順応的段階では帰属集団に受け入れられることを強く求めるため，集団で共有する美的感性や宗教的情操を絶対視し，異なる見方を排除する傾向が強くなる。教師は美的感性や宗教的情操を捉える枠組が子どもによって異なることを前提としながら，子どもたちが互いの枠組のよさを認め合うことで自身の枠組を少しずつ広げていくよう指導することが大切である。自意識的段階への発達は自分の美的感性や宗教的情操を捉える枠組を外の集団の視点との比較から見つめさせ，自分の集団の枠組の特徴について考察させることで促される。

〈参考文献〉

・Fowler, James, Stages of Faith: The Psychology of Human Development and The Quest for Meaning, Haper & Row, 1981，前田ちま子講演「美術館教育へのアプローチ～ワークショップほか Hands-On, VTS, AL…手法を探る～」（URL：https://www.jb-honshi.co.jp/museum/summit/summit08.html）

（吉田　誠）

101

道徳科の内容

47 よりよく生きる喜び

基本的な押さえ

　「よりよく生きる喜び」は，「感動，畏敬の念」の内容について小学校中学年までに人の心の気高さにふれて感動する心を育てた基盤の上に，小学校高学年から中学校にかけて扱う内容である。小学校高学年では，平成27年告示の一部改正学習指導要領より，新たにこの項目が設置された。この内容項目は，よりよく生きようとする人間の強さや気高さを単に客観的に理解させるにとどまるものではない。自分自身や自分の身の周りの人々も含め，程度の差はあっても誰もが自分の弱さを乗り越えようとする強さや気高さをもっていることの自覚を促すことで人間として生きる喜びを実感させることを目指すものである。

弱さを乗り越えることの発達段階

　スザンヌ・クック＝グロイターの自我発達段階論の規則志向的段階では他者の視点や求められる役割を引き受けようとするため，他者からどのように見られるかを主に外面的な姿，形に関して意識する。順応的段階では帰属集団に受け入れられることを求めて集団の価値基準を絶対視し，無条件に受け入れる傾向があるため，自分のアイデンティティを明確に自覚することはない。したがって，これらの段階では自分の弱さの自覚には至らない。

　自意識的段階では自分や自集団から離れた第三者的視点から自己を見つめ始める。そして他者と比較した自分の個性を表現し始め，他者より優れた存在になろうとする欲求が強くなる。その一方で，自分の考えの正しさを正当化しようとするあまり，対立する見解を退けようとする傾向が強くなる。そして，高い理想に魅かれ，よりよく生きようとするがゆえに，そのように生きられない他者を厳しく批判するが，その批判を自分に向けて自分の弱さを自覚することは困難である。

　良心的段階では，第三者的視点に，過去や未来の自己について意識的に考えることのできる直線的な時間の視点が加わることで，高い目標を立てて長い期間がかかっても達成することができるようになる。その一方で，自分の信じる高い理想に従って生きようとするあまり，そのように生きていない自分自身を厳しく批判することにもなりやすい。そのため，自分自身も含めて誰もが弱さをもっていることに気づかせ，それを乗り越えようとする強さや気高さをもって誇り高く生きることを目指す「よりよく生きる喜び」の項目は，良心的段階に達しつつある子どもに必要な学習内容であるだろう。

　個人主義的段階では，自分が生まれ育った社会の価値基準の外から相対化して捉えることのできる第四者的視点をもち始める。具体的には，それまでの段階で

道徳科の内容

は教科書に書かれている事柄を全て正しいこと，と受け止めていたが，この段階では，教科書に書かれている事柄は，一定の視点から見て「正しい」とされる事柄であり，視点を変えれば異なる見方ができることに気づき始める。したがって，これまで自分が目指してきた「よい生き方」もまた，自分が生まれ育った社会の多くの人々が「よい」と考えてきた生き方ではあるが，変化する社会の中で将来にわたっても「よい生き方」である保障はないことに気づき始める。そして，人間の弱さについても必ずしもマイナス面だけではなく，弱いことを自覚するからこそ協力し合えることに気づき始める。

発達を促すために

　小学校高学年や中学生の自我発達段階は多岐にわたるため，規則志向的段階や順応的段階では，この項目の学習は形式的な理解にとどまる可能性が高いが，高い理想を掲げてよりよく生きようとすることのよさを知的に理解させておくことは，後の発達につながるだろう。

　自意識的段階では，高い理想に魅かれるがゆえに，偉人の生き方を理想化して捉えやすい。そのため，偉人にも弱さがあり，それを乗り越えたからこそ偉人と呼ばれるようになったことに気づかせることが大切である。また，自分が抱いている高い理想と現実の自分の姿のギャップに薄々気づきながらも，直面することを避ける傾向が強いことから，教師や身近な大人にも弱い部分があり，理想の姿

とのギャップに悩み続けていることを伝えたり，良心的段階に達しているクラスメートの弱さについての悩みを可能な範囲で共有してもらったりすることも発達の促進に効果的である。

　良心的段階では，自ら立てた高い理想に向かって自らの弱さや課題を克服する努力を続ける生き方に素直に共感できる。その一方，自分自身の理想や目標については，達成できていないことや，達成するための努力が不十分であることに対する罪悪感を抱きやすい。理想を実現したり目標を達成したりする結果が全てではなく，たとえ予想外の結果に終わったとしても，その過程を楽しむ視点やその過程での成長を肯定的に捉える視点があることに気づかせることが大切である。特に，この段階では知識によって自然や自分自身及び社会を制御できると考える傾向が強くなるため，自分の予想通りに進まない事態を失敗と受け止めがちである。しかし，「よりよい生き方」が目指すものを捉える視点や解釈の多様性に気づくことで，自分とは異なる生き方を目指す他者を尊重できる個人主義的段階への発達を促すことができる。

〈参考文献〉

・スザンヌ・クック＝グロイター／門林奨訳「自我の発達：包容力を増してゆく９つの段階」『トランスパーソナル学研究　第15号』日本トランスパーソナル学会2018

（吉田　誠）

道徳科の内容

基本的な押さえ

　道徳教育の全体計画は，学校における道徳教育の基本的な方針を示すとともに，学校の教育活動全体を通して，道徳教育の目標を達成するための方策を総合的に示した教育計画である。学校は，道徳教育の目標を達成するための道徳教育の基本的な方針を示すだけでなく，学校として工夫することは何か，留意すべきことは何か，道徳教育を進める上で役割をどのように分担するか，家庭や地域社会との連携をどのように進めていくかなど，効果的な道徳教育を推進する上で必要な方策を示すことが求められている。

全体計画の意義

　全体計画は，道徳教育の基本方針を具現化し，目標達成のために戦略を組むことであり，戦術を立てることである。何に重点を置いて取り組むのか，役割や分担はどうするのか，家庭や地域社会等も含めた関係機関との連携はどうするのかなどを総合的に示した戦略図である。

(ｱ)学校の特色や実態及び課題に即した道徳教育の展開

　学校で行われている教育活動は，児童生徒の豊かな人間性の育成にかかわることが意識でき，各学校の課題を押さえた道徳教育の充実を図ることができる。

(ｲ)道徳教育の重点目標の明確化

　学校の重点目標を明確にし，全教師が共有することで効果的な道徳教育を推進することができる。

(ｳ)道徳教育の要としての道徳科の位置づけや役割の明確化

　学校の教育活動全体を通じて行う道徳教育を，補充・深化・統合して道徳性を育成する道徳科の方向性が明確になる。道徳科でどのような内容項目を重点的に扱うのか，学年の各段階でどのような指導を重点化するのかなどが明らかになる。全体計画は，道徳科の年間指導計画の拠り所となる。

(ｴ)全教師による道徳教育の組織的展開

　全体計画の作成に全教師が携わることで，道徳教育の方針やそれぞれの教育活動における道徳教育，また道徳教育を進めるための教師一人一人の役割などについて共有でき，組織的で一貫した道徳教育が展開できる。

(ｵ)家庭や地域社会との連携を

　道徳教育の全体計画を学校のホームページや通信などを通じて事あるごとに公表することで，道徳教育の方針等を保護者や地域住民と共有でき，連携・協力して進めることができる。

全体計画の内容

　全体計画の内容については，「小学校学習指導要領解説　総則編」には以下のような記述がある。

(ｱ)基本的把握事項

道徳科の授業づくり

・教育関係法規，時代や社会の要請や課題，教育行政の重点施策
・学校や地域の実態と課題，教職員や保護者の願い
・児童生徒の実態や発達の段階等
(イ)全体計画に示す具体的計画事項
・学校の教育目標，道徳教育の重点目標，各学年の重点目標
・道徳科の指導の方針
　　年間指導計画を作成する際の観点や重点目標に関わる内容の指導の工夫，校長や教頭等の参加，他の教師との協力的な指導等を記述する。
・各教科，総合的な学習の時間及び特別活動などにおける道徳教育の指導の方針，内容及び時期
　　重点内容項目との関連や各教科等の指導計画を作成する際の道徳教育の観点を記述する。また，指導の内容及び時期を整理する。
・特色ある教育活動や豊かな体験活動における指導との関連
　　学校や地域の特色を生かした取り組みや生徒指導との関連，職場体験活動，ボランティア活動，自然体験活動などの豊かな体験活動との関連を示す。
・学級，学校の人間関係，環境の整備や生活全般における指導の方針
　　日常的な学級経営を充実させるための具体的な計画等を記述する。
・家庭，地域社会，関係機関，各種学校との連携の方針
　　道徳科の授業公開の実施，地域教材の開発や活用，広報活動や授業等に保護者や地域の人々の積極的な参加や協力を得る具体的な計画や方策，各種学校等との連携方針等を記述する。
・道徳教育の推進体制
　　道徳教育推進教師の位置づけも含めた全教師による推進体制等を示す。
・その他
　　次年度の計画に生かすための評価の記入欄，研修計画や重点的指導に関する添付資料等を記述する。

全体計画作成上の創意工夫と留意点

　　全体計画の作成上の創意工夫と留意点については「小学校学習指導要領解説　総則編」(pp.132-133) から抜粋する。
(ア)校長の明確な方針の下に道徳教育推進教師を中心として全教師の協力・指導体制を整える
(イ)道徳教育や道徳科の特質を理解し，教師の意識の高揚を図る
(ウ)各学校の特色を生かして重点的な道徳教育が展開できるようにする
(エ)学校の教育活動全体を通じた道徳教育の相互の関連性を明確にする
(オ)家庭や地域社会，学校間交流，関係諸機関等との連携に努める
(カ)計画の実施及び評価・改善のための体制を確立する
　　道徳教育にはカリキュラム・マネジメントの視点を取り入れ，教師が児童生徒一人一人の人間的な成長を見守り，よりよい生き方を求めていく努力を評価し，児童生徒の成長につながる勇気づけをすることが求められる。　　(毛内嘉威)

道徳科の授業づくり

49　年間指導計画と別葉

基本的な押さえ

　全体計画には，道徳教育の重点目標や各学年の重点目標に基づいて，道徳科の特質を生かした指導をどのように展開するのか，重点目標と内容項目との関連や具体的な指導について記述することになっている。

　特に，各教科等でどのような道徳教育を行うのか，各教科等の方針に基づいて進める道徳性を養う指導の内容や時期を整理して示す全体計画の「別葉」を作成することが重要である。

　道徳科の指導は，学校の道徳教育の目標を達成するために行うのであり，道徳教育の全体計画・別葉に基づく道徳科の年間指導計画の作成は必須である。

全体計画と別葉

　各教科等における道徳教育に関わる指導の内容及び時期を整理したもの，道徳教育に関わる体験活動や実践活動の時期等が一覧できるもの，道徳教育の推進体制や家庭や地域社会等との連携のための活動等がわかるものを「別葉」にして加えるなどして，年間を通して具体的に活用しやすいものとする。

　また，作成した全体計画や別葉は，家庭や地域の人々の積極的な理解と協力を得るとともに，様々な意見を聞き一層の改善に役立てるために，その趣旨や概要等を学校通信に掲載したり，ホームペー

ジで紹介したりするなど，積極的に公開していくことが求められる。

年間指導計画の意義

　年間指導計画は，道徳科の指導が，道徳教育の全体計画に基づき，児童生徒の発達の段階に即して計画的，発展的に行われるように組織された全学年にわたる年間の指導計画である。具体的には，道徳科において指導しようとする内容について，児童生徒の実態や多様な指導方法等を考慮して，学年段階に応じた主題を構成し，この主題を年間にわたって適切に位置づけ，配列し，学習指導過程等を示すなど授業を円滑に行うことができるようにする。

　なお，道徳科の主題は，指導を行うにあたって，何をねらいとし，どのように教材を活用するかを構想する指導のまとまりを示すものであり，「ねらい」とそれを達成するために活用する「教材」によって構成される。

年間指導計画の重要な意義

ア　6年間（3年間）を見通した計画的，発展的な指導，学校及び地域の実態に応じて，年間を見通した重点的な指導や内容項目間の関連を図った指導を可能にする。

イ　道徳科の授業は，年間指導計画に基づいた指導が基本である。年間指導計

道徳科の授業づくり

画は，主題の構想を具体化し，学習指導案を具体的に考える拠り所となる。

ウ　年間指導計画を踏まえて授業前に指導方法等を検討したり，情報を交換したり，授業を参観し合ったりするなど，教師間の研修などの手掛かりとなる。

内容構成の重点化と内容の取扱い

小・中学校学習指導要領解説に，「四つの視点に含まれる全ての内容項目について適切に指導しなければならない」とある通り，「第5・6学年」にある22の内容項目全てを1年間で適切に指導する必要がある。

6年生であれば，35時間の道徳科授業で必ず22項目の指導はしなければならない。残り13時間（35－22）の配列をどのようにするのかという扱いが重要になる。仮に，重点目標が「生命の尊さ」「規則の尊重」「親切，思いやり」となっていれば，この3つの項目にさらに2時間ずつ配分したり，学年の重点目標などにさらに1～2時間ずつ配分したりする。

このように，内容項目に関する指導について年間の授業時数を多くとることや，1つの内容項目を何回かに分けて指導すること，いくつかの内容項目を関連づけて指導することなどが考えられる。これが，小・中学校学習指導要領解説にある「関連的，発展的な取扱いの工夫」「重点的指導の工夫」であり，このような工夫を通して，児童生徒の実態に応じた適切な指導を行うことが大切である。

年間指導計画の内容

小・中学校学習指導要領解説より抜粋する。

ア　各学年の基本方針

イ　各学年の年間にわたる指導の概要

(ｱ)指導の時期

学年ごとの実施予定の時期を記載する。

(ｲ)主題名

ねらいと教材で構成した主題を，授業の内容が概観できるように端的に表したものを記述する。

(ｳ)ねらい

道徳科の内容項目を基に，ねらいとする道徳的価値や道徳性の様相を端的に表したものを記述する。

(ｴ)教材

教科用図書など指導で用いる教材の題名を記述する。その出典等も併記する。

(ｵ)主題構成の理由

ねらいを達成するために教材を選定した理由を簡潔に示す。

(ｶ)学習指導過程と指導の方法

ねらいを踏まえて，教材をどのように活用し，どのような学習指導過程や指導方法で学習を進めるのかを簡潔に示す。

(ｷ)他の教育活動等の道徳教育との関連

日常の学級経営においてどのような配慮がなされるのかを示す。

・東京学芸大学総合的道徳教育プログラム『教職資料　新しい道徳教育（改訂版)』東洋館出版社2012，永田繁雄『小学校　新学習指導要領ポイント総整理　特別の教科　道徳』東洋館出版社2017

（毛内嘉威）

道徳科の授業づくり

50　内容構成の重点化

基本的な押さえ

　道徳教育を進めるにあたっては，児童生徒の発達の段階や特性等を踏まえるとともに，学校，地域社会等の実態や課題に応じて，学校としての指導の重点に基づき各段階の指導内容についての重点化を図ることが大切である。

指導内容の重点化

　「指導内容構成の重点化」は，道徳科を要として学校の教育活動全体を通じて行う道徳教育を全教職員が共通理解して一体となって推進するために必要不可欠である。学校として育てようとする児童生徒の姿を明らかにし，学校の道徳教育の重点目標に基づいて指導する。

　道徳科においても，道徳教育の重点目標を踏まえ，各教科等の特質に応じて，関連する道徳的価値に関する内容項目や学校として重点的に指導する内容項目等を考慮し，計画的，発展的に指導できるようにする。

　どのような内容を重点的に指導するかは，各学校が学校の実情や児童生徒の実態などを踏まえ決定するものであるが，その際には社会的な要請や今日的課題についても考慮する。

【小学校における指導内容の重点化】

　指導内容の重点化について，小学校学習指導要領の第1章総則の第6の2には，次のように記載されている。

　2　各学校においては，児童の発達の段階や特性等を踏まえ，指導内容の重点化を図ること。その際，各学年を通じて，自立心や自律性，生命を尊重する心や他者を思いやる心を育てることに留意すること。また，各学年段階においては，次の事項に留意すること。

(1)第1学年及び第2学年においては，挨拶などの基本的な生活習慣を身に付けること，善悪を判断し，してはならないことをしないこと，社会生活上のきまりを守ること。

(2)第3学年及び第4学年においては，善悪を判断し，正しいと判断したことを行うこと，身近な人々と協力し助け合うこと，集団や社会のきまりを守ること。

(3)第5学年及び第6学年においては，相手の考え方や立場を理解して支え合うこと，法やきまりの意義を理解して進んで守ること，集団生活の充実に努めること，伝統と文化を尊重し，それらを育んできた我が国と郷土を愛するとともに，他国を尊重すること。

【中学校における指導内容の重点化】

　指導内容の重点化について，中学校学習指導要領の第1章総則の第6の2には，次のように記載されている。

2 　各学校においては，生徒の発達の段階や特性等を踏まえ，指導内容の重点化を図ること。その際，小学校における道徳教育の指導内容を更に発展させ，自立心や自律性を高め，規律ある生活をすること，生命を尊重する心や自らの弱さを克服して気高く生きようとする心を育てること，法やきまりの意義に関する理解を深めること，自らの将来の生き方を考え主体的に社会の形成に参画する意欲と態度を養うこと，伝統と文化を尊重し，それらを育んできた我が国と郷土を愛するとともに，他国を尊重すること，国際社会に生きる日本人としての自覚を身に付けることに留意すること。

計画的，発展的な指導

　道徳科は，学校の教育活動全体で行う道徳教育を補充，深化，統合する役割がある。

　そのためには，各教科等でどのような道徳教育を行うかを明確にする必要がある。

　児童生徒の発達段階を考慮するとともに，学校や地域の実情を考えながら，教師の創意工夫を加えて，人格の形成にどれも不可欠である内容項目の全てについて確実に指導する見通しのある年間指導計画を作成し，継続して指導する必要がある。

重点的な指導の工夫

　内容項目の指導については，児童生徒や学校の実態に応じて重点的な指導を工夫し，内容項目全体の効果的な指導が行えるよう配慮する必要がある。

　その場合には，学校が重点的に指導しようとする内容項目の指導時間数を増やし，一定の期間をおいて繰り返し取り上げる，何回かに分けて指導するなど配列を工夫したり，内容項目によっては，ねらいや教材の質的な深まりを図ったり，問題解決的な学習など多様な指導の方法を用いたりするなどの工夫が考えられる。

　そのためには，研修などにより教師が内容項目を十分理解し，児童生徒の実態に即した指導を行う必要がある。

　道徳科の授業時数は，小学校1年生が34時間，2年生以上が35時間となっている。各学年段階の内容項目数を考えたとき，1年生は34時間で19の内容項目を，2年生は35時間で19の内容項目を，3・4年生は35時間で20の内容項目を，5・6年生と中学校は35時間で22の内容項目を指導することになる。

　1時間で1つの内容項目を指導すると，1年生は15，2年生は16，3・4年生は15，5・6年生と中学校は13の時間が余ることになる。この余った時数で，児童生徒の道徳性を育てるために，どのような内容項目を指導するのかを，考える必要がある。

　「生命の尊さ」を重点目標にしていれば，「生命の尊さ」を複数回取り上げることになる。

（毛内嘉威）

道徳科の授業づくり

51 特別な支援を要する児童生徒への配慮

基本的な押さえ

平成29年7月に告示された学習指導要領解説　総則編では,「特別な配慮を必要とする児童生徒への指導」として,「障害のある児童生徒などへの指導」「海外から帰国した児童生徒や外国人の児童生徒の指導」「不登校児童生徒への配慮」の3つの項で解説している。どの指導においても,学校の方針を踏まえた組織的な取り組み,個々の児童生徒の実態に応じた計画的な支援が基本である。

通常学級における発達障害等のある児童生徒への特別な支援では,学びの困難さに応じて,教材や事柄理解を容易にするための具体的で視覚的な支援,学習用具や時間設定などの配慮,注意欠陥や多動などに応じるため短時間で活動を切り替えること,評価情報をこまめに伝え集中を継続させること,他者の心情や暗黙のルールの理解を促進するため役割交代をして動作化などを行ったり,ルールを明文化したりするなどの配慮を行う。

インクルーシブ教育

学校の方針や取り組みの前提となる理念,基本的な考え方である。平成18年に国連総会において採択された障害者権利条約の中でも,合理的な配慮の提供とともに,この教育システムについて述べられている。内容は,人間の多様性の尊重等の強化,障害者が精神的及び身体的な能力等を可能な最大限度まで発達させ,自由な社会に効果的に参加することを可能とする目的のもと,障害のある者とない者が共に学ぶ仕組みや個人に必要な合理的な配慮が提供される等が必要とされている。平成24年に中央教育審議会初等中等教育分科会が「共生社会の形成に向けたインクルーシブ教育システム構築のための特別支援教育の推進（報告）」をとりまとめた。

個別の教育支援計画,個別の指導計画

通常学級に障害のある児童生徒が在籍している場合は,必要に応じて,個別の教育支援計画と個別の指導計画の作成,活用に努めることが大切である。

個別の教育支援計画は,幼児期から学校卒業までの一貫した支援を長期的な視点で行い,教育に加え,医療や福祉などの関係機関と連携することを可能とする。

個別の指導計画は,個々の児童生徒の実態に応じた適切な指導を行うため,一人一人の指導目標,内容,方法を明確にし,きめ細かな指導を可能とする。

学びの困難さに応じた適切な支援

学校の組織的取り組みや個別の計画を踏まえ,学級や授業づくりを工夫した上で個々の「学びの困難さ」に応じて特別な支援を要する児童生徒への配慮を行う。

読書が苦手で,知らない言葉が多いな

道徳科の授業づくり

ど，「聞く・話す」は比較的できても，「読む・書く」が苦手で，自分の気持ちなどを文字で表現することに困難さがある児童生徒の場合（例えば，学習障害（LD）等が考えられる）は，読み物教材の提示の際に，難しい言葉にふりがなをふる，挿絵やキーワードなどにより場面構成や粗筋等の理解促進を図る，側に寄り添って言葉の意味を補説する等の配慮を行うと効果的なことがある。文字での表現が苦手な場合，印象的な単語だけを板書から書き抜かせたり，話し言葉だけで表現させたりすることもよい。視覚的支援を多く取り入れると効果が大きい。

　注意を集中させ続けることが困難で，気が散りやすく，大切なことを忘れてしまいやすい不注意な部分がある場合や，ときに他者の学習を妨害するなど衝動性がある場合，また，じっとしていることが苦手で多動な側面がある場合（例えば，注意欠陥・多動性障害（ADHD）等が考えられる）は，指示を繰り返し確認できるよう板書したり，内容を記したメモを机に添付したりすること，よりよい言動があったらすぐに評価を返すこと，注意が持続できるよう適度な時間で活動を切り替えること，「あと３行」「５分取り組む」などわかりやすい見通しを示すことなどが効果的な場合がある。授業のはじめに，授業全体の進行，見通しを示す（時間の構造化）こともよい。

　相手の気持ちを想像することが苦手で字義通りの解釈をし，暗黙のルールや他者の心情を理解しづらいなど，他者との社会的関係の形成に困難がある場合（例えば，自閉症等が考えられる）には，動作化や役割演技の際に役割交代をして他者の立場を経験させる，主語を明確にした発言を心がけさせた話し合いを仕組む，ルールを明文化して誰もが守ることができるようにする，最初から正しい知識を伝え，途中で修正する必要がないようにするなどが有効な場合がある。

　その他にも，学習内容や活動をスモールステップ化することで認知や理解の段差を小さくする，学期や年間を通して，同じ学習活動を繰り返しながら高めていくため学習をスパイラル化する，学習のまとまりをわかりやすく示し，テンポやリズム，メリハリのある進め方に配慮する，子どもの認知の傾向を踏まえた個別の支援を行う，可能な範囲で個別に目を合わせ，受容的な態度で繰り返し接する，少しでも伸びたところを瞬時に評価し伝えるなどが効果的な場合がある。

　障害の種類や程度によってある程度の指導の方向が想定できるが，それだけで一律に指導上の配慮事項が決定できるわけではない。あくまでも学校の組織的で一貫した取り組みと一人一人の実態を踏まえた柔軟な支援や配慮が求められる。

〈参考文献〉
・一般社団法人日本 LD 学会『LD・ADHD 等関連用語集　第 4 版』日本文化科学社2017，道徳教育に係る評価等の在り方に関する専門家会議「『特別の教科　道徳』の指導方法・評価等について（報告）」2016
　　　　　　　　　　　　（坂本哲彦）

52　現代的な課題の取扱い

基本的な押さえ

　現代的な課題とは現代社会において解決策が定まらず立場や視点によって意見が異なるために論争が続いている課題を指す。

　学習指導要領解説では，その具体例として，教育課題では「食育，健康教育，消費者教育，防災教育，福祉に関する教育，法教育，社会参画に関する教育，伝統文化教育，国際理解教育，キャリア教育」の他，「科学技術の発展と生命倫理との関係や社会の持続可能な発展」をめぐる課題，障害者差別の問題などが示されている。これらの課題を包括するものとして2015年に国連サミットで示された持続可能な開発目標（SDGs）が挙げられる。

　現代的な課題の取扱いについては，教科等横断的な視点から様々な教科や領域での学習と結びつけることが求められている。それとともに様々な道徳的価値との関連から多面的・多角的に考え，安易に結論を出すことなく考え続けることで視点を広げ，思考を深め続けられるよう配慮することが求められている。

SDGs の価値観と道徳科との関連

　SDGs は発展途上国だけでなく，先進国も含む国際社会全体の開発目標として2030年を期限とする包括的な17の目標を示したものである。その基本的な考え方として，全ての関係者の役割を重視することや「誰一人取り残さない」社会の実現を目指して経済・社会・環境をめぐる広範な課題に統合的に取り組むことが挙げられている。我が国では SDGs アクションプラン2019が発表され，その中で①SDGs と連動する「Society（ソサエティー）5.0」の推進，②SDGs を原動力とした地方創生，強靱かつ環境にやさしい魅力的なまちづくり，③SDGs の担い手として次世代・女性のエンパワーメントの３つの柱が示されている。

　SDGs に示された課題の克服と目標達成のためには我々一人一人が20世紀の価値観から新たな価値観へ視野を広げる必要がある。例えば SDGs の17の目標に頻繁に出てくる「すべての人に」「包摂的」という言葉には，20世紀の自立した個人の間での公正さや正義を追求する価値観から，ケアしケアされる依存関係にある人々を含む全ての人々を考慮に入れた公正さや正義を追求する価値観へ視野を広げる必要性が示されている。また17の目標にある「強靱かつ持続可能」という言葉にも20世紀の予測可能性やコントロール可能性に基づく拡大的発展を追求する価値観から予測不可能な環境や状況に柔軟に適応しながら持続可能な発展を追求する価値観へ視野を広げる必要性が示されている。さらに「12　つくる責任　つかう責任」や「16　平和と公正をすべて

道徳科の授業づくり

の人に」の目標に典型的に見られるように，達成するために全ての人々の生き方の変化を求める目標設定には，20世紀の優れた少数の人々に負わせる課題解決責任を追求する価値観から，全ての人が自らと人類全体の成長に責任を負う価値観へ視野を広げる必要性が示されている。

20世紀の価値観は自我発達段階でいえば，社会において決められた通りに行動して結果責任を果たそうとする自意識的段階や，科学的な思考方法に基づいて進歩主義的な理想を実現するために課題解決責任を果たそうとする良心的段階に見られる価値観や生き方である。

これに対してSDGsの価値観は，自意識的段階や良心的段階の価値観がグローバル社会では一部の先進国社会だけの見方にとらわれていることを自覚し，全ての人々の価値観や生き方を対等と捉えて相対化する個人主義的段階や，異なる他者から多様な視点や意見を求めながら自他の潜在的な可能性を生かすことで自分自身と集団全体の成長を図ろうとする自律的段階に見られる価値観や生き方である。

SDGsの価値観や求める生き方は道徳科の「自主，自律，自由と責任」「思いやり，感謝」「相互理解，寛容」「遵法精神，公徳心」「公正，公平，社会正義」「社会参画，公共の精神」「勤労」「集団生活の充実」「郷土，国を愛する態度」「国際理解，国際貢献」「生命の尊さ」「自然愛護」などの項目と関連する。しかし，学習指導要領解説における内容項目の概要や指導の要点に関する記述は基本的に自意識的段階や良心的段階までの発達を想定しており，SDGsの価値観へ視野を広げるにはより高い段階への発達を目指す必要がある。

SDGsの価値観理解

SDGsの価値観を理解できる自意識的段階や良心的段階への発達を促すには，まず子どもや教師が自らの生まれ育った社会の価値観や規範を他の社会のそれらと比較しながら相対化して捉えることが大切である。それに加えて道徳科や他の教科の教科書に書かれている内容を筆者と異なる視点から捉えなおすことで視野が広がるとともに思考が深まる経験を積み重ねることが必要である。道徳科の学習において多面的・多角的に考え，議論する際にも，異なる視点から出された意見を相互に対立するものとしてではなく，互いに補い合うものとして捉えられるような議論を促進することが現代的な課題の取扱いに際して求められるであろう。

〈参考文献〉
・「SDGsアクションプラン2019」（URL：https://www.kantei.go.jp/jp/singi/sdgs/pdf/actionplan2019.pdf），スザンヌ・クック＝グロイター／門林奨訳「自我の発達：包容力を増してゆく9つの段階」『トランスパーソナル学研究第15号』日本トランスパーソナル学会2018

（吉田　誠）

道徳科の授業づくり

53　道徳科教科書

基本的な押さえ

　小学校，中学校，高等学校等において
は教科書の使用義務が定められている
（学校教育法第34条１項等）が，教科書
以外の教材で有益適切なものについては，
その使用が認められている（学校教育法
第34条２項等）。この取扱いについては
他教科と同様である。

　道徳の「特別の教科」化に伴い，道徳
科に検定教科書が導入された。道徳科に
おいても，主たる教材として教科書を使
用しなければならない。

　しかし，道徳教育の特性を鑑みれば，
各地域に根ざした地域教材など，検定教
科書が導入された後も，検定教科書とと
もに多様な教材を活用し，指導の充実を
図ることが重要である。

道徳科教科書の誕生

　これまでの道徳の時間が，「特別の教
科　道徳」として位置づけられたことに
より，小学校では平成30年４月から検定
教科書を用いた授業が行われ，中学校で
は平成31年４月から始まった。「義務教
育諸学校の教科用図書の無償措置に関す
る法律」の定めるところにより児童生徒
に無償で配布された。「教科書の発行に
関する臨時措置法」において教科書は学
校教育における「教科の主たる教材」と
して定められ，小・中学校の道徳授業は
教科書の使用を前提としている。

道徳科の教科書検定基準等について

　道徳科の検定基準（固有の条件）につ
いて確認する。

①学習指導要領において示されている題
　材・活動等について教科書上対応する
　ことを求める規定について

・「内容の取扱い」に示す題材（生命の
　尊厳，社会参画（中学校），自然，伝
　統と文化，先人の伝記，スポーツ，情
　報化への対応等現代的な課題）は全て
　教材として取り上げていることを求め
　る。

・「内容の取扱い」に示す「言語活動」
　「問題解決的な学習」「道徳的行為に関
　する体験的な学習」について教科書上
　適切な配慮がされていることを求める。

②学習指導要領における教材の配慮事項
　を踏まえた規定について

・「内容の取扱い」に照らして，❶適切
　な教材を取り上げていること，❷教材
　の取り上げ方として不適切なところは
　ないこと，特に多様な見方や考え方が
　できる事柄を取り上げる場合には，そ
　の取り上げ方について特定の見方や考
　え方に偏った取扱いはされておらず公
　正であるとともに，児童生徒の心身の
　発達段階に即し，多面的・多角的に考
　えられるよう適切な配慮がされている
　ことを求める。

③道徳科の内容項目との関係の明示を求
　める規定について

道徳科の授業づくり

・図書の主な記述と，道徳科の内容項目との関係を明示し，かつその関係は学習指導要領に照らして適切であることを求める。

○上記のほか，道徳科の教科書について留意すべき点として，例えば，国際理解や国際協調の観点から，多面的・多角的に考えることができる教材であること，民間発行の副読本，教育委員会等作成の地域教材，「私たちの道徳」等の文部科学省（文部省）作成の教材等の様々な教材のよさを生かすこと，家庭や地域社会と連携した道徳教育にも資するものとなることなどを示す。

道徳科教科書で取り上げる教材

　小学校学習指導要領（平成29年）では，道徳科の教材に関する留意事項として下記の通り2点が示されている。

(1)児童生徒の発達の段階や特性，地域の実情等を考慮し，多様な教材の活用に努めること。特に，生命の尊厳，社会参画（中学校），自然，伝統と文化，先人の伝記，スポーツ，情報化への対応等の現代的な課題などを題材とし，児童生徒が問題意識をもって多面的・多角的に考えたり，感動を覚えたりするような充実した教材の開発や活用を行うこと。

(2)教材については，教育基本法や学校教育法その他の法令に従い，次の観点に照らし適切と判断されるものであること。

ア　児童生徒の発達の段階に即し，ねら

いを達成するのにふさわしいものであること。

イ　人間尊重の精神にかなうものであって，悩みや葛藤等の心の揺れ，人間関係の理解等の課題も含め，児童生徒が深く考えることができ，人間としてよりよく生きる喜びや勇気を与えられるものであること。

ウ　多様な見方や考え方のできる事柄を取り扱う場合には，特定の見方や考え方に偏った取扱いがなされていないものであること。

　この道徳科の教材に関する留意事項は，これまでの道徳教育で求められてきたこととかわりはありません。

道徳科教科書と道徳授業

　「小（中）学校学習指導要領解説　特別の教科　道徳編」においても，道徳科の内容については，「教師と児童（生徒）が人間としてのよりよい生き方を求め，共に考え，共に語り合い，その実行に努めるための共通の課題である」とされている。児童生徒は日常生活や様々な学習活動の中で道徳性の成長に関わる多様な体験をしている。道徳科の学習は，教師が教科書の教材を通して児童生徒に教えるのではなく，教科書の教材を介して児童生徒に多様な体験を想起させたり考えさせたりしながら，教師と児童生徒が共に語り合う時間であり，共に探求することが求められている。

（毛内嘉威）

道徳科の授業づくり

54 多様な教材活用とその要件

基本的な押さえ

　道徳科の学習指導を構想する際には，学級の実態，児童生徒の発達の段階，指導の内容や意図，教材の特質，他の教育活動との関連などに応じて柔軟な発想をもつことが大切である。

　児童生徒にとって魅力的な道徳科授業とは，①道徳科で何を理解させ，②何に気づかせ，③何を考えさせるのかが明確なものである。つまり，教材活用の際にも，これらは，大事な要件となる。

　児童生徒の主体的な学び合いによって，ねらいとする道徳的価値の自覚を深める道徳科授業を教員一人一人が極めることが大事になる。

　教師のレールの上で主人公の心情だけを理解させるのではなく，小学校高学年から少しずつ，「自己とは何か」「人間とは何か」「人生とは何か」「いかに生きるべきか」という課題について，様々な悩みや疑問をぶつけ合いながら，児童生徒と教師が共に語り合い，考え，探求していく道徳科授業を目指した教材活用が必要となる。

道徳科の学習における教材活用の必要性

　道徳科で行う大切な学習には，「①道徳的価値を理解する学習，②自己を見つめる学習，③多面的・多角的に考える学習，④自己（人間として）の生き方についての考えを深める学習」の4つの学習

が1単位時間の学習の中に含まれていなければならない。子どもは自分との関わりで道徳的価値を理解（価値理解，人間理解，他者理解）したり，自己を見つめたり，多面的・多角的に考えたりするのであるが，30人学級であれば30の生活，30の体験があり，それらに関わる考え方，感じ方も多様である。様々な生活や体験を45分間（50分間）の授業で取り上げて深めることは容易ではない。多様な子どもたちが一堂に集まって道徳的価値について多面的・多角的に考え，自己の生き方について考えられるようにするためには，共通の素材が必要になる。道徳授業において集団思考を促すためには，共通の素材としての教材を，児童生徒の実態に応じて活用することが大切になる。特に，ねらいとする道徳的価値に関わって道徳学習を展開するためには，教材活用が極めて重要になる。

多様な教材を生かした指導

　道徳科では，伝記，実話，論説文，物語，詩，劇など，多様な形式の教材を用いることができる。教材を学習指導で効果的に生かすには，登場人物の立場に立って自分との関わりで道徳的価値について理解したり，そのことを基にして自己を見つめたりすることなどが求められる。

　また，教材に対する感動を大事にする展開にしたり，道徳的価値を実現する上

道徳科の授業づくり

116

での迷いや葛藤を大切にした展開，知見や気づきを得ることを重視した展開，批判的な見方を含めた展開にしたりするなどの学習指導過程や指導方法の工夫が求められる。その際，教材から読み取れる価値観を一方的に教え込んだり，登場人物の心情理解に偏った授業展開になったりしないようにするとともに，問題解決的な学習を積極的に導入することが求められる。

道徳教材のもつ役割と条件

　道徳教材は，児童生徒の内面を映し出す鏡であり，「意識の共通化」「練り鍛える」という役割がある。また，道徳教材の条件には，「教材の中の主人公を通して，自分たちの生活を見つめさせ，自分の生き方をより一歩高める場面が描かれていること」「児童生徒にとって，理想的な存在のみでなく，自分たちの生き方と共通するものが描かれていること」の大きく２つがある。

道徳教材の分類例

①伝達（表現）形態に基づく分類
・読み物教材
・視聴覚教材
②学習過程での位置づけからの分類
・中心教材
・補助教材
③経験との関係からの分類
・直接経験教材
・間接経験教材

④教材の内容類型に基づく分類
　（教材そのものがもつ性質）
・知見教材：望ましい行動や考え方を知らせることを主眼とした教材
・葛藤教材：登場人物が葛藤状態に陥っている場面を中心に構成された教材
・感動教材：感動することで心情の深まりをねらう教材
⑤教材の活用類型に基づく分類
　（授業の中での扱い方）
・共感教材：登場人物の気持ちを考えることで子どもに共感させ，それまでの自分を振り返らせる
・批判教材：登場人物の行為や考えを子どもに批判させ，道徳的な見方や考え方を深める
・範例教材：登場人物の行為・生き方を「お手本」として受け取らせる
・感動教材：子どもの感動を大切にすることで，ねらいとする価値を把握させる

道徳科に生かす指導方法の工夫

　ねらいを達成するには，児童生徒の感性や知的な興味などに訴え，児童生徒が問題意識をもち，主体的に考え，話し合うことができるように，ねらい，児童生徒の実態，教材や学習指導過程などに応じて，もっとも適切な指導方法を選択し，工夫して生かすことが必要である。

〈参考文献〉
・赤堀博行『「特別の教科　道徳」で大切なこと』東洋館出版社2017

（毛内嘉威）

道徳科の授業づくり

55　文部省・文科省教材，郷土教材の活用

基本的な押さえ

　文部省・文科省教材とは，学習指導要領の趣旨を踏まえ，内容項目，指導内容の重点項目及び情報モラルや現代的な課題などを身近な問題と結びつけて自分との関わりで考えられる文部省・文部科学省で作成した資料や教材のことである。なお，道徳の時間の位置づけでは「資料」であり，道徳科の位置づけでは「教材」である。

　道徳の時間で資料を活用して授業を展開するようになったのは，文部省において昭和33年に道徳の時間が特設されてからである。文部省からは読み物資料が出された。これに続いて，教育委員会や道徳教育の研究団体，そして教材会社や出版社からも読み物資料が出された。文部省の読み物資料の中には，文部科学省の検定を経た道徳科教科書の教材として活用されているものが多くある。

　郷土教材（＝地域教材）とは，地域の先人，地域に根づく伝統と文化，行事，民話や伝説，歴史，産業，自然や風土などを題材として開発された教材である。地域教材の開発にあたっては，地域でその事項に従事する人や造詣が深い人などに協力を得ることである。

望ましい道徳教材の在り方

　教材には，伝記，実話，意見文，物語，詩，劇など多様な形式のものがある。

・児童生徒の興味・関心・共感を呼び，生きる喜び・夢や勇気を与え，人間としてよりよく生きることの意味を深く考えられるもの

・人間尊重の精神や生命に対する畏敬の念にかない，発達段階や生活経験を踏まえ適切な内容・表現となっているもの

・指導のねらいである道徳的価値が明確に捉えられ指導過程や指導方法を工夫しやすく道徳性を高めるのにふさわしいもの

魅力ある教材の視点

・生徒の感性に訴え，感動を覚えるようなもの

・人間の弱さやもろさに向き合い，生きる喜びや勇気を与えられるもの

・生や死の問題，先人が残した生き方の知恵など人間としてよりよく生きることの意味を深く考えることができるもの

・体験活動や日常生活等を振り返り，道徳的価値の意義や大切さを考えることができるもの

・悩みや葛藤等の心の揺れ，人間関係の理解等の課題について深く考えることができるもの

・多様で発展的な学習活動を可能にするもの

・今日的な課題について深く考えること

ができるもの

- 中学生の悩みや心の揺れ，学級や学校生活における具体的な事柄や葛藤などの課題について深く考えることができるもの

多様な教材を活用した創意工夫ある指導

道徳科においても，主たる教材として教科用図書を使用しなければならない。

古典，随想，民話，詩歌などの読み物，映像ソフト，映像メディアなどの情報通信ネットワークを利用した教材，実話，写真，劇，漫画，紙芝居などの多彩な形式の教材など，多様なものが考えられる。このような教材が多様に開発されることを通して，その生かし方もより創意あるものになり，児童生徒自身のその積極的な活用が促される。

道徳教育の特性に鑑みれば，各地域に根ざした郷土教材など，多様な教材をあわせて活用することが重要となる。様々な題材について郷土の特色が生かせる教材は，児童生徒にとって特に身近なものに感じられ，教材に親しみながら，ねらいとする道徳的価値についての考えを深めることができる。郷土教材の開発や活用は重要である。

郷土教材の意義と活用

①郷土教材の意義

郷土（ふるさと）は，児童生徒の道徳性の発達に大きな影響を与える。郷土とは，道徳性を養う時間と空間を意味するだけでなく，その在り方捉え方によって人生に大きな影響を与える。人が人らしく生きるためには，郷土を意味あるものにしなければならないし，郷土を道徳教育にどのように生かしていくかを考える必要がある。郷土は心の母であり，自分の人生，生き方の原点となるものであり，アイデンティティを育てる上でも重要である。また，一方で，特に自慢できる自然的特徴が何もないと思う児童生徒も多くいる。しかし，そうした場所にも仲間があり，その土地の四季があり，気候があり，土地がある。どこで暮らそうと，暮らした場所が大切な自然である。また，そこには目に見えない伝統があり文化がある。

②郷土教材の活用

郷土教材の活用には，児童生徒が自分の住んでいる郷土そして文化や伝統についてどのように感じ，考えているかということを把握することも大事である。

自分の地域に住んでいた人は，偉人は，郷土の誇りだけでなく，憧れとなる。自分の地域を知ることが，自分の住む地域に貢献したり，郷土に奉仕し貢献しようとしたりする態度を育てる。積極的に参加することにより責任感も育つ。

郷土の自然や伝統文化にふれ，理解すればするほど，郷土を愛し，誇りに思う気持ちが育ってくる。土地のしきたり，行事，民話や伝説，昔話なども重要な要素である。

- 瀬戸真『小学校郷土資料の開発と活用』明治図書1987

（毛内嘉威）

56 自主開発教材の活用

基本的な押さえ

授業で用いられる主たる教材は，教科書である。教科書は，正式には「教科用図書」という。その定義は，教科書の発行に関する臨時措置法（略称：発行法）に示されている。

> 第2条　この法律において「教科書」とは，小学校，中学校，義務教育学校，高等学校，中等教育学校及びこれらに準ずる学校において，教育課程の構成に応じて組織排列された教科の主たる教材として，教授の用に供せられる児童又は生徒用図書であつて，文部科学大臣の検定を経たもの又は文部科学省が著作の名義を有するものをいう。　　※下線筆者

「主たる教材」という言葉は，この法律からきている。したがって，これは道徳科に限ったことではなく，各教科（国語，社会，算数，理科……）の場合でも同じである。

一方，道徳科の教材開発について，学習指導要領（平成29年告示）には，次のようにある。

> (1)児童の発達の段階や特性，地域の実情等を考慮し，多様な教材の活用に努めること。特に，生命の尊厳，自然，伝統と文化，先人の伝記，スポーツ，情報化への対応等の現代的な課題などを題材とし，児童が問題意識をもって多面的・多角的に考えたり，感動を覚えたりするような充実した教材の開発や活用を行うこと。

つまり，教科書を主たる教材として使いながら，それだけにとらわれることなく，魅力的な自主開発教材も積極的に活用していくべきなのである。

教え残しがあってはならないもの

道徳科では，次のように内容項目の数が定められている。
【小学校】
　第1学年　と　第2学年　19
　第3学年　と　第4学年　20
　第5学年　と　第6学年　22
【中学校】
　第1学年～第3学年共通　22
これらは，授業で必ず扱わなければならない必須の内容である。

道徳科の授業で教え残しがあってはならないのは，これら19～22の内容項目である。教科書教材ではない。私たちは，教育公務員である。公教育として定められた内容は，残すことなくきちんと指導しなければならない。

年間指導計画が整備されている学校であれば——本来は，全ての学校で整備し

道徳科の授業づくり

なければならないのだが——，その学校の重点項目が決められている。

例えば，「生命の尊さ」を重点として年間５時間の授業を計画していたのに，給与された教科書にはその項目が３時間しかなかったとする。そのときは，教科書に合わせて年間計画を変更しなければならないのだろうか。

もちろん，そんなことはない。これまでの財産を大切にしながら，教科書教材をバランスよく年間計画に位置づけることになる。

自主開発教材を活用する場合，例えば小学校高学年と中学校では，22回は教科書で全ての内容項目を着実に扱い，残りの13回で，担任の思いのこもった自主開発教材や地域教材を活用して，それぞれ必要なテーマに迫る方法も考えられる。

量的確保と質的転換

道徳の教科化は，あくまで手段である。日本全国，どこの学校でも，どの先生でも週１時間の道徳授業をきちんと実施してほしいということである。

道徳授業が実施されない理由としては，「教材がたりない」という声が多かった。道徳の教科化によって，教科書が無償給与され，さらに，評価も行うことになった。その結果，道徳授業の量的確保（標準時数の実施）は，ある程度達成されたようである。

しかしながら，大切なのはその中身である。年間35時間の授業で，教科書教材が残さず使用されたとしても，中身が薄

っぺらだったら意味がない。教師が教科書に縛られ，評価（所見文作成）のために退屈な授業を繰り返したのなら，それは，子どもたちにとって有害な授業になりかねない。

当然のことながら，授業の量的確保がなければ，質的確保には進めない。これまでほとんど道徳授業をやってこなかった教師は，これを機に，まずは教科書を使った基本的な道徳授業から始めていただきたい。そして，これまでも熱心に道徳授業に取り組んできた教師は，教科書教材と自主開発教材をバランスよく活用しながら，授業の腕にさらに磨きをかけていただきたい。それが，道徳授業が質的転換へと進む道である。

教材開発の留意点

道徳授業の活性化には，教師の柔軟な発想に基づく授業づくりが大切である。けれども，「何でもあり」ではない。道徳は，子どもたちの心を扱う学習なので，各教科以上に，教材の中立性と正確性が求められる。学習指導要領の「解説」には，「教材の変更」について，「校長の了解を得て変更することが望ましい」とある。

これは，校長が監視・管理するのではなく，気軽に担任の相談に応じて，適切なアドバイスを心がけるべきである。そのためには，職場づくり・学校づくりを含めた管理職の役割が大きいといえる。

（佐藤幸司）

道徳科の授業づくり

57 教材吟味と分析

基本的な押さえ

吟味とは、「物事を念入りに調べて選ぶこと」を意味する。例えば、料理の世界では、「よく吟味した食材を用いる」というように使われる。

道徳科では、前項で述べた通り、教科書が主たる教材として用いられる。しかし、自主開発教材等、多様な教材をあわせて活用することが重要となる。

したがって、道徳科における教材吟味とは、「教科書教材か自主開発教材か」「読み物教材か視聴覚教材か」という二者択一の枠組ではなく、広い視野から授業で活用する教材について念入りに調べて選ぶことを意味する。

教材が決まったら、その教材をよく分析して（教材分析）、実際の授業でどのように活用するのかを検討する。

つまり、実際の授業に至るまでに、①教材吟味→②教材分析という段階を経ることになる。教材分析については、以下、小学校の定番教材を例に述べる。

低学年「かぼちゃのつる」の場合

かぼちゃ君は、自分勝手につるを伸ばしたため、最後に、つるは車にひかれて切れてしまう。だから、わがままを言って（して）はいけないのだ……、ということを教える教材である。

授業の後半で、つるが切れてしまって泣いているかぼちゃ君の絵を提示し、

「かぼちゃ君はどうすればよかったのか」を考えさせる。その際、子どもたちに、「ニコニコのかぼちゃ君になれるように、みんなから声をかけてあげよう」と話す。

これを、アドバイス発問と呼ぶ。この発問は、低学年の授業で特に有効である。自分から相手（登場人物）にアドバイスをすることで、「どう行動すべきだったのか」、望ましい行為について考えることができるようにする。

発言（かぼちゃ君へのアドバイス）が出尽くしたら、その言葉をかけた（アドバイスをした）理由を問う。すると、その理由の中に、子どもたちのこれまでの経験がたくさん出される。経験を語ることで、教材と自分自身とがしっかりと結びつき、他人事ではない自分事として考えることができるようになる。

教材「かぼちゃのつる」には、登場人物（かぼちゃ君）の言動が反面教師的に描かれている。批判的活用が効果的な教材である。

中学年「ブラッドレーの請求書」の場合

ある日、ブラッドレーは、お母さんにこんな請求書を渡した。

お使いちん	1ドル
おそうじした代	2ドル
音楽のけいこに行ったごほうび	1ドル
合計	4ドル

すると、お母さんからも請求書が届い

た。

親切にしてあげた代	０ドル
病気をしたときのかん病代	０ドル
服や，くつや，おもちゃ代	０ドル
食事代と部屋代	０ドル
合計	０ドル

　この話（教材）を分析してみると，２つの「矛盾」が見える。すなわち，「お母さんが請求書に『０ドル』と書いたこと」と「請求書通りにお金をもらったブラッドレーの目が涙でいっぱいになっていること」である。

　ここに着目すると，次の問いができる。
①お母さんは，なぜ請求書に「０ドル」と書いたのだろうか
②ブラッドレーの涙の意味を考えよう

　多くの場合，その「矛盾」が起きた理由を問うことでメインとなる発問が見えてくる。

　ストーリーの中の「矛盾」を検討し，そこをつく発問を考えることで授業展開のイメージができあがる教材である。

高学年「手品師」の場合

　「手品師」は，ファンタジー作品である。この話にリアルを持ち込んで読めば，矛盾だらけになってしまう——例えば，暇で散歩をしていただけの手品師が，なぜ，偶然出会った少年に手品を披露することができたのか……等——。

　「手品師」は，このような矛盾を探すための教材ではない。つまり，ファンタジーの世界を壊さないように，いいお話はいいお話として子どもたちに伝えるべ

きなのである。

　ファンタジー教材を扱う場合，まず，教材の中のリアリティに着目する。ファンタジーの世界にリアルを持ち込むのではなく，その世界に含まれるリアリティを子どもたちに伝える術(すべ)を考える。

　手品師が悩む場面で一旦止まって，
　「手品師は，どうすべきでしょうか」
と問えば，「正答」は，「何らかの方法で男の子に連絡をとり，大劇場に一緒に連れていくべき」となる。これなら，手品師の夢も男の子との約束も同時に果たすことができる。しかし，手品師の行動に批判が集まれば，ファンタジーとしての「手品師」の世界は壊れる。一方，
　「手品師は，なぜ大劇場には行かずに，男の子のところへ行ったのでしょうか」
と問えば，子どもたちからは，手品師のやさしさや誠実さに関する意見が出される。

　２つを融合させた展開もできる。最初の問いで，手品師が選択できる行為について考えさせる。その上で，
　「それでも手品師は，男の子のところへ行ったんだよね。どうしてだろう」
と問う。この展開ならば，手品師の行為を否定せずに（ファンタジーを壊さずに），手品師の思いに共感させることができる。

　子どもたちが手品師に共感する思い——。すなわちそれが，「手品師」のリアリティなのである。

（佐藤幸司）

58　主題とねらいの設定

基本的な押さえ

　道徳科における「主題」とは，「その時間に子どもたちが何を学ぶのかを表したもの」である。学習指導案で主題名と教材名を混同させたものを見かけることがあるが，両者は明確に区別される。

【例】主題名　しんせつはきもちいい
　　　教材名　はしのうえのおおかみ

　授業の「ねらい」は，目標と同じ意味で使われている。これまでの学習指導要領（平成20年3月告示）では，「道徳的実践力を育成すること」が道徳の時間の目標だった。

　道徳的実践力は，「道徳的な実践を行うための内なるエネルギーである」というような説明がされてきた。しかし，これに対しては，「内なるエネルギーをためれば実践まで結びつかなくてもよいのか」とか，「そのエネルギーがないと人は道徳的な行いをすることができないのか」とか，いくつかの疑問が指摘されてきた。

　道徳が特別の教科になり，目標が次のように改められた。

（前略），よりよく生きるための基盤となる道徳性を養うため，道徳的諸価値についての理解を基に，自己を見つめ，物事を（広い視野から）多面的・多角的に考え，自己（人間として）の生き方についての考えを深める学習を通して，道徳的な判断力，心情，実践意欲と態度を育てる。

（カッコ内は中学校）

　道徳科の目標には，次の道徳性の4つの様相が示されている。

①道徳的な判断力
②（道徳的な）心情
③（道徳的な）実践意欲
④（道徳的な）態度

　様相とは，「ものごとのありさまや様子」を意味する。様々考えられる道徳性の様相の中で，小・中学校の義務教育において育てるべき道徳性として選ばれたのが，この4つというわけである。

　つまり，道徳科の授業は，この4つの様相の中のいずれか（または，複数）を育てることを目標（ねらい）として実施されることになる。

学習指導案に書く目標（ねらい）

　では，学習指導案には，授業の目標（ねらい）をどのように書けばよいのだろうか。

　道徳科の目標が4つの様相として示されたわけだから，学習指導案にも，この4つの様相のいずれかを授業の目標（ねらい）として書くことになる。すると，語尾は，下記のいずれかになる。

①…道徳的な判断力を育てる
②…道徳的な心情を育てる

③…実践意欲を育てる（もたせる）

④…道徳的な態度を育てる

前述した「はしのうえのおおかみ」の例でいえば，授業のねらいは，「親切にしたときの気持ちよさに気づき，身近にいる人に温かい心で接しようとする心情を育てる」と書き表すことができる。

ただし，1つの授業で必ず1つの様相を目標にするわけではない。当然，複数の様相の育成を目指す授業も考えられる。

ねらいと評価との関係

授業のねらいと評価は表裏一体である。しかし，道徳科では，この大原則が適用されないことに注意しなければならない。

各教科であれば，授業のねらいが達成されたかどうかについて評価をする。しかし，道徳科では，ねらいが達成されたかどうかは，評価しない。

では，何を評価するのかというと，再び「道徳科の目標」に注目していただきたい。ここには，道徳性の4つの様相の前に，4つの学習活動が記されている。

(1)道徳的諸価値についての理解

(2)自己を見つめる

(3)物事を多面的・多角的に考える

(4)自己の生き方についての考えを深める

道徳科では，目標に向かう学びの姿をこれら4つの学習活動に着目して，肯定的に記述で評価する。目標（ねらい）に準じた評価をしないというやり方には，疑問を感じる方もいるかもしれない。しかし，考えてみれば，道徳性（道徳的判断力，心情，実践意欲と態度）が育っ

たかどうかを1時間の授業で評価するのは困難である。授業後の子どもの変容を追跡調査するのではなく，あくまで授業における学びの様子を見取ることが道徳科の評価なのである。

内容項目との関係

主題とねらいを設定するときには，内容項目との関係も考えなければならない。授業のねらいを文章で書き表すと，どうしても表現が内容項目の文言と似てくることがある。内容項目に示された「内容」を扱うのであるから，ねらいや主題の文言が多少は内容項目に似てくることは考えられる。しかし，内容項目がそのまま授業のねらいや主題になるのではない。内容項目を意識しすぎると，授業者の視点が狭くなり，子どもの多様な発言（多面的・多角的な考え）を受け入れられなくなってしまうことがある。学習指導要領の「解説」には，「内容項目は，児童自らが道徳性を養うための手掛かりとなるものである」と記されている。（小学校 p.22）。

現実の世界では，1つの行為にいくつもの内容項目が関わり合っている。授業には，その時間に主として扱う内容項目がある。同時に，関連する内容項目もある。子どもがその時間で何を学ぶのか（主題）を明確にし，4つの道徳性の様相に照らし合わせてねらいを設定する。そして，ねらいを達成するための媒体である教材を活用し，授業が実施される。

（佐藤幸司）

59　読み物教材の登場人物への自我関与が中心の学習

基本的な押さえ

　「社会に開かれた教育課程」は，学校で学んだ学びが，将来にわたって社会でも活用されることを目指している。道徳も同様である。学校の道徳科で育った道徳的価値の理解や実践意欲，態度が日常生活や様々な場面で生きて働くことを願っている。しかし，この「学校と社会の一致」を目指していた道徳性が，実は「不一致」であったことも事実である。曰く「授業ではとてもよいことを言うのに，実践になると……」という嘆きである。

　このような状況を生み出した要因としてこれまで使われてきた言葉に「本音と建前」がある。これも一理ある。しかし，その根本には，道徳授業を「自分には関係ない」と考えてしまう「人事」意識がある。これを，「自分なら」と自分事として受け止め，当事者意識をもって考える道徳授業スタイルに改める。それが，「読み物教材の登場人物への自我関与が中心の学習」（以下「自我関与中心学習」）である。

「自我関与」の効用

　「自我関与」とは心理学用語であり，「ある事柄を自分のもの，あるいは自分に関係あるものとして考えること」とされている。当事者意識をもつことの効果については，いくつもの心理実験も行わ

れており，「当事者意識は，積極的に関与し，解決しようとする力とともに責任感や使命感を育てる」ともいわれている。この責任感や使命感は，自分を律し，よりよい生き方を思考する態度を育て，他者との豊かな関わりを生み出す。

　これを道徳科にあてはめると，「当事者意識をもつことで，主人公の状況や心情を理解・共有し，真剣になって考え発言したり，人の考えを傾聴したりして，自分なりの考え（納得解）を確立させ，道徳性を高める」といえる。

　道徳教育に係る評価等の在り方に関する専門家会議が挙げている3つの指導方法の「自我関与が中心の学習」は，まさに，「共感，真剣，傾聴，納得解」を生み出す授業であるからこそ，「質が高い」といえるのである。

自我関与が中心の学習のポイント

　自我関与が中心の学習のねらいは，「教材の登場人物の判断や心情を自分との関わりで多面的・多角的に考えることなどを通して，道徳的諸価値の理解を深める」となっている。

　特に，特筆すべき点は「多面的・多角的」な視点の獲得と道徳的価値の理解である。子どもが自分事として考えて発言したとき，その内容は画一的になることなく，百花繚乱のごとく意見や考えが出てくる。多くの意見や考えと出会えるか

らこそ，多様な見方や違った視点から道徳的価値を捉えることができるのである。こうして得た知見は，まさに価値理解，他者理解，人間理解が総合された道徳的価値の理解といえる。

　登場人物への自我関与は，主として教師の発問から行われることが多い。発問には，次のようなものが考えられる。

- どうして主人公は～できたのだろう
- あなただったらどうしますか
- あなたと主人公に違う（同じ）ことはありますか

　このような発問に加えてロールプレイングなどの体験的な活動，問題解決的な学習を取り入れるなどをして，ねらいに迫る効果的な授業を目指すとよい。

自我関与中心学習の授業例

　ほとんどの読み物教材で活用できるのが，自我関与の発問を取り入れた授業である。例えば，低学年では，友情，信頼に関する教材「二わのことり」がある。ここでは，子どもたちに「あなたがみそさざいだったら，どうしますか（うぐいすの家に行くか，やまがらの家に行くか）」と発問を投げかける。子どもは，自分だったらどうしたらよいかを，真剣に考えていく。次に登場する小鳥になりきって，会話を進める役割演技を取り入れることも考えられる。

　中学年でも友情，信頼に関する教材「絵はがきと切手」がある。ここでは，「あなたが主人公だったら，本当のこと

を言いますか」などと発問し，子どもに自我関与させる。次に，「本当のことを言う・言わない」と行為を選択させ，その後の結果を考えさせるなどの授業を行う。こうすることで，より高次の判断力を育て，望ましい行為を選択できる子どもを育てる授業が行える。

　高学年では，教材「手品師」などが使える。「あなたが手品師ならどうしますか」「あなたと手品師の違いは何ですか」と発問し，手品師の悩む姿に共感させたり，よりよい行為や価値という視点から考えさせたりする。その後，「どのようにすれば問題が解決するでしょうか」と投げかけ，問題を主体的に解決するための資質・能力を育てていく。

　中学校でも教材「足袋の季節」で「あなたが主人公だったら，おばあちゃんに本当のことを言いますか」などと問いかけ，人間としての生き方について考えさせることもできる。中学生に当事者意識をもたせることは，道徳的価値を主体的に自覚させる上で，極めて重要である。

自我関与中心学習の課題

　子どもに自我関与させるには，「あなたが～」とだけ言えばよいということではない。教師がしっかりと価値観，子ども観，教材観をもって授業を構成しないと，単なる心情理解のみの授業に終始することも考えられる。確かな指導観に基づく主題やねらいの設定は欠かすことができない。

（尾身浩光）

道徳科の授業づくり

60　問題解決的な学習

基本的な押さえ

　2015年に告示された小・中学校の学習指導要領一部改正における指導方法に「問題解決的な学習」という言葉が登場した。また2016年の「道徳教育に係る評価等の在り方に関する専門家会議」(以下，専門家会議)では質の高い多様な指導方法の1つとして取り上げられている。2000年代以降の世界の教育カリキュラムの潮流は，知識の獲得のみならず，知っていること(知識)をいかに活用していくかというコンピテンシーの獲得にあるといえよう。道徳教育の分野においても例外ではなく，読み物教材の登場人物の心情理解に偏った指導ではなく，自分だったらどうするか，という視点をもちながら，主体的に道徳的な問題を解決する資質・能力の獲得が目指されている。

問題解決的な学習とは何か

　戦後の新教育において，デューイ(J.Dewey)の問題解決学習に基づいた実践が，特に社会科の生活単元学習において実践された。問題解決学習は，児童生徒の興味や関心を出発点とし，彼らの身の回りにある生活上の問題や社会的な問題などを解決していくことを目指した学習である。さらにいえば，地域社会の問題を解決するといった学習によって，草の根的に民主的な社会を支えていける人間の育成を目指した。

　ここで留意すべきは，問題解決学習がただちに問題解決的な学習と同義ではないということである。専門家会議においても，「児童生徒一人一人が生きる上で出会う様々な道徳的諸価値に関わる問題や課題を主体的に解決するために必要な資質・能力を養うことができる」とその特徴をまとめているが，重要な点は「道徳的諸価値に関わる問題や課題」と限定的に捉えていることである。問題解決学習が，児童生徒の身の回りにある問題などを扱っていたのに対して，道徳科における問題解決的な学習では，道徳的な問題に限定している。道徳的な問題について，児童生徒自らがその問題の当事者として取り組み，問題の原因は何なのか，解決していくために何をするべきなのか，解決にあたって何に留意すべきなのか，解決された状態が本当によい状況といえるのか，といった形で多面的・多角的に考え，他者との議論を重ねながら取り組んでいくことが重要である。

　ただし，問題解決的な学習はあくまで道徳性を養っていくための1つの学習方法であるにすぎない。さらにいうならば，問題解決のみに焦点が当てられて，道徳的諸価値の理解が等閑視されることがあってはならない。「その場しのぎの解決策」，いわば「世渡り」を考えることが問題解決的な学習の目的ではないということは改めて強調しておかねばならない。

道徳科の授業づくり

問題解決的な学習と道徳性との関わり

　道徳科の目的は道徳性を養っていくことであるが，問題解決的な学習と道徳性の育成の相性はどうであろうか。道徳性の諸様相である道徳的判断力に関しては，道徳的な問題について様々な観点から捉え，解決の方法を探究していく点において，道徳的判断力を育成することにつながる。また解決の過程において，問題場面に登場する他者への共感的理解が，道徳的心情の育成と関わってくるだろう。さらに問題を解決していこうとする意欲や，実生活において同じような場面に出会うことを想像することは，道徳的実践意欲と態度を育んでいくことにもつながるといえる。こういった内面的資質としての道徳性を養っていくことによって，外的な道徳的行為，あるいは道徳的習慣につながっていくことが考えられる。

問題解決的な学習の進め方

①導入：具体的な経験や事例からねらいに迫り，本時のテーマである道徳的価値について考える

　授業で取り上げる道徳的価値を日常生活との関わりにおいて捉えさせ，児童生徒の興味・関心を引き出しつつ，現時点でその価値についてどう考えているのか確認する。

②展開前段：道徳的問題を把握し，解決する

　教材に取り組む中で解決すべき問題を発見し，何が問題になっているのか，なぜそれを問題だと捉えているのか，主人公は何に悩んでいるのかなど，問題点を明確にする。そして，主人公はどうするか，道徳的問題をよりよく解決するならどのような方法が考えられるのか，個人で考えたものを，グループで共有し解決策を吟味していく。

③展開後段：問題解決を深める

　自分たちが導いた解決策をクラス全体で共有し，多様な解決方法があることを知ったり，解決方法の再検討を行ったりする。場合によっては，クラス全体で合意できるもっともよい解決方法に向けて探究していくことも考えられる。また別の道徳的課題でも応用することができるのかシミュレーションすることもある。問題解決場面を役割演技することによって，より道徳的価値について実感を伴った理解をねらうこともある。

④終末：授業の内容をまとめる

　授業を通じて学んだ内容を振り返るとともに，本日の問題解決がこれまでの生活の中で体験したことがあるのか，今後の日常生活で活用可能なのか検討を行う。また導入で考えた道徳的価値について再度検討し，道徳的価値についての認識に変化があったのか確認する。

〈参考文献〉

・荒木寿友『ゼロから学べる道徳科授業づくり』明治図書2017，柳沼良太『問題解決型の道徳授業』明治図書2006

（荒木寿友）

61 道徳的行為に関する体験的な学習

基本的な押さえ

　道徳的行為に関する体験的な学習は，「実際の問題場面を実感を伴って理解する」ことで，「主体的に解決するために必要な資質・能力を養うことができる」ことが，特徴として挙げられている。*学習指導要領でも，指導方法の工夫として，「指導のねらいに即して」「適切に」取り入れることが求められた。

　なお，別項で道徳的行為に関する体験的な学習の方法である役割演技について解説するため，本項では，以下，役割演技以外の方法を中心に解説する。

活用の目的と留意点

　学習指導要領解説で，道徳的行為に関する体験的学習は，（役割演技も同様であるが）「単に体験的行為や活動そのものを目的として行うのではなく，（中略）体験的行為や活動を通じて学んだ内容から道徳的価値の意義などについて考えを深める」ことが目的であると説明されているように，単なる行為や言葉の訓練でも，デモンストレーションでもないことに留意したい。

　したがって，「○○らしく上手に表現する」とか，登場人物に「なりきる」必要はなく，演劇的な表現を期待したり，表現の巧拙を評価したりしてはいけない。

　例えば，「自分との関わりで多面的，多角的に考える」ために，「実際に挨拶や丁寧な言葉づかいなど具体的な道徳的行為を体験として行う」場合，指先や足さばき，表情や仕草など，具体的な所作を作法として指導することが第一義的な目的ではない。丁寧に挨拶した側は，どのような気持ちをこめたのか。丁寧な挨拶を受けた側は，どのように感じたのか。自分の行為を受けた側のリアクションを受けて，どのような気持ちに変わっていったのかなどを振り返り確かめる話し合いができるところが，この方法の最大のよさである。その過程を通じて，礼儀のよさや作法の奥深さを実感的に理解し，自己の在り方として，より思いやりや感謝の気持ちがこめられた挨拶についての考えを深めることができる。そのとき初めて様々な作法に感心をもち，そのよさを主体的に理解するであろう。

　このように，道徳的行為に関する体験的な学習とは，行為や活動の本質的な意義をないがしろにして体裁を整えるとか，単に所作や動作を教え込むことではないことを，十分理解したい。

発達段階を意識した活用

　体験する道徳的行為に関しては特に発達段階に留意したい。挨拶を例に述べる。

　低学年では，様々な場面での挨拶を具体的に考えて，発信する側と受ける側に分かれた体験をする。例えば，テーマを，身近な人との挨拶の気持ちよさについて

道徳科の授業づくり

の考えを深めることとする。教材に描かれた具体的な挨拶を，そのまま表現すること（教材の登場人物の仕草や言葉などをそのまま表現することを，以下，動作化という）で体験する。日常で挨拶が苦手な児童にとっては，セリフが決まっていても，抵抗もあろう。しかし，受け手の気持ちよさに対する喜びを実感すると，恥ずかしさを超えた，互いの気持ちのよさを実現しようとするであろう。そのよさを明確にした後であれば，隣同士で役割を交代しながら挨拶をし合い，そのよさを確かめ合うのもよい。そのときの気持ちのよさの体験は，その後の道徳的行為の動機として期待できる。その際，よりよい「振る舞い方」も身につけながら，日常での身構えもできるという，「しつけ」的な効果も生起するであろう。

　中学年では，例えば，真心をテーマとして意識する。教材の登場人物を動作化する際，そこにこめた思いや気持ちを明らかにし，それがどのように伝わるのか，受け取られるのかを体験しながら，その大切さを実感的に理解する。

　高学年では，様々な人との関わりにおける挨拶の大切さをテーマとする。動作化を通して，その根底にある相手への尊敬や感謝など，相手を尊重する気持ちの存在に気づき，それが相手にどう伝わるのかを確かめながら，その意義やよさについて実感的に理解できるようにする。

その他の活用

　道徳的価値の理解を基にそれを動作化

し，その内容から，道徳的価値を実感的な理解に高める活用も考えられる。

　「ぽんたとかんた」（文部科学省「わたしたちの道徳　小学校一・二年」）を教材とした授業を例にする。

　かんたと同じ気持ちがあっても，その誘惑を抑えて，「行かないよ」とぽんたが叫ぶ場面がある。このとき，「ぽんたは，どうして『行かないよ』と大きな声で言ったのでしょう」と問い，その意味を話し合う。その際，「ぽんたはどのくらい大きな声で言っていたのでしょう」と問い，児童の考える声の大きさで，「行かないよ」と叫んでもらう（動作化）。児童は競って，大声を上げるであろう。そのとき，「ずいぶん大きな声でしたね。どうしてそんな大きな声を出したの」とその理由を問うと，自己抑止の意志表明にとどまらず，裏山に入ったかんたの身を案じて，かんたに届くように叫んだことに気づく。この後の二人を，役割演技で演じながら創造するようにすれば，ぽんたによってかんたの心が変わった意味も深く理解することができる。このことを通して，悪いと思うことをしないことや，よいと思うことをすることは，自分だけでなく，身近な人を助けることにもなるという実感的な理解ができる。

〈参考文献〉
・※道徳教育に係る評価等の在り方に関する専門家会議「『特別の教科　道徳』の指導方法・評価等について（報告）」2016

（早川裕隆）

道徳科の授業づくり

62 教材提示

基本的な押さえ

　道徳教材は，これからの自分のよりよい生き方について考えるための媒体の1つである。したがって，教材文の読み取りや理解自体に時間をかけすぎないようにしなければならない。

　しかし，登場人物の心情や判断について考えるならば，やはり，教材が示している内容をしっかりと把握しなければならない。

　そこで大切になってくるのが，教材提示の工夫である。

　大切な情報を正確に，しかも，時間をかけすぎずに効率よく伝達するためには，どのような教材提示が効果的なのかを検討する必要がある。

　教材提示に関しては，上述した情報の伝達以外に，もう1つ別の視点から考えるべきことがある。それは，子どもたちと教材との出合いである。

　教材との出合わせ方によって，子どもたちの学習意欲が違ってくることがある。

　ノンフィクション教材であれば，より臨場感をもって考えることができるように，実際の写真や映像もあわせて提示したい。心がほっこりするようなお話の世界であれば，登場人物を描いたイラストやペープサートなどがあれば，雰囲気がぐんとよくなる。

　教材提示の目的に合わせて，効果的な方法を考えていきたい。

登場人物・話の筋の確認

　教材文を読み終えた後，

　「この話には，誰が出てきましたか」

というような登場人物を確認する発問がなされる場合がある。だが，この発問に対しては，「国語的な問いだ」「教材の読み取りになってしまう」という，批判の声もある。

　確かに，教材文の細部にこだわり，内容理解に重きを置き過ぎれば，それは国語的な学習になってしまう。しかしながら，基本的な話の内容（登場人物や場面等）を理解することをせずに話し合い活動に入るのは，何とも乱暴な指導である。

　そのため，できるだけ短時間に，話の筋や登場人物について確認する作業が必要になる。そこで活用したいのが，視覚的な教材である。

　例えば，小学校低学年の教材「かぼちゃのつる」では，事前に登場人物（かぼちゃ，みつばち，ちょうちょう，すいか，こいぬ）のイラストを準備しておく。教科書の教師用指導書についている資料CDには，登場人物のイラストデータが収録されている。それを活用すれば，準備の手間もだいぶ削減できる。

　教材文を読み終えたら，子どもたちに，

　「誰が出てきましたか」

と問う。そして，子どもの発言に合わせて，準備しておいた登場人物のイラストを提示していく。そうすれば，子どもに

発言の機会を与えながら，話の内容を大まかに確認することができる。

場面絵からの導入

　各教科では，教科書の順番通りに授業が進んでいく。道徳科の教科書も，基本的には，ページの最初から順番に使用すれば，その時期や季節，学校行事に合致する内容の教材が掲載されている。したがって，道徳科でも，各教科と同じように教科書の順番通りに授業を進めれば，間違いはない。

　とはいえ，毎回，教科書教材の順番通りでは，どうも面白みに欠ける。例えば，「今日の道徳は，教科書の○ページからです。教科書を開きましょう」という教師の言葉で毎時間の道徳授業が始まったら，子どもたちはどう感じるだろうか。与えられた教材を順番に読んでいけばよい……というような雰囲気になってしまったら，道徳授業の形骸化がますます進んでしまうことが懸念される。教科書教材を使うにしても，教師が「○ページ」を開くように指示するのではなく，子どもたちが興味をもって教材に出合えるような提示の工夫が必要である。

　例えば，小学校中学年の教材「ブラッドレーの請求書」では，授業の冒頭で，ブラッドレーがお母さんからの請求書を読み，涙ぐんでいる場面のイラスト（場面絵）を提示する。そして，

　「この男の子（ブラッドレー）はどうして涙ぐんでいるのだと思いますか」と問いかける。この問いで，子どもたち

をお話の世界に一気に引き込む。

　次に，この場面絵は教科書の何ページに載っているのか，子どもに探させる。見つけた子を指名してページ番号を確認し，教材文を読み聞かせる。あまり感情をこめすぎずに，けれど，あっさりしすぎずに，ほどよい感覚を大切にして教師が教材文を読んで聞かせる。

　教科書教材であれば，一番考えさせたい場面のイラスト（場面絵）を提示することから授業を始めると子どもたちの教材への興味・関心を高めることができる。

サプライズな教材提示

　これは，ある中学生が卒業アルバムのよせがきに書いた言葉である。

　天才は生まれつきです。

　もうなれません。

　努力です。努力で天才に勝ちます。

　これを書いたのは，2019年1月に現役を引退した横綱・稀勢の里である。

　授業では，まず，「天才」「努力」の言葉を対比的に提示し，それぞれの言葉から連想するイメージについて話し合う。次に，よせがき（天才は……）を提示し，考えたことを意見交流する。その後，これは，横綱・稀勢の里の中学校3年生のときの言葉であることを伝える。

　サプライズな教材提示で，授業がますます盛り上がる。

〈参考文献〉
・佐藤幸司監修「ニュース de 道徳」『読売新聞』2019年2月13日朝刊

（佐藤幸司）

道徳科の授業づくり

63 基本発問，中心発問，補助発問

基本的な押さえ

　基本発問とは，ねらい，教材を踏まえ，学習過程（導入，展開，終末等）に応じて設定された3～5つ程度の発問を指す。

　基本発問のうち，ねらいに深く関わる特に重要な発問を中心発問という。授業の山場でなされる発問であり，道徳的価値に関わる事柄を多面的・多角的に考えさせたり，自分事として捉えさせ，自己（人間として）の生き方を深めさせたりする発問になることが多い。

　補助発問とは，基本発問に導く事前の発問や，中心発問の後に，児童生徒の考えを整理，分類した上で，それらをもとに教師からさらに問い返す発問を指す。

　中心発問を含めた基本発問，中心発問の後に行われることが多い補助発問（問い返し発問）を一体的に構想して，ねらいや学習内容に迫る授業をつくることが重要である。

発問づくりの前提

　発問を構想する場合に前提となるのは，扱う内容項目や道徳的価値から見た児童生徒の実態や学習履歴，主に用いる教材の特徴，教師の基本的な考えなどをもとに設定した授業のねらいや学習内容である。ねらいを達成し，学習内容を効果的に獲得できるような学習活動を成立させるための問いかけが発問である。したがって，発問はねらいや学習内容を受けて

設定されるもので，学級の児童生徒全体に対して教師が問う発話が発問といえる。

基本発問

　平成29年7月に告示された学習指導要領解説では，「教師による発問は，児童生徒が自分との関わりで道徳的価値を理解したり，自己を見つめたり，物事を多面的・多角的に考えたりするための思考や話合いを深める上で重要である」「発問によって児童生徒の問題意識や疑問などが生み出され，多様な感じ方や考え方が引き出される」としている。

　そして，「考える必然性や切実感のある発問」「自由な思考を促す発問」「物事を多面的・多角的に考えたりする発問」が例示されている。これらは，中心発問を含めた基本発問が備えるべき条件である。

　次に，学習過程に応じた発問の条件である。まず，導入が主題に対する児童生徒の興味や関心を高め，ねらいの根底にある道徳的価値の理解を基に自己を見つめる動機づけを図る段階であることから，例えば，「これまでに，人に親切にしたことがあるか」などのように，道徳的価値への興味・関心を高める発問や「□□という人物を知っているか」などのように教材への興味・関心を高める発問などが考えられる。

　展開後半や終末では，道徳的価値を実

道徳科の授業づくり

現することのよさや難しさを踏まえて，自己を見つめるなどの段階であることから，例えば，「学んだことをもとに考える，これまでのあなたのよさやこれからの課題は何か」など，現段階での自己評価を促す発問などが考えられる。

発問は，教材の人物などに着目した発問（教材内発問）と，例えば，「思いやりとは何か」「これまでのあなたのよさは何だろうか」などのような教材での学習を離れたり終えたりした上での発問（教材外発問）に分けることができる。

中心発問

展開がねらいを達成するための中心となる段階であり，中心的な教材によって，児童生徒一人一人が，ねらいの根底にある道徳的価値の理解を基に，自己を見つめる段階であることから，展開で行われる発問の1つが中心発問になることが多い。授業の山場となる場面で行われる発問である。

例えば，「主人公は，どんな思いでそんなことをしたのだろうか」などのように共感的な理解を促しながら，道徳的価値のよさに気づかせたり，「主人公の考えや行動に納得できるか」などのように人物などを評価しながら，道徳的判断力を高めたりする発問などが考えられる。

補助発問

基本発問や中心発問を効果的に行うために，それらの発問の前に問いかけて，理解や興味・関心を高め基本発問につなぐ発問も補助発問であるが，一般には，基本発問や中心発問の後に，さらに児童生徒の考えを深め，道徳的価値の理解や自己（人間として）の生き方についての考えを深めるために行う発問のことを補助発問ということが多い。そのため，中心発問等に対して児童生徒が考えた内容を板書等で整理した上で，それらを踏まえた問い返しの発問になることが少なくない。思考や発言が活性化し児童生徒の価値観が深まるという点から，こちらの方を中心発問と捉えることも可能である。

様々な問い返し方がある。例えば，「どの考えにも共通している考えは何か」（共通点），「これらの中で，もっとも納得できる考えはどれか，また，その理由は何か」（納得度），「あなたがされて嫌な（よい）のはどれか」（自分事），「誰に対しても，いつの時代でも通用するのはどれか」（一般化），「もっとも実現しやすい考えや方法はどれか」（実現可能性），「どれを経験したことがあるか，どれを感じたことがあるか」（経験）などを問い返すことで思考や話し合いを深める。

〈参考文献〉

・坂本哲彦『自己評価観点から自分をみつめる発問のあり方』学事出版2006，坂本哲彦『小学校　新学習指導要領　道徳の授業づくり』明治図書2018，荒木寿友『ゼロから学べる道徳科授業づくり』明治図書2017，加藤宣行『加藤宣行の道徳授業　考え，議論する道徳に変える発問＆板書の鉄則45』明治図書2018

（坂本哲彦）

道徳科の授業づくり

64 場面発問，テーマ発問

基本的な押さえ

　場面発問とは，教材中の特定の場面に応じて，そこでの登場人物の心情や考え，行為の理由やその是非などを問うことや，わかったこと，気づいたことを明確にする発問のことである。「主人公が〜したときにどんなことを考えていたか」などのように，当該場面での人物に寄り添って深く考えさせる発問である。教師にとって構想しやすく，また児童生徒も考えやすいというよさがあり，多くの道徳授業で用いられる発問である。逆に，場面ごとに次々と行う場合，登場人物の心情理解のみに偏った道徳授業になりかねないという懸念がある。

　テーマ発問は，教材が扱うテーマや道徳的価値そのものに関わる事柄や内容について問うことや価値の理解や自己の理解を問う発問のことである。「この話からどんなことを学べるか」などのように教材全体から考えたことや人物の生き方などを追求する中で，児童生徒の考えを明確にしていくため，ダイナミックな授業になるよさがある一方，発問が教材から離れて行われることも少なくなく，抽象度が高くなる場合もあり，教師にも児童生徒にも考えることや話し合いが難しい発問となる懸念がある。

　2つの発問区分の提唱は，永田繁雄氏によるものであり，双方のよさを生かしながら発問を構想することが重要である。

場面発問，テーマ発問と発問の大きさ

　場面発問，テーマ発問を考える際に参考になるのが「発問の大きさ」である。

　永田繁雄氏によれば，大きさは4種類あり，①「場面を問う」もので，教材中の人物の気持ちや行為の理由などを問う発問（例：〜の場面で○○はどんな気持ちか），②「人物を問う」もので，教材中の登場人物の生き方や行為の在り方などを問う発問（例：○○という人はどんな人か，またあなたはどう思うか），③「教材を問う」もので，教材のもつ意味を問い，教材についての意見をもたせる発問（例：この話にはどんな意味があるか，どう思うか），④「価値を問う」もので，主題となる価値や内容について直接問う発問（例：友情についてどう考えるか，あなたはどうか）であり，①から順に大きくなるとする。

　場面発問は，①の多くが該当し，②〜④はテーマ発問の色合いが濃くなる。①〜③は教材内発問，④は教材外発問で，価値発問，主題発問ということができる。発問の大小を意識して発問づくりをすることは，場面，テーマにかかわらず授業づくりの重要な観点である。

　なお，どの大きさで発問したとしても自分自身との関わりで考えさせるような「自分自身を問う」側面を意識することが必要である。これは，大小でいえばもっとも大きく，基盤となる側面である。

道徳科の授業づくり

場面発問，テーマ発問と発問の立ち位置

　同様に，場面発問，テーマ発問を考える際に参考になるのが「発問の立ち位置」である。同じく永田繁雄氏によれば4種類ある。A「共感的な発問」は，人物の気持ちを問うたり，考えの中身を問うたりする（例：○○はどんな思いで〜しているか），B「分析的な発問」は，行為や内容の意味を問うたり，その原因や理由について問うたりする（例：○○がそうしたのはなぜか），C「投影的な発問」は，主人公に自己置換させて問うたり，迷いや葛藤の中で選択的に問うたりする（例：自分だったらどう考えるか，どうするか），D「批判的な発問」は，主人公や教材に対する考えを問うたり，子ども自身の考えや生き方を問うたりする（例：○○の行為や生き方をどう思うか）である。

　AとBは教材の人物を視点に考えを深めさせようとする立ち位置で，人物になりきるなど人物の内側に入ろうとする発問であり，CとDは人物と自分とを分けて捉え，人物の外側に立って自分の視点で考えを深めようとする発問である。

　4つとも主として教材内での発問であり，教材を離れた抽象的な発問になりにくいよさがある。また，4つとも場面発問，テーマ発問として活用できるが，主としてA・B・Cが場面発問に近く，Dがテーマ発問として活用しやすい。

　発問の4つの大きさと4つの立ち位置を意識することで，場面，テーマ双方の発問を柔軟に構想できる。

場面発問，テーマ発問と指導方法

　場面発問，テーマ発問と現行の学習指導要領等で提唱されている多様な指導方法（例示）との関係について整理する。

　まず，「読み物教材の登場人物への自我関与が中心の学習」においては，登場人物の判断や心情を自分との関わりで捉えることを通して，道徳的価値の理解を深めることなどから，「主人公が○○という行動をとった理由は何だろう」「同じことが自分でもできるだろうか」など，場面発問を多く用いることになる。

　「問題解決的な学習」を取り入れる場合は，導入部分などで「何が問題なのか」など問題発見を促す発問を経て，例えば「本当の思いやりとはどんなことか」などのテーマを設定することがあり，テーマそのものが発問の形式をとっている。さらに，展開後半などで，「これまでの学習から，思いやりとは何か」などとテーマ発問が繰り返されることもある。

　「道徳的行為に関する体験的な学習」では，役割演技などを促す際は，場面発問であり，演技を終えた後の話し合いでは，テーマ発問を工夫することもある。

〈参考文献〉

・永田繁雄「『場面発問』だけの授業から脱却する」『道徳教育　2011年4月号』明治図書，永田繁雄「特別寄稿　しなやかな発問を生かして新時代の道徳授業をつくろう」『考え，議論する道徳をつくる新発問パターン大全集』明治図書2019

（坂本哲彦）

道徳科の授業づくり

65 ペア学習・グループ学習

基本的な押さえ

　主体的・対話的で深い学びが求められる中，ペア学習やグループ学習を取り入れた学習場面の展開が多様にみられる。目的や内容に応じて，形態の工夫，個々への役割や指示の与え方の違い等，道徳科だけでなく他教科でも様々にみられる。

　ペア学習やグループ学習を取り入れる目的の主な点は次のようであろう。

・全体よりも，全員が発言したり参加したりする状況ができやすい
・全体で話すのが恥ずかしくてもペアやグループなら話しやすい
・短時間で考えの交流ができる
・全体よりも本音で話しやすい
・相互理解や相互評価をより強められる

ペア学習のよさと道徳科での場面

　ペア学習は，1対1の話し合いなので，話し手，聞き手が明確になり，相手をより意識した話し合いや交流活動ができるよさがある。また，発言の機会が確実に与えられて，交代しながら聞き合うことで，互いの考えをより深く理解できる。二人なので，全体やグループよりも短時間の多様な活動が位置づけられやすい。

　例えば，道徳科で中心発問後に全体で発表する前にペア学習を取り入れることで，隣の人に聞いてもらえた安心感を与える場や自分の考えを見つめ直す機会ともなるだろう。道徳的価値に対する自分の見方や考え方についてペアの反応や感想をもとに深く捉え直すことにもなるだろう。また，小学校低学年では，全体へ話す練習の場（補助的機能）として位置づけたり役割演技をペア学習に取り入れたりする場合もある。高学年や中学校では，鉛筆対談のような書く作業を加えて展開することも効果的であろう。

グループ学習のよさと道徳科での場面

　グループ学習は，ペア学習と同様に，全体よりも発言の機会が与えられやすく，限られた時間で多様な考えや意見を知ることができるよさがある。また，目的や時間との関係で，どのようなメンバー構成にするのか，グループ内での発言順や個々の役割等も様々に考えられる。さらに，どのように話し合いを展開するのかによって，教師の指示や条件等も様々である。必要に応じて，その方法や手順も子どもたちに考えさせたり，一部を任せたりすることもでき，マンネリ化しない効果的な話し合いとしたい。その際に教具等を活用することもグループ学習を活性化することにつながる。

　例えば，道徳科で中心発問後，各自の考えをもち，グループ学習を取り入れてホワイトボード等に主人公の心情や考えを多面的・多角的な視点から表現している姿もよく見られる。その他，グループ内で各自のワークシートや道徳ノートを

道徳科の授業づくり

交換して読み合い，その後に話し合いを深めている学習活動も見られる。また，小学校だけでなく，中学校でも心情円を活用して，自己の考えや立場を視覚的に提示しながら，グループでの話し合いを展開することも効果的である。

ペア学習やグループ学習で重要な点

　道徳科でもペア学習やグループ学習は様々に考えられるが，効果的な学習となる基盤として次のような点が重要である。
①何のために，どの場面で活用するのか，その目的や方法を明確にしておく。話し合いでまとめるのか，多様な考えを出せばよいのか等，伝えておきたい。
②具体的な活動について子どもの反応や様子をイメージして考える。話し合いの前後で，子どもの考えや姿がどのようになってほしいのか考えておく。教師の論理だけでなく，子どもの姿でシミュレーションをすることが，心のゆとりにもつながる。
③事前の教師の指示や条件で，何について話し合えばよいのか，子どもたちが理解できるか十分に吟味しておく。例えば，考える場面は，主人公が気づいた瞬間なのか，挿絵の場面全体での変容でよいのか明確にしておきたい。
④日頃から，相手の考えをしっかりと受容する，聴く姿勢を大切にしておく。話し合いの基本は互いに相手の話を聞くことだ。相手を受け止め，理解することから温かい関係性ができる。道徳科だけでなく学級経営の基盤としたい。

⑤ペア学習やグループ学習後の全体での話し合いにつなげることを意識しておきたい。何を，どう発表させたいのか，全体で何を話し合うのか，教師が授業のねらいや内容項目を見通して，考えておきたい。ペア学習やグループ学習を生かして全体の話し合いを深める上でも，教師の机間指導による子どもたちの表情や様子も含めた学習状況の把握が重要となる。

配慮したい点

　道徳科のように，主人公の心情，考えの根拠等を自己の立場や経験を踏まえて話すことが多い場合は，グループ内の互いの関係性が大きく作用する。支援が必要な配慮すべき子どもを含めて，グループの構成をどのようにすればよいのか，日頃から十分に考えておきたい。

　また，発問後に間髪をいれずにペア学習やグループ学習とするのではなく，まず，教師の発問に対して，自分の考えをもつ時間を確保してほしい。

　上記の重要，配慮したい点も踏まえて，ペア学習やグループ学習の内容が，全体での話し合いのさらなる起点となり，道徳的な学びが深まることを期待したい。

〈参考文献〉
・吉本均『続　授業成立入門』明治図書1988，田中耕治『よくわかる授業論』ミネルヴァ書房2007，香川県小学校道徳教育研究会『子供が自ら学ぶ道徳教育』東洋館出版社1991

（植田和也）

道徳科の授業づくり

66 ホワイトボード・ミーティング

基本的な押さえ

　ホワイトボード・ミーティングとは，ホワイトボードを活用して行われる話し合いや会議の進め方である。ホワイトボードを活用して参加者の多様な意見やアイデアを集め，合意形成や課題解決を目指して，効率的，効果的に進めようとするものである。

　ホワイトボード自体は学校の学年団会議や校内研修等でも様々に活用されていたが，ホワイトボード・ミーティングとして，ちょんせいこ氏（株式会社ひとまち代表）が2003年に提唱し多様な場面での効果的な活用が推進されてきた。各学校でも，昭和から平成になり，教室前面が黒板からホワイトボードに少しずつ変わったり，移動式ホワイトボードやグループ学習用ホワイトボードが授業や会議室での研修等にも一部活用されたりしてきた。同時に，限られた時間の中で効率的な会議の在り方が求められ，研修自体も聴講を核とする方法から，自らの考えを表明できる場が位置づけられた参加型を基本とする方法へ変容してきた。

　また，ホワイトボード・ミーティングは，【みんなの意見が活かされる，効率的，効果的な「元気になる会議」】ともいわれている。活用場所や場面は学校だけでなく企業や医療，福祉現場等，多様な領域での気軽な打ち合わせから困難な課題解決まで多彩に活用されている。

ホワイトボード・ミーティングの特徴

　ここでは，ちょん氏が紹介されている特徴を簡単に紹介する（ちょん2010）。学校現場では，実態や内容により進行方法等をアレンジしながら活用しているが，基本的な特徴を確認しておきたい。

　まず，意見を可視化しながら進めることで，多様な考えが出されても話の内容や論点がぶれずに進行しやすい点である。そのための進行役として，重要な役割のファシリテーターが置かれる。加えて，書くことで参加者同士の「承認し合う関係」を互いに育むことにもなる。

　次に，「質問の技カード」を活用して深い情報共有を進めようとする点である。そのため，合意形成と課題解決を促進する。「よい話し手は，よい聞き手がつくる」といわれるように，ホワイトボード・ミーティングでも聞き手の質問や引き出し方が重要なのである。

　さらに，出された意見や考えを視覚的に提示するために，マーカーの色に意味や役割をもたせ，話し合いのプロセスを構成する点だ。例えば，黒色は意見を出し合う発散の役割，赤色は軸を決めて意見の構造化を図る収束の役割，青色は具体的な行動や計画の決定につなげる活用の役割を示す。

　また，進め方として6つの会議フレームを組み合わせて進めることも肝要である。①定例進捗会議，②役割分担会議，

道徳科の授業づくり

③企画会議，④情報共有会議，⑤課題解決会議，⑥ホワイトボードケース会議である。目的や状況に応じて効果的に活用したい。

ファシリテーターの役割

　道徳科の授業，授業前後の討議等で，話し合いを深めて豊かなコミュニケーションを育むのに，進行役のファシリテーターが重要な役割を果たす。授業等では，教師がモデルを示し，見通しをもって進めるための手順を必要に応じて準備することもある。ちょん氏の提唱するファシリテーターに求められる技術として，❶インストラクション（説明），❷内省や思考を深めるクエスチョン（質問），❸アセスメント（評価，分析，翻訳），❹グラフィック・ソニフィケーション（可視化・可聴化），❺フォーメーション（隊形），❻プログラムデザイン（設計）が示されている。学年の発達段階に応じた学級ファシリテーション，道徳科の授業や研修，討議の場においても，実態や具体的な目的に応じてアレンジしながらできることから試みてほしい。

　ファシリテーターの働きで参加者が安心して話し合いができ，ファシリテーター自身も力を発揮できたと感じられる環境づくりができるように配慮したい。

道徳科や研修等における取り組み

　例えば，実際の道徳科の授業において，問題解決的な学習を意識して行う際には，前述の⑤課題解決会議，⑥ホワイトボードケース会議の進め方を学年等に応じて取り入れられるだろう。配慮したい点は，道徳科の問題解決的な学習を行うにあたり，そこで何らかの合意を形成することが目的とはならないことである（中央教育審議会答申，2016年12月21日）。グループや全体での話し合いで無理に1つにまとめようとしないで，そのような学習を通して道徳的価値について自分のこととして捉え，多面的・多角的に考えることが重要であることを再確認したい。

　校内・学年団研修においては，各々の意見が可視化されることで，周囲の人にも情報が行き届き，時間短縮や，コミュニケーションが円滑に進行することにもなる。また，書くことで自分の意見を整理して容易に伝えることができる。ホワイトボード上に残しておくことで，継続的な研修や前回の内容確認等が視覚的に可能であり，簡単にできる。今後，学校現場での多様な活用方法が期待される。

〈参考文献〉

・ちょんせいこ『ちょんせいこの　ホワイトボード・ミーティング』小学館2015，岩瀬直樹・ちょんせいこ『よくわかる学級ファシリテーション② 子どもホワイトボード・ミーティング編』解放出版社2011，ちょんせいこ『元気になる会議ホワイトボード・ミーティングのすすめ方』解放出版社2010，西村健一・越智早智『子どもが変わる！　ホワイトボード活用術』読書工房2017

（植田和也）

141

67 ワールドカフェ

基本的な押さえ

　ワールドカフェとは，1995年に J. ブラウンと，D. アイザックスによって始められた対話の技法である。ワールドカフェでは，飲み物やお菓子を準備し，カフェのようなリラックスした雰囲気の中で対話を進めていく。四人程度で模造紙を囲むように座り，絵や文字を自由に書きながらテーマ（問い）に沿って話をしていく。時間（10〜20分程度）がたったら一人を残して他のメンバーは別のテーブルに移動し，再びテーマに沿った話を続けていく。この移動は3ラウンドほど繰り返される場合が多い。この移動に大きな意味がこめられており，少人数で話し合ったアイデアが，他のグループの人のアイデアと混ざり合うことによって，さらなるアイデアの創発を促していく。少人数のテーブルの数だけ「ワールド」が存在し，そこを行き来する中で新しいアイデアに出会い，新たな「世界」ができあがる。ワールドカフェと呼ばれる所以はここにある。

ワールドカフェの原理

　ワールドカフェを実施するにあたっては，一般的に7つの原理が存在する。これらの7つの原理は，ワールドカフェにおける対話を促進していくために必要なものである。

・コンテクストを設定する

　コンテクストとは「状況であり，思考の枠組であり環境要因」であるとされている。つまり，ワールドカフェを実施する際に，どのような目的があって実施することにしたのかというワールドカフェ全体に通じる目的を設定することである。ワールドカフェでは明確な到達点（ゴール）を設定することはないものの，何のために対話が行われているのか，それを参加者全体が共有する必要がある。コンテクストの設定という「ゆるい縛り」が，対話を促進していく。

・もてなしの空間を創造する

　ワールドカフェを開催するにあたり，主催者であるホストは，その環境を整えることを非常に重視する。魅力的かつインフォーマルな環境が，参加する人々の対話を促していくからである。例えば，本物のカフェのように場を設定したり，会場に静かな音楽が流れていたり，花や観葉植物が置かれていたりする。また参加者を出迎えるにあたっても，単に会場に参加者がやってきて，事務的な参加の

手続きをするというのではなく，我が家にお客様（ゲスト）を出迎えるような気持ちで接していくことが必要である。参加者が快適に安全に過ごせる空間をつくり出すことが，ワールドカフェでは大切な要素となる。

・大切な問いを探究する

ワールドカフェでは，参加者は各テーブルでホストによって提示された問いについて考えを深めていく。この問いは，「はい」か「いいえ」で答えられるような閉ざされた問いではなく，例えば「よりよい社会の実現のために，学校教育はどのように変化するべきか」といった答え方が多岐にわたるオープンで力強い問いが好ましい。力強い問いとは，シンプルであり，様々な角度から考察することが可能な問いであり，ある程度焦点化されている問いである。

・全員の貢献を促す

ワールドカフェは，他者を批判する場ではなく，互いに貢献することが積極的に求められる。自分の発言が他者の発言を生み出し，相互に役に立っているという感覚が，新しい知の創造だけでなく，参加者がつながり合っているという感覚をもたらす。

・多様な視点をつなげる

一般的に，ワールドカフェでは参加者はラウンドごとにテーブル間を移動する。移動することによって，参加者は他の話し合いから出てきたアイデアにふれることができる。自分の意見とは異なる意見を意図的につなぎ合わせることによって，知の創発が生じる。

・耳をすます

対話において大切な役割を担うのが，傾聴である。他者の話を聴くということは，単に言葉を理解するだけではなく，言葉同士の意味のつながりや，新たな洞察を生み出すことにつながる。また聴いてもらっている安心感が，その場を安定したものに変えていく。

・集合的な発見を共有する

ワールドカフェでは，基本的には最終的にグループで1つの結論を導き出すようにはしない。そのかわりに対話を通じて気づいたことや発見したことを，全体で共有する。各テーブルの模造紙や，グラフィックレコーディング等，可視化されたものをもとに共有することもある。

〈参考文献〉

・安斎勇樹・塩瀬隆之『問いのデザイン 創造的対話のファシリテーション』学芸出版社2020，アニータ・ブラウン／デイビッド・アイザックス／香取一昭・川口大輔訳『ワールド・カフェ　カフェ的会話が未来を創る』ヒューマンバリュー2007

（荒木寿友）

68　協同学習

基本的な押さえ

　協同学習は「主体的・対話的で深い学び」が求められる昨今，その価値がますます評価されている。ジョンソン，ジョンソン，ホルベックは協同学習を「自分自身と他の学友たちの学びを最大にするために，小グループを使って一緒に勉強させる学習指導法のこと」と定義している。小グループまで言及しない定義もある。また，協同学習とグループ学習は同義ではないことがよく主張されている。杉江は「『集団の仲間全員が高まることをメンバー全員の目標とする』ことを基礎に置いた実践すべて」「『学級のメンバー全員のさらなる成長を追求することが大事なことだと，全員が心から思って学習すること』が協同学習」だと定義している。その定義は研究者によって様々であるが，グループで学習すればそれが協同学習であるという捉え方はされていない場合が多い。

　なお，従来「協同的」としてきたものを平成29年版学習指導要領では「協働的」と改めている。その趣旨は，意図するところは協同も協働も同じであるが，「異なる個性をもつ者同士で問題の解決に向かうことの意義を強調するためのものである」と，「中学校学習指導要領解説　総合的な学習の時間編」（平成29年7月）で説明されている。

協同学習の原則

　スペンサー・ケーガンは協同学習を進める上で4つの指標を提示し，これに当てはまるものは全て協同学習として考えられるとしている。

①互恵的な協力関係がある

　学習者一人の利益が他の学習者の利益になり，学習者一人の不利益が他の学習者の不利益になるという気持ちが学習者に共有され，一部が得をして他には利がない学びでないこと。また，その学習が一人でできるものではなく協力し合うことが不可欠であることとも言及している。

②個人の責任が明確である

　学習者一人一人にそのグループの成功に寄与する責任がはっきりとあること。学習者一人一人がみんなの前で行動することが要求されるときに存在する。すべきことをしないで，他の学習者の努力をあてにする学習者を出さないこと。

③参加の平等性が確保されている

　どんな話題や課題であっても，学習者の誰もが何らかの形で貢献できること。仕切ってしまう学習者と，置き去りになる学習者が生じないこと。一人一人に特定の役割と責任を与える方法などがある。

④活動の同時性が配慮されている

　学習者相互が一斉に交流する活動が行われるよう配慮すること。一人が発し，他全員が受け身になっているような学びになっていないこと。また，相互交流に

よって学習者が互いに新しい考えを生み出すことなどができること。

　以上のことを鑑みると，グループをつくって活動しても，それが一部の学習者のための活動であったり，学習活動をするメンバーとしないメンバーが混在していたり，学習活動に置き去りにされてしまってもフォローがなかったり，ほとんどの学習者が受け身になったりしているような1対全体の学習は共同学習の体をなしていないといえる。

協同学習と道徳科の親和性

①道徳科の特質から

　道徳科は自己を見つめ，物事をより広い視野から多面的・多角的に考え，人間としての生き方についての考えを深める学習である。その特質から，感じたことや考えたことをまとめ，発表し合ったり，討論などにより感じ方，考え方の異なる人の考えに接して協同的に議論したりすることが有効である。この点で，協同学習は道徳科に親和する理論になっている。

②温かい交流を基盤とする

　道徳科の指導は，よりよい生き方について学習者が互いに語り合うなど学級での温かな心の交流があって効果を発揮する。集団の仲間全員が高まることをメンバー全員の目標とする協同学習を取り入れることで温かな心の交流が生まれやすく，道徳科に親和する。

③道徳科の評価の特質から

　道徳科の評価は，学習者がいかに成長したかを積極的に受け止めて認め，励ます個人内評価としている。その教師の態度は学習者の他者への関わりように大きな影響を与える。学級のメンバー全員のさらなる成長を追求することが大事なことだと，全員が心から思って学習する協同学習は，その点で道徳科に親和する。

道徳科における導入例（ジグソー学習）

　教材の中で主人公が道徳的に大切にしなければならないことを生徒に導かせ，4つ（A・B・C・D）に整理する。全体で確認後，四人班を8つつくり，各班で4つのことを分担し，その時点でそれぞれの大切さをそれぞれが語る。次に，八人からなる4つの専門班（A・B・C・D）に分かれて，その大切さについて話し合う。話し終えたら，最初の四人班に戻り，A・B・C・Dそれぞれの大切さを説明し合う。

　道徳科では多面的・多角的に考えることが重要である。お互いが責任をもって自分の受け持ちを最後に説明することで班のメンバー全員の利益になる。

〈参考文献〉

・ジョージ・ジェイコブズ他『先生のためのアイディアブック　協同学習の基本原則とテクニック』日本協同教育学会2005，杉江修治『協同学習入門』ナカニシヤ出版2011，ネットワーク編集委員会『授業づくりネットワークNo.4　協同学習で授業を変える！』学事出版2012

（桃﨑剛寿）

69 道徳ノート，ワークシートの活用

基本的な押さえ

　道徳科では，その目標の達成のために，「主体的な学び」「対話的な学び」そして，「深い学び」のある授業の実現のための指導過程や指導方法の工夫が求められている。一方，子どもの学習の評価の観点から，学習の状況や道徳性に係る成長の様子を把握するために，その視点として，「一面的な見方から多面的・多角的な見方へと発展しているか」「道徳的価値の理解を自分自身との関わりの中で深めているか」が示されている。その，指導者の指導過程や指導方法の改善のための評価や，学習者一人一人の道徳科における評価，すなわち，子どもたちが何に気づき，どう変容したかを見取る有効な材料となるものが，道徳ノートやワークシートの記述である。

教科書の別冊

　教科書の中には本冊と別冊とで構成されているものがある。教科書検定の申請時に，申請図書の別冊に書かれた「ご使用にあたっては，必ずすべてのページを使わなければならないというものではありません。（後略）」との表記について，「教科書でないかのように誤解する」との検定意見がつけられた（平成30年度検定意見書）ように，この別冊も，教科書である。

　例えば，低学年の「規則の尊重」の学習で，教科書本冊で「みんなで使うものを大切にすること」が内容として扱われていて，別冊で「約束やきまりを守ること」が内容として扱われていたとする。すると，1つの内容項目について，本冊と別冊とで全てを取り上げることになるので，教科書の別冊に，「ノート」との名称がついていても，その利用はノートとして教師の裁量に任されるものではない。もちろん，子どもたちが「書き込む」という特性から，先に述べた見取りの材料になることは否定するものではない。

　ちなみに，ワークシートのように，直接書き込むページを設定した教科書もある。1年生の内容項目「規則の尊重」の学習で，「きいろいベンチ」が教材番号がふられた教材として扱われている教科書を例にする。「きいろいベンチ」では，「みんなが使う物を大切にすること」が内容として扱われている。しかし，「約束やきまりを守ること」が扱われていないため，この教材の前か後に，その内容が扱われている教材番号がついていない書き込み教材が用意されていることがある。この書き込み教材は，「きいろいベンチ」のワークシートにはならないが，取り扱わなければならない「教材」である。

　以下に述べる，「道徳ノート」や「ワークシート」は，教科書の別冊や，教科

道徳科の授業づくり

書の番号のついていない教材を指したものではない。

ワークシートの項目数

　ワークシートは，予め授業者の知りたい観点に絞って発問を提示し，記入しやすいように工夫した枠に子どもの考えを書かせるため，子どもの意識を把握することができることや，保管が容易である等のメリットがある。一方，子どもたちの発言を促すために，言い換えれば，主体的に学習するようにワークシートを使用するという教師の発言はめずらしくない。何もなしに発言するより，ワークシートに書いたものを読む方が発言への抵抗が少なくなるという考えである。確かに，学習指導要領解説にも書かれている通り，書くことは「自ら考えを深めたり，整理したりする機会として，重要な役割をもつ」。しかし，発問のたびに書かせることで書くことに時間がとられ，「考え，議論する」時間が十分確保できなくなるのでは本末転倒である。発問ごとに書かされる子どもの負担は心理的にも無視できない。書く活動は多くても中心発問と終末の2回に絞って，十分に時間を与えて書かせるのがよいと考える。

　中心発問は，自分自身の問題として考えたいと思える，ねらいに迫る適切な問いであれば，子どもたちはうなりながらでも自分の考えを整理し，内容を深めて表現しようとするであろう。教師にとっては，子どもたちの考えを把握し，個別の支援やその後の指名に生かすことがで

きる。その際，書けない子どもには，個別に問いかけて思いを引き出すようにすることが肝要だが，それでも書けない子には，書けないことや書いてある「内容」を教師が「わかろうとする」こと，例えば，普段の子どもの様子や考え方からの「解釈」を示すことで，それをきっかけに堰を切ったように書き始めることもめずらしくない。

道徳ノートの活用

　ワークシートか道徳ノートに絶対に書かせたいのは，終末における学びの振り返りである。今日の学習で，何がどのようにわかったのか。自分のわき上がる思いの正体を冷静に見つめ，静かに自分の学びと向き合うことで，学びの内容を明確化する。その子なりの，「納得解」としての道徳的価値の理解である。その際，子どもにとっては書く分量の自由度，教師にとっては，書かせる際の問いの柔軟さから，ワークシートより道徳ノート（いわゆる大学ノートのようなもの）の方が適切であろう。その記述の内容に，その子になかった新しいものや，不足していたもの，より深められたものが確認されたり，これまでの自分の考えの誤解が解かれたといった類いの表現が見られたりしたとき，肯定的に子どもを評価するとともにその要因を分析的に振り返りたい。さらに，子どもがノートの蓄積を振り返ることは，自身で自分の成長を確認するための，確かな材料にもなる。

（早川裕隆）

70　動作化，劇化，役割演技

基本的な押さえ

　「劇化」は，昭和33年告示の学習指導要領において，「道徳の指導方法」として登場する。文部省は，劇化の説明として３つ挙げているが，そのうち，「刊行された脚本にしたがって演技するもの」と「心理劇・社会劇の形で即興的に演技するもの（役割演技）」が，以降の学習指導要領でそれぞれ，動作化と役割演技に分化していったと思われる。学習指導要領解説では，動作化は「動きや言葉を模倣して理解を深める」表現活動，役割演技は「特定の役割を与えて即興的に演技する」表現活動と定義され，「表現活動を通して自分自身の問題として深くかかわり，ねらいの根底にある道徳的価値について共感的な理解を深め，主体的に道徳的実践力を身に付けることに資する」ことが特徴として挙げられている。（文部科学省，2008）

　どちらも，道徳的行為に関する体験的な学習とされ，その目的が「単に体験的行為や活動そのものを目的として行うのではなく，授業の中に適切に取り入れ，体験的行為や活動を通じて学んだ内容から道徳的価値の意義などについて考えを深めるようにする」ことであることを十分理解して活用することが肝要である。

動作化の例

　「およげないりすさん」を教材とした授業を例にする。

　児童に，「りすさんに，『ぼくもいっしょにつれていってね』と言われたみんなは，どんなことを思ったでしょう」と発問し，「りすさんは，およげないからだめ」とりすに言う場面を演じる。このとき，たとえ動作化であっても，仲間はずれにされる役を演じる子どもの感情の傷つきは，教師の想像を超えるものになることはめずらしくない。感情を表に出さない児童ならなおさらである。また，傷つける役を演じる児童も傷つくことがある。いじめの場面を演じることは，絶対に避けるべきである。そのため，この動作化では，りすに見立てた椅子に向かって教材のセリフを言う動作化をした。すると，演じた後の話し合いで，演者の声の大きさ，表情の変化，動作などから，自分たちとの違いを嫌がったりやっかいに思ったりしている動物たちの気持ちを，生々しく理解することができた。その後，さらに断られた後のりすの表情や姿を想像するようにすると，りすの悲しみが具体的に考えられ，理解された。

役割演技の例

　先の場面で，一人残されたりす（椅子）の表情を想像させ，次に島に渡って遊んでも，少しも楽しくなかった理由を考えた後，翌日池のほとりにやってきたりす（先の話し合いで，りすの悲しみを

理解した児童）と出会うカメたちを，自分たちの演じたいように，即興的に演じるようにした。動物たちはりすに駆け寄り，昨日のことをわびるが，下を向いたまま顔を上げないりすを，「昨日はりすさんがいなかったからつまらなかったの。今日はりすさんも一緒に島に行って遊ぼう」と言って誘う。「ぼく泳げないし」と躊躇するりすに，カメは背中を差し出して，乗るようすすめる。するとりすは笑顔になって，カメの背中に乗った。アヒルたちは，りすを乗せて泳ぐカメに寄り添って応援するだけでなく，途中で交代しながら，島まで泳ぎきり，楽しく遊ぶことができた。

この後の話し合いでは，りすの表情の変化や動物たちの様子から，喜びの大きさやその意味を解釈し，交流して深めることで，自分たちとの違いに偏見をもたずに助け合う喜びを実感的に理解した。

役割演技の意味

多面的・多角的な思考の観点から述べると，役割演技で演じることは，様々な立場や考えが「出会い」，関わり，表現し合うことで，まるで，上空から全体を眺めるような広い視野からの気づきが起き，それを材料に，思考を深めることができる。演じられたことを遡ってそこで止め，何が起きたのか，その状況や意味を分析し，解釈し合うことを通して実感的に理解することが，自然に行われるからである。コルシニが，「ロールプレイングは，思考，感情，行動の3要素が同時に働き，全体的包括を創造する」と述べているように，道徳科での役割演技による学習の過程は，道徳的価値の理解を基に役割演技で自分の生き方として相互的に役割を演じ，その演じられた役割の意味を明らかにすることでさらに道徳的価値の理解が深まるという，往還や融合を可能としている。

動作化や役割演技の留意点

先のコルシニが「ロールプレイングで行っていることは現実的経験になりうる」と指摘している通り，次のことに留意したい。

①演技の巧拙は問題としない（評価しない）。お面等の小道具も必要ない。

②演者を支える，支持的な観客を育てる。

③そのために，役割演技の学習の仕方を理解し，よい観客を育てるウォーミングアップを大切にする。

④いじめの場面を役割演技で演じない。感情を傷つけるような演技は，絶対に避ける。

〈参考文献〉

・文部省「小学校『道徳』実施要綱」「中学校『道徳』実施要綱」1958，文部科学省『わたしたちの道徳 小学校一・二年』2014，レイモンド・J・コルシニ／金子賢監訳『心理療法に生かすロールプレイング・マニュアル』金子書房2004，早川裕隆『実感的に理解を深める！ 体験的な学習「役割演技」でつくる道徳授業』明治図書2017

（早川裕隆）

71 道徳的追体験と道徳的体験

基本的な押さえ

道徳的体験というと，筆者は，若かりし頃のある出来事を思い出す。

出張の際，筆者と先輩とで，駅の出口改札を目指して，混雑の中移動していたときのことである。目の前を同じ方向に歩いていた年配の女性が，反対から歩いてきた若者の肩にあたり，尻餅をついてしまったのである。「あっ」と思わず声を発した筆者の隣を歩く先輩は，「大丈夫ですか」と素早くその女性に駆け寄った。そのときその女性は，何も気づかなかったかのように去っていた若者に振り返って「何するのよ！」と叫ぼうとしていたところであった。しかし，「何するの……，あっ，ありがとうございます」と立ち上がるのに手を貸した先輩に感謝を述べて去って行った。

筆者は，手を貸すべき場面であることを理解しなかったわけでも，手を貸したくなかったわけでもない。とっさの出来事に動けなかったのである。気持ちはあっても，その方法がとっさには思い浮かばずに行動に移せなかった筆者にとって，先輩の感動的な姿勢を「見る」ことが，道徳的行為の「モデル」を獲得する（モデリング）道徳的体験となった。

道徳的体験は，実際に道徳的な行為等を行う主体としての体験の他に，道徳的行為等を受ける体験も考えられる。いずれの場合でも，道徳的価値を実現する道徳的体験は，そのよさを実感した上で，今後の道徳的行為の動機にも姿勢にも大きく影響するものであるといえる。そして，その価値のよさの理解をもとに道徳的体験を実現（再現）することは，道徳的追体験の１つといえよう。

体験と道徳的体験の違い

では，日常の様々な「体験」は，いつでも，誰にとっても「道徳的体験」になりうるのか。職場体験を例に述べる。

ある男児は，ビジネスホテルでベッドメイクの仕事を体験した。そのとき，ある意味地味な仕事を苦にせず楽しそうに行っているのを不思議に思った受け入れ先の方が，楽しそうに仕事をしている理由を尋ねたそうである。そのとき彼は，「だって，きれいなベッドだと，使う人はうれしいでしょ」と答えたという。彼は，目の前にいない人の喜びを想像し，その喜びに応えるために仕事をしていたのである。つまり，その子にとっては，その仕事の体験そのものが，勤労の価値を実現する体験になっていたのである。一方，別の児童は，学校に戻ってから，「もっと楽しいかと思ったのに，部屋の掃除ばかりでつまらなかった」と報告したという。

そもそも体験とは偶発的な要素が強く，人によって体験できたりできなかったりする。そして，前述のように，同じ体験

的な「活動」をしても，そこでの「体験」は，人によってあるいは内容によって感じ方も様々なので，必ずしも「道徳的」体験になるとは限らない。

道徳的体験と道徳科

体験を道徳的体験に高めることに，要としての道徳科の役割や意義がある。

道徳科の学習には，体験において気づかなかった，あるいは不十分だった視点を補ったり，体験の内容を深めたり，様々な体験を整理，統合したりすること等（小学校学習指導要領解説 p.10）の役割がある。例えば，「掃除ばかりでつまらなかった」と報告した児童が，道徳科の学習において，教科書教材をもとに自己の体験と結びつけたり，多様な考えを交流したりすることで，今までの自分になかった理解に媒介され，たとえ相手が見えない仕事であっても，勤労は誰かの喜びや社会生活を支えることにつながっていることを理解できたとき，職場体験の場ではわからなかった道徳的価値のよさに気づくことができるであろう。このような，目の前にはいない人々の思いや表情に思いをめぐらせる体験は，個々に違った体験の意味を，それぞれ個別に，多面的・多角的に考える基盤となり，これから出会う様々な体験を自分の在り方として道徳的体験に高める1つのパラダイムになりうるのではないかと考える。

道徳科における道徳的追体験

以上のように，体験を道徳科での学習を通して意識化→概念化→体系化すること自体が，広い意味で道徳的追体験の役割を果たすと考えられるが，その他に，道徳科における道徳的追体験として，例えば次のようなことが考えられる。

教材の登場人物の言動を通して，道徳的価値の意義やよさの理解を深めた上で，その場面を動作化して疑似体験として実感を深める。児童が演じたい役割を役割演技で即興的に演じて，その意味や意義の理解をさらに深める。あるいは役割演技で演じられた道徳的価値を実現する場面（役割）を別の演者で演じてみる。このように，実際に演じた「体験」は，道徳的追体験の役割を果たすと考える。

留意点と課題

以上のように，道徳的体験とは，道徳科でボランティア活動や自然体験活動等を行うことではない。体験には種々の道徳的価値が含まれているが，道徳科でそのときの感じ方や考え方を教材と結びつけたり，友達との違いから交流したりしながら価値の理解を深めることで，体験が道徳的体験になりうるのである。そのため，道徳教育の視点から，特に体験や体験的学習の場である特別活動や総合的な学習の時間と道徳科との関連を図る，意図的な計画を立てることが肝要である。道徳的価値からの自己の体験の吟味が，他者の考えとの交流を通して深められたとき，自己の道徳性の向上につながる。

（早川裕隆）

72 構造的な板書

基本的な押さえ

　学習指導要領解説では，道徳科に生かす指導方法の工夫の１つとして，「板書を生かす工夫」を挙げている。そこでは，板書の機能として，子どもたちの思考を深める重要な手がかりとなること，教師の伝えたい内容を示すこと，学習の順序や構造を示すこと等が述べられている。そして，教師の意図的な板書として，思考の流れや順序を示すような順接的な板書だけでなく，対比的，構造的に示したり，中心部分を浮き立たせたりする工夫の大切さを指摘している。

板書の役割

　板書が子どもたちの思考を深める手がかりになることは，前述の通りである。一方，思考を深めるためには，その前に思考を広げることも大切である。だが，多面的・多角的な思考において，他者の音声による発言だけではうまく整理や統合ができないため，その理解や思考がしづらい子どもたちが少なくない。そのとき，例えば発言の内容を要約し，ある程度のカテゴリーに分ける形で板書するとか，内容によって色分けする，図や記号を入れて表現する等，視覚的に整理して表すと，子どもたちの思考や理解の手助けになることが少なくない。

　板書について概観すると，次のような役割を果たしているといえる。

・学習のポイントの提示による共有
・問題（テーマ）の提示による焦点化
　（話し合う観点の共有）
・学習内容全体の振り返りや確認の材料
・記録

記述する内容

　学生や院生を対象とする講義や，教員の研修会等で，子どもの発言は全て板書すべきかどうか質問されることがある。

　板書については様々な考え方やそれに基づいた実践があり，それぞれのよさがある。しかし，授業者としては，子どもたちの思考を深めるため，すなわち，ねらいや主題，教材の内容や特性，そして，中心発問をはじめとする発問構成に合わせた板書になるように，目的をもって，いろいろな実践を適切に取り入れた使い方をするのがよいと考える。

　例えば，黒板の右側から順に左に縦書きするだけでなく，ときに問題を黒板の中心に大きく掲げ，そこから上下左右に拡がっていくような板書があっていい。そこでは，場所によっては縦書きになったり，横書きになったり，内容的なつながりが線で結ばれたりして，視覚的にそれぞれの意見の意味が見えてくる。

　そうすると，全ての子どもの発言を漏らさずに書く必要があるかどうか，判断できるであろう。「子どもにとって，自分の発言が板書されないのは，間違った

発言と評価されたようで，ショックなのではないか」との反論が出るかもしれない。そうであろうか。黒板が発言の順に文字で埋め尽くされると，情報量が膨大かつ単調で，どの子にも思考を深める視覚的な材料とはなりづらい。また，板書中は発言している子どもに背中を向けるため，子どもが伝えたい発言の意味を理解（解釈）しようとしていることを，姿勢としても示せなくなる。そのため，どの子の発言にも含まれるような「要旨」をいくつかの言葉として「簡潔」かつ「適切」にまとめて，板書の場所やチョークの色，枠などを工夫して表す方が，その役割にかなった利用になると，筆者は考える。

構造的な表現の工夫の具体

前の項で，問題を中心に掲げて，広げ，つなぐことで深める板書例を示した。これは，いわゆる「テーマ発問型」，あるいは問題解決的な学習方法の特性から，活用しやすいであろう。

その他に，例えば，事象の記述から，その芯にある道徳的な意義や意味を探る話し合いをし，深まっていく過程での意見の要約を層のようにして視覚的に表し，芯に向かっていくよう板書するようなものも，構造的に表す例になろう。

子どもたちの板書への参加

中学校でよく見られる方法に，自分の意見を他者と視覚的に比較する方法として，心情や考えなどを尺度的に示し，自分の位置に各自のネームプレートを貼らせる実践や，小グループで議論させる際，各グループにホワイトボードで話し合いの内容を表現させる実践がある。

前者の場合，子どもたちは他者と自分の考えの違いから，その根拠を深く知ろうとするなど学習の動機づけや交流の材料としての効果が期待できる。また，グループの話し合いの報告として，作成したホワイトボードを示しながら説明することは，自分たちのグループ以外の意見やその意味を確認し合う意味では，よい方法といえよう。

しかし，それを「活動」として形骸化させないようにしたい。ネームプレートを貼って終わりではなく，そこから交流を通して，考えや根拠の違いを吟味する。ホワイトボードの内容を発表することで終わるのではなく，自分の思考を深めるため，整理された他者の意見にふれながら，自分の思考を深めるための材料として用いる。表示や表現（の活動）は思考を深める手段であり，板書もホワイトボードも，「まとめ」ではない。

板書で使う材料の工夫

場面絵やフラッシュカード等の活用も工夫したい。国語的な読み取りの時間を不要にしてくれる。場面絵は，教科書の挿絵をスキャナーで読み込みプリンターで拡大したものを黒板に提示する。その際，提示する場所を工夫すると，効果的な教具になる。

（早川裕隆）

73 説話・道徳小話

基本的な押さえ

　「道徳の時間」から「特別の教科　道徳」＝道徳科に移行転換しての大きな変化は，検定教科書と学習評価が導入されたことである。一見，両者の間には関係性がないようにも捉えられるが決してそうではない。教科書教材を有効活用できなければ子どもが「考え，議論する」道徳科授業などあり得ないし，そうなれば子ども一人一人の「道徳学習状況や道徳性に係る成長の様子」を把握することなど不可能なのである。そんなときに道徳授業活性化のカンフル剤となるのが説話や道徳小話と呼ばれる副教材活用である。

　道徳科では教師の力量や子どもの実態によって，主教材である教科書教材のみでは活力ある授業とならないこともある。そんなときに子どもの道徳学習促進ツールとして身近にある話材や画像，統計データ，体験談，新聞記事やテレビで取り上げられた話題，ポスター，音楽，ことわざ，心打つ言葉やエピソード等の副教材を授業時に用いるとその効果は大きい。

　教科書の導入で授業がやりにくくなったという声も聞かれるが，説話や道徳小話の積極活用で授業活性化を目指したい。

教科書と説話・小話の共通点・類似点

　本項のタイトルが「説話」と「道徳小話」に区分されているが，そこには特別な差異があるわけではない。さらに言及

するなら，道徳科における主教材は何が何でも教科書教材でなければならないといったことを意味するものでもない。

　例えば，授業によっては説話や道徳小話から入って語り合い，そこで学習した事柄を教科書教材で再確認するといった場合もあり得よう。要は，子どもたちの道徳学習を成立させる主な道徳素材が主教材となり，それをより拡げ，深化し，調和的に統合するような役割を果たす役割を担うのが副教材なのである。

　子どもたちの道徳学習を成立させ，「主体的・対話的で深い学び」に誘うことができれば，主教材であるとか副教材であるといった区分は不要である。頑なな原理原則にとらわれることなく，柔軟で活力のある道徳科授業を創出したい。

道徳科で用いる教材に期待されるもの

　道徳科が教科に移行したことで，学校教育法第34条「小学校においては，文部科学大臣の検定を経た教科用図書又は文部科学省が著作の名義を有する教科用図書を使用しなければならない」（第49条に拠って中学校も準用）に則って検定教科書が用いられるようになった。しかし，それが全ての教師にとって最良の指導しやすい教材となるわけではない。

　これまでの「道徳の時間」は教科外教育に位置づけられていたので，そこで用いる教材も学校や教師の裁量に委ねられ

ていた。よって，文部省時代からの「指導資料」，文部科学省に改組された後の「心のノート」や「私たちの道徳」等々，さらには各教育委員会や地域教育研究団体で編纂された地域教材集や自主開発教材集，教科書会社副読本等から自由に選択して取り扱いやすいものを教材として位置づけてきた経緯がある。

　ところが教科化されたことで，検定教科書を否応なく用いざるを得なくなったため，教材活用をめぐる混乱が生じているのも事実である。ただ，前述の学校教育法第34条の３・４項には視覚障害，発達障害その他の事由で教科用図書を使用しての学習が困難な場合や，それ以外でも教科用図書教材以外の教材で有益適切なものは，これを使用することができると定められている。もちろん，そのような場合は然るべき手続きが必要であり，日常の多忙な教育環境下では現実的とはいえない。ならば，道徳科における主たる教材は教科用図書を用い，それを補ったり，相乗効果を期待したりできるような副教材として説話・道徳小話を組み合わせた指導も今後の有効方策であろう。

道徳教材としての説話・道徳小話

　道徳学習を展開する子どもの側に立つなら，これが本時の主教材でこれは副教材といった区別を意識しているわけではない。個々の子どもにとって内面に印象深く刻まれたり，自分事としての問いをもったりする契機となれば，説話であろうと道徳小話であろうと立派な主教材と

しての役割を担っているといえよう。

　ところで，本項では説話と道徳小話とをその意図する部分で区別しているが，その点について少し言及しておきたい。

　道徳小話といった場合，１時間の授業中のどの部分でも活用できる幅広い素材をイメージしている。教科書教材の導入のためにとか，教材の内容理解を深めるためにとか，さらには「今日はこの教材で考えてきたが，こんな場合はどうなのだろう」と問題意識をより深化させるために用いるとか，その素材内容や活用方法は実に多種多様である。

　それに対し，説話はそれだけで一定の内容的なまとまりをもち，そこに内包されているインパクトの強い道徳的話材はそれ自体が子どもたちにとってまとまりある道徳的追体験となるような学びの場を提供する。説話が授業終末場面で活用されるケースが多いのが，それを如実に物語っているといえるのであろう。

説話や道徳小話の有効活用課題

　教師としてはつい，道徳小話はこう活用してとか，説話はこの場面でこのような活用が適切であるといった固定観念をもちやすい。それらの自己規制的な縛りは，一切不要である。第一義に考えるべきは，道徳科授業に活力と潤いをもたせるためにこれらを用いることである。

〈参考文献〉

・田沼茂紀『子どもの心にジーンと響く道徳小話集』（小学校・中学校編分冊）明治図書2019　　　　　（田沼茂紀）

道徳科の授業づくり

74 ティーム・ティーチング

基本的な押さえ

　現行の中学校学習指導要領に道徳科の授業は「学級担任の教師が行うことを原則とする」と記載されているが，それに続けて，「校長や教頭などの参加，他の教師との協力的な指導などについて工夫」するよう記述されている。その指導方法として，ティーム・ティーチングやゲストティーチャーの活用，ローテーション道徳，全校道徳・学年道徳などが挙げられる。

　ティーム・ティーチング（以下，TTと表記）とは，授業において複数の教員が連携・協力をして指導を行う方法及び形態である。

　我が国では昭和40年前後に導入されたが，その要因は，教育内容の現代化運動に対応する意味と，ベビーブームが去り中学教員に過員が生じたことへの現実的な対応がある。

　そして第6次公立義務教育諸学校教職員配置改善計画（平成5年度〜平成12年度）で，学校において多様な教育活動の推進に必要な教職員配置がなされたことにより，TTは制度として定着し始めた。

　各教科で人材を配置して積極的に取り組まれており，道徳科でも昨今は，評価の充実のため，また，ローテーション道徳の部分としても効果的活用が期待されている。

道徳科授業における TT の利点

①一斉指導の形態を崩すことなく，理解力や集中力の差，思考・経験の差など，個に応じる指導が可能になる。

②複数のグループを構成したり，複数の学習課題を設定したりしても，指導者が複数いることにより対応しやすい。

③教材や発問の意味を理解する上で，複数教師による寸劇などを取り入れた提示により，生徒が理解しやすくなる。

④教材収集や教材作成などの教材研究を分担して複数の教師が行うことにより，教材研究の負担が軽減するとともに，研究の質が深まる。

⑤評価を複数でできることで，生徒の思考や態度を多面的・多角的に捉えたり，記録を充実させたりすることができる。

⑥道徳科以外の教科よりも，教科の壁を越えて協力しやすく，教員の協働性が高まりやすい。全体で進める道徳教育が充実することに期待ができる。

　TT には以上のような利点があり，道徳教育の充実のため，より一層の活用と工夫が望まれる指導方法である。

TT における指導形態

①ワントップ・ワンバックタイプ

　主たる授業者（T1）と補助的な指導者（T2）に役割を分けて行う。T1は単独授業と同じように授業を進める。T2は個別に生徒の支援に回ったり，板書

を協力したり，評価に回ったり，ICT
機器の操作をしたりする。打ち合わせを
あまり必要としないという利点がある。

②ツートップタイプ

　主副がなく，ほぼ対等に複数教師が進
めていく。教材が二者の視点で描かれて
いる場合や，対立軸がある教材での展開
の際に，授業者二人で掛け合いながら授
業を進めたり，教材提示の際の劇化や価
値に迫る役割演技の場面で活用したりす
ることが考えられる。

③ツーバックタイプ

　生徒の主体的な活動が中心の場面にお
いて，複数の教師が共に支援に回る。

　場面によって，①〜③の方法を交互に
すると授業が活性化する。

TT における学習集団の形態

　児童生徒を小集団に分ける際，その分
ける基準を示す。なお，道徳科の場合は
習熟度別という基準はなじまない。

①座席の位置や出席番号順で小集団に分
　ける方法がある。均等な集団が構成さ
　れることが期待される。

②価値に迫る方法によって小集団に分け
　る方法。例えば，登場人物の心情に共
　感しながら学ぶ集団と役割演技をしな
　がら学ぶ集団に分けるなどが考えられ
　る。

③児童生徒が多面的・多角的に思考する
　場面において考えごとに分けてその是
　非や他の考えと比較検討させる方法。
　例えば，教材から何を学びたいのか課
　題が複数導かれたときに，課題ごとに

グループをつくる（AがよいかBがよ
いか検討する際，児童生徒にどちらか
選ばせてグループをつくる）。そして
指導者がそれぞれについて，より深い
学びができるよう支援する

課題とこれからの可能性

①学級担任と TT を組む組織が緊密な
　連携・協力ができるよう，校内組織に
　おける明確な位置づけをし，打ち合わ
　せの時間を確保する。

②全校職員が理解と協力の上で運営でき
　るよう，その成果を発信し，公開して
　いくことが望まれる。

③小中一貫校では，接続の学年において
　副のT2で入ることで児童生徒理解を
　前提とした授業展開が期待できる。

④授業者の児童生徒理解が弱くなりがち
　なローテーション道徳を TT で行う
　等，可能性を研究する価値がある。

⑤全校児童生徒に行う全校道徳や，学年
　の児童生徒に行う学年道徳でも，複数
　の教師が副の役割を受け持ったり，機
　器の操作の支援を受け持ったりする。

⑥オンライン授業では児童生徒の観察や
　評価，チャット等への個別対応や機器
　の操作などができ，TT の効果は高い。

〈参考文献〉

・生越詔二『小学校道徳ティーム・ティ
ーチングの実践』明治図書1998，児島邦
宏・三浦健治『小学校個を生かす教育と
ティーム・ティーチングの実際』教育出
版1994

（桃﨑剛寿）

道徳科の授業づくり

75　ゲストティーチャー

基本的な押さえ

　現行の中学校学習指導要領に道徳科の授業は「学級担任の教師が行うことを原則とする」と記載されているが，それに続けて，「校長や教頭などの参加，他の教師との協力的な指導などについて工夫」するよう記述されている。その指導方法として，ティーム・ティーチングやゲストティーチャーの活用，ローテーション道徳，全校道徳・学年道徳などが挙げられる。

　ゲストティーチャー（以下，GT と記載）とは，指導者として特別に外部などから招いて，授業等の一部分を担当する協力を仰ぐ外部人材のことである。現行学習指導要領で，家庭や地域社会との共通理解を深め，相互の連携を図るため，授業の実施などに GT として家庭や地域の人々，各分野の専門家等の積極的な参加や協力を得る例を挙げている。開かれた学校づくりの視点からも望まれる指導方法である。

　学校内部からの，校長や教頭の参加や，教員の特技や専門性を生かしての参加も GT に含まれる。

　なお，ティーム・ティーチングにおける副の指導者は，一般に児童生徒の指導に継続的計画的に関わる性質のものである。GT は，特別な授業限定で招かれ，児童生徒への学習指導よりも教材理解の方に主眼を置かれることが多い。その点が GT とティーム・ティーチングの副の指導者との相違点である。

道徳科授業における GT の活用方法

①実体験に基づいて教材や授業のねらいとするところについてわかりやすく語ってもらう。または実演してもらう。

②児童生徒からの質問に対して専門性を発揮したり，当事者ゆえに知っていることを補足説明したりして答えてもらう。

③GT に授業全般を参観していただき，学びの様子を肯定的に評価してもらったり，いわゆる「補充・深化・統合」となる解説や示唆を与えてもらう。この際にも，授業のねらいに即して行っていただくことが大切である。

④教師が取材に出向いて GT のメッセージを動画撮影・編集して活用する。GT が授業時間に合わせて学校に赴かなくてよくなる。

道徳科授業における GT の利点

①ねらいに即した，より効果的な教材提示が実施されることで，授業にリアリティが増す。その結果，その授業のねらいの達成度が増す。児童生徒が人間としての生き方を考え学ぶ絶好の機会となる。

②授業づくりにおいて GT の活用をどう生かすか考えることで，授業のねらい

が明確になり，質的向上が図られる。

③GT が教材に関する人物であれば，児童生徒はその教材で疑問に思うことを直接聞くことで教材理解が確かになる。

④学校外部の人材の協力を得ることは，学校の教育目標を地域の方へ知らせることになり，学校の説明責任を果たす一環となる。開かれた学校づくりへと導かれる。

⑤計画する授業者にとって，外部の魅力ある人材と交流することは，一教師としての修養を積む貴重な機会になる。

内容項目に則した GT の例

A－(1)［自主，自律，自由と責任］
⇒学校のいじめ防止対策委員

A－(2)［節度，節制］
⇒青少年団体等の関係者，養護教諭

A－(4)［希望と勇気，克己と強い意志］
⇒スポーツ関係者，校長・教頭

A－(5)［真理の探究，創造］
⇒大学の研究者

B－(9)［相互理解，寛容］
⇒スクールカウンセラー

C－(10)［遵法精神，公徳心］
⇒スクールサポーター

C－(12)［社会参画，公共の精神］
⇒福祉関係者

C－(14)［家族愛，家庭生活の充実］
⇒保護者

C－(15)［よりよい学校生活，
集団生活の充実］
⇒小・中・高の教職員，部活動指導員，
外部コーチ

C－(16)［郷土の伝統と文化の尊重，
郷土を愛する態度］
⇒伝統文化の継承者，郷土の高齢者

C－(18)［国際理解，国際貢献］
⇒海外渡航経験者
国際理解活動の関係者

D－(19)［生命の尊さ］
⇒助産師，医師，育児休暇中の職員

D－(20)［自然愛護］
⇒動物愛護団体の関係者

D－(21)［感動，畏敬の念］
⇒自然探検家，自然活動関係者

課題とこれからの可能性

①授業の目標や GT に望むこと等，事前の打ち合わせが必要。全てを任せてしまい講演のようになると道徳科としての機能が弱くなる。また，あまりに短い時間で終わるようだと GT が自分の時間を割いて協力していただいたのに失礼になる。これらを配慮して時間設定を行い，十分な確認が必要である。

②日頃から，ねらいに即した人々の情報を集めたリストなどを作成しておくことが有効である。

③オンラインを活用して授業に参加してもらうと GT が授業時間に合わせて学校に赴かなくてよくなるが，ネット上のトラブルが起きる危険性がある。

〈参考文献〉

・上條晴夫『ゲストティーチャーと創る授業』学事出版2002

（桃﨑剛寿）

76 ローテーション道徳

基本的な押さえ

現行の中学校学習指導要領に道徳科の授業は「学級担任の教師が行うことを原則とする」と記載されているが，それに続けて，「校長や教頭などの参加，他の教師との協力的な指導などについて工夫」するよう記述されている。その指導方法として，ティーム・ティーチングやゲストティーチャーの活用，ローテーション道徳，全校道徳・学年道徳などが挙げられる。

ローテーション道徳とは，学級担任以外の教員が授業を交代で行うなど，複数の教員で道徳の授業を担当する指導方法である。その間，教師はそれぞれ同じ教材を使用し続ける。以前は「持ち回り授業」ともいわれていた。中学校学習指導要領解説でも，「年に数回，教師が交代で学年の全学級を回って道徳の授業を行うといった取組も効果的である」とローテーション道徳とその意義についてふれている。

ローテーション道徳の実際

例えば，1組の担任が，自分の学級で行った授業と同じ授業を2組で行い，さらに次の週は3組で行う。その間1組では，2組や3組の担任教師や，副担任の教師が，自分の学級で行ったものと同じ道徳授業をしていく。このように学級担任が自分の学級に道徳の授業をするだけ

でなく，学級を超えて道徳授業を行っていくものである。

ローテーション道徳で教師一人が受け持つ学級の範囲は，指導者と児童生徒の間に関わりがある範囲であることが多い。小規模の学校ならば学年を超えてのローテーションでもよいが，大規模な学校では学年の中でローテーションすることが多い。特に中学校は学年部が単位となって運営されることが多く，一般的には学年部での運営が多い。

ローテーション道徳で教師が同じ授業を各学級に対して行う期間は，あまり長くならないように配慮が必要である。例えば，1学年8学級の学校で，ある学級担任が全クラスにて同じ授業をローテーション道徳しようとすれば8週間かかってしまい，担任のクラスでの道徳授業は2か月に1度しかなくなる。道徳授業は学級経営にも大きな影響を与えるものであると同時に，評価についても通知表記載は学級担任が中心となることから，配慮が必要なところである。

ローテーション道徳の実施時期を2学期とするならば，夏季休業中に道徳教育推進教師をリーダーとするチームで計画や教材を選定する。そしてローテーション道徳が開始されたら授業者が適宜点検を入れていく。ローテーションの期間を終えたところで教師・生徒にアンケートをとるなどして成果を分析する。このよ

うな PDC A サイクルが重要である。

ローテーション道徳の長所・利点

①同じ教材で授業を数回行うので，その教材を用いた指導力がその都度向上し，より改善された授業が展開される。

②教師が自分の専門教科や特技など，得意分野に合う教材を選ぶなど，教師の個性を生かした授業が可能になる。

③授業を担当する全教師が，生徒の実態や授業の進め方などに研修として取り組めるので道徳科の指導力が向上する。

④生徒の学びの様子を複数の教師の目で見取るので，評価に対する共通認識がもて妥当な評価が可能になる。

⑤生徒にとっては複数の教師から授業を受けることで，道徳科授業への期待感が増す。

⑥道徳科授業への熱心な取り組みが促されるので，道徳科授業の量的確保がより確実になる。また教材研究についても，毎週異なる教材を用いないでよい分，余裕が生まれる。

課題と対策，これからの可能性

①通知表に記述する評価は学級担任が中心になって進めていくが，ローテーション道徳の場合，自分の学級で授業をする機会が減るため評価することが難しい。その対策として，評価を中心に見取る教師を位置づけたティーム・ティーチングをローテーション道徳に重ねることで解消できる。また，ローテーションの期間が長くなりすぎないよう計画する。

②数回同じ教材で授業をすると思って，最初の授業に対する真剣味が低下する不安がある。また，授業が改善されないままローテーションに進み，改善されないままの授業が繰り返されることになる。その対策として，授業検討会を校内研修として位置づけて PDC Aサイクルを機能させる。

③授業力が高い教師が学級担任の場合，その学級に属する生徒は常に学級担任から道徳の授業を受けたいと思うであろう。その対策として，教師一人一人がこのシステムで授業力を向上させ，その不満が出ないよう力量を高めていく。

④中学校の教科によっては自分の学級に授業を行う回数が週に１時間あるかないかの場合もある。学級づくりにも大きな影響がある道徳科の授業が数週間できないことは大きい。その対策として，例えば担任している学級にティーム・ティーチングの副で入るなど時間割の配慮が必要である。

〈参考文献〉

・山田貞二「PDC A の視点を重視した授業改善の切り札！　ローテーション道徳をマネジメントする」『道徳教育 2019 年 8 月号』明治図書

（桃﨑剛寿）

77 ICT の活用

基本的な押さえ

　ICT とは「Information and Communication Technology（情報通信技術）」の略である。以前は，IT といっていたものに「通信」が加わった。単なる情報技術だけでなく，コミュニケーションに関わるような通信技術を指す。ここで，通信によるコミュニケーションの重要性を強調していることがわかる。ICT という技術を，学校教育における授業を中心とした教育方法として活用しようとすることを，ICT の活用と押さえる。

ICT の歴史

　IT は，インターネットの誕生以前から道徳科だけでなく各教科・科目等で授業づくりおいて，指導方法の工夫として検討されてきている。情報技術として以下のようなものが挙げられる。OHP による TP シートの投影。実物投影機によるスクリーンへの映し出し。オープンリールやカセットテープでの録音した音声の再生や音楽の放送。8 ミリ映画の上演や β テープや VHS テープに録画した動画など。学校行事における映画上映会も初期の IT 利用といえるかもしれない。音楽や画像，音声や動画などの情報技術は，経済の発展とともに日本の学校社会には視聴覚機器の普及として広まっていった。

　インターネットの普及は，飛躍的に ICT の中の CT の部分を充実させていった。つまり，離れた距離にいる人とのデータの共有は郵便や FAX だったのが，メールに添付した文書を確認すればよくなった。こうしたビジネスにおける革新は教育の世界に普及し，まずは学校間や教員間での情報共有が進み，通信技術の発達に習熟する者が増えていった。さらに，携帯電話がスマートフォンになると，それまで容量の少ない画像や音声などの送信しかできなかった携帯電話から，アプリを取り入れることで PC の機能水準に近いレベルの活用ができるスマートフォンにかわり，通信技術が一層向上した。これらの技術を習得した指導者たちは，授業においてこれらのデバイス（装置や機器）を活用し始める。それまでは，技術家庭科や総合的な学習の時間における情報教育などで ICT リテラシーの教育が熱心に実施されていた。しかし平成10年に学習指導要領が改訂されると，積極的に他教科・領域にも広がっていった。

道徳科の授業と ICT の活用

　道徳科の授業においては，ネット時代以前から積極的に指導方法として IT を活用していた。それにネット環境が加わり，ICT 活用としてはさらなる工夫が加えられている。道徳科の授業は，一般的に導入・展開・終末という流れがある。これに則り，各段階でどのような活用方

道徳科の授業づくり

法があるか見ていく。

〈導入段階での ICT 活用〉

　道徳科の主題における「導入」は本時の授業のねらいをつかむことが目標である。そのため○○への導入とすれば，「本時のねらいへの導入」や「教材への導入」「学習課題への導入」などがある。そこでは美しい夕日の映像を見せて自然愛護のねらいへ向けて導入を図ったり，児童生徒に対してアンケート調査をした結果の一覧表をスライドで大画面テレビやスクリーンに投影して「学習課題」をつかんだりする。つまり本時の授業のポイントに集中させるための音声・画像（表や動画を含む）の提示が一般的である。

〈展開段階での ICT 活用〉

　「教材を提示する」場合には，一般的には教科書の教材を教師が範読する。ここで電子教科書を電子紙芝居として大画面テレビに提示する。登場人物の心情や行動理由を考えていく。また，「ねらいを追究する展開」場面では，主体的・対話的で深い学びが実践できるようにグループワークを取り入れる学習が多い。ワークシートやフリップに自分の経験を振り返って記述する。これを友達と共有する。この共有する場合に，イントラネットでつながった PC やタブレット端末に打ち込んで，それをチャット形式で発表することも小学校高学年から中学生では可能である。また，書画カメラで代表的な振り返りをスクリーンに映し出して共有もできる。ポイントは，ICT の活用で，一般的な授業と比較して何が効果的

になるかをしっかり確認する必要があること。わかりやすい，考えやすい，話しやすい，聞きやすいといった効率化といえる。今後は児童生徒一人一人が表現した文章等をデジタル化して記録・保存・活用などが進められるだろう。

〈終末段階での ICT 活用〉

　児童生徒に近い距離にいる人々のメッセージを予め取材して，この場面で流したり，動画を見せたりすると効果的である。ネットワークをつなげて WEB カメラでメッセージを送る実践も，道徳的実践意欲を高める指導効果が考えられる。

ICT 活用の課題

　2020年にパンデミックとなった新型コロナウイルス感染対策として，教育現場には遠隔授業など ICT 化が求められている。文部科学省の全国調査では2019年3月時点で，PC など教育用コンピュータ1台あたりの児童生徒数は全国平均5.4人である。この現状を打破しようと国は2020年度の補正予算を組み，デジタル端末の購入費を大幅に積み増している。指導者である教員が使いこなすための技術の向上やトラブルやソフトの更新などに対応する支援員の配置，セキュリティの問題，端末を用意できない家庭への経済的補助やオンライン開通の補助など様々な課題が山積みである。本原稿が本になり学校現場の先生をはじめとする読者に届く際には新型コロナウイルスの収束とオンライン授業等による学校教育の進展を期待している。　　（東風安生）

道徳科の授業づくり

78 道徳通信

基本的な押さえ

　道徳通信とは，学校教育において各学校もしくは校務分掌における道徳教育推進教師や道徳科主任，さらには学年や学級の教員が，主に保護者や地域の人々を対象に道徳に関する教育活動や道徳科の授業の様子などをお知らせしたり，予告したりする情報発信の方法である（以下まとめて「道徳通信」と呼ぶ）。通信の媒体はペーパーがほとんどであり，保護者に対しては児童生徒が持ち帰る。地域の人々に対しては，学校のHPで発信したり，掲示板に貼り出したりしている

道徳通信のねらい

　道徳通信は何のために発信されるのか。そのねらいは，発信者と対象者が誰によるかで少しずつ異なってくる。

　まず，学校や学校の校務分掌担当者（道徳教育推進教師や道徳科主任等）が発信者となる場合，その対象は広く地域の人々や保護者全体である。内容は学校における道徳教育の活動の様子や指導内容，さらには道徳科授業の公開日のお知らせや実施後の報告などが多い。地域に関連した著名人や卒業生などから児童生徒の育成に向けてのメッセージを掲載することもある。（学校発信型）

　次に，学年教員や学級担任が，担当する学年や学級に向けて発信する道徳通信がある。小学校では主に学級が中心であ

り，中学校では学年が中心である。また，学年だよりや学級通信など，教育活動全般の中で，道徳教育や道徳科のコーナーを設けて，こうした紙面割の中で道徳教育や道徳科授業の様子を報告することがある。どちらの場合も，学年や学級での道徳通信は，該当する学年・学級の児童生徒の保護者を対象とすることが多い。中学校では生徒本人に対して，道徳通信として改めて学年教員からメッセージを送ることもある。こうした通信は，学校全体と比較して，より具体的でよりメッセージ性が強い。つまり，道徳科の授業内容や道徳教育の具体的な活動の様子について報告する。そのねらいは，道徳教育や道徳科の授業のねらいについて，保護者の理解を図り，保護者にも家庭教育で同じ方向性をもった協力を頼むことである。（学年・学級発信型）

道徳通信の内容

　二種類の道徳通信（学校発信型と学年・学級発信型）の発信内容について確認する。学校発信型は，授業よりも学校行事において道徳教育に関わるイベント等の報告や道徳授業公開日の様子や講演会の紹介などがある。学校だよりなど学校側から発信するものは，その他（保健だよりや図書館だより等）にもある。とりわけ道徳教育に関する内容がメインになるのは当然だが，生徒指導に関する話

題（いじめ問題など）やクラブ活動での活躍や進路指導など児童生徒のがんばりを評価することを記事にした通信を目にすることがある。一方で、学年・学級発信型は、具体的な授業内容を紹介することが多い。道徳授業を保護者や地域の人々に公開した日に実施した道徳科授業を、写真とともに紹介する記事はよく目にする。また、ある学級に焦点を当てて道徳授業の様子を紹介する中学校の学年や、ある児童やグループの活躍や心を打つような発言を取り上げて紹介する小学校の学級など、道徳教育や道徳科など道徳の活性化と保護者や地域の人々への理解を深めるねらいで進めている。

道徳通信の成果

　歴史的に見ると、道徳通信が作成されて保護者を中心に配付された時代は、昭和40年代にまで遡る。当時の学習指導要領においては、昭和33年に新しく始まった特設道徳を皮切りに、日本の教育において修身とは全く異なる道徳がスタートした。生活科や総合的な学習の時間が始まった当時を振り返ると、保護者や地域の人々に対して説明するために学校だよりや公開授業などで理解を深めることが続いた。平成に入り、学校に対する社会的なニーズが変化し、いじめの社会的な問題、少子化による家庭におけるしつけや児童虐待の問題や障害のある児童生徒との共生の問題など課題が山積し、一方では保護者の学校に対しての要求が必要以上に高かったり、いわゆるモンスター化したりする問題も発生した。こうした課題や問題を解決する方策として、学校教育の現場は、より児童生徒の心身の様子を保護者に伝え、家庭と地域社会と学校が共に歩んでいく点を強調した。このメッセージの発信に、道徳通信が用いられたことが特徴的だといえる。また、小学校は平成30年から、中学校は平成31年から領域だった道徳が「特別の教科　道徳」として教科化された。教科になった道徳科の評価に始まり、道徳科の果たす役割や指導方法の理解など、家庭や地域社会の人々に理解と協力を求めるためにも、道徳通信は成果を挙げた。

道徳通信の課題

　ネット社会を迎えた今、情報の相互交流をするためには、学校側からの一方的な発信だけではたりない。双方向性のリモート会議や学校のHPに質問や書き込み欄を設けるなど、発信した道徳教育の情報に対して、どのように思ったり、考えたりしているか、学校教育の協力者の内面を知る必要がある。いじめが社会問題化した時代、道徳教育は直接指導効果が薄いからその効果は期待できないと教科化に尻込みする教師たちがいた。しかし当時から保護者や地域の人々の、学校においていじめはいけないと道徳でしっかりと教えてほしいという願いをよく耳にした。道徳科の公開授業を参観した地域の方の感想を道徳通信に掲載するなど、双方向性をもたせた道徳通信の在り方が問われてくる。

（東風安生）

79　家庭や地域との連携

基本的な押さえ

　道徳科は全教育活動を通じて行う道徳教育の要であり，家庭・地域から学校教育への理解と協力を得るためにも相互の連携を図ることが必要である。

　小学校学習指導要領の第3章　特別の教科　道徳の第3の(7)に，道徳科の授業を公開したり，授業の実施や地域教材の開発や活用などに家庭や地域の人々，各分野の専門家等の積極的な参加や協力を得たりするなど，家庭や地域社会との共通理解を深め，相互の連携を図ること，とある。

　ここでは，家庭や地域と連携した道徳教育はどう実践するかを具体的に述べることにする。

道徳科の授業を公開する

　通常の授業参観や学校公開の機会に積極的に道徳科の授業を公開する，保護者会等の機会に道徳科の授業をどのように行っているかを議題として取り上げる，授業を参観したのちに講演会や協議会を開催するなどの方法がある。（東京都は道徳授業地区公開講座として都内の全ての学校で実施している）

　他にも，保護者が児童と共に授業を受ける，児童の話し合い活動に地域の人が参加するといった工夫は，学校と保護者・地域が一体となって子どもたちの豊かな心を育む活動に位置づけることがで

きる。

　こうした授業公開については，学校の年間指導計画に明確に位置づけ，年度当初から保護者・地域に呼びかけ，より多くの人が参加できる工夫が必要である。

授業への積極的な参加と協力を得る工夫

　授業公開は家庭や地域社会との連携を進める重要な機会である。そのため，実施や授業で活用する教材や指導過程の工夫等，保護者や地域の人々が参加協力しやすい工夫をするとよい。

〈授業への保護者の協力〉

　保護者は児童の養育を担う立場にあるため，授業への協力を様々な形で要請し，工夫した授業を実施したい。

　例えば，授業前にアンケートや児童への手紙等の協力をお願いしたり，授業後の児童の振り返りに一言感想をもらったりするなど，内容項目によっては道徳的諸価値を児童が実感的に理解するために効果的である。特に，「家族愛，家庭生活の充実」などを取り上げるときに依頼することが多くある。

　ただし，家庭の状況も様々であるので，家庭への協力を要請する場合は個人情報に十分配慮するとともに，協力を要請してもかなわないこともあるため，慎重に対応する必要がある。

道徳科の授業づくり

〈地域や外部人材の協力〉

　地域の人々や社会で活躍する人々に授業への協力を要請することも効果的である。例えば，スポーツ選手や専門知識を生かした医師や薬剤師等に児童へのメッセージをお願いして協力を得る方法もある。また，青少年団体等の関係者，福祉や自然活動，NPO法人として活動している人，伝統文化の継承者，国際理解活動や企業関係者，警察や消防等地域の安全を守る立場の人など，児童の生活にとって身近な人を授業の講師として招き，実際の職業や体験に基づいてわかりやすく語ってもらう機会を設けることは効果的である。

　そのためには，地域にどのような人がいるか，学校としてどんな団体と連携しているのかといった情報を蓄積するとともに，リスト化しておくことが有効である。また，授業時間が限られているため，何を語ってもらいたいか，指導の意図を明確に伝えることも事前の準備として必要なことである。さらに，講師の話を一方的に児童が聞くだけでなく，授業後でも児童からお礼の手紙を書いたり，質問をしたりするなど，双方向のコミュニケーションをとれるような工夫を検討するとよい。

　また，時期やどの内容項目で実施するか事前の指導計画への位置づけが重要である。

〈地域教材の開発〉

　地域教材を開発する場合には，地域でそれらに関することに従事する人や造詣が深い人に協力を得ることが考えられる。教材の例としては，地域に根づく伝統文化，行事，民話や伝承，歴史，産業，自然や風土等，地域は児童にとって学びの宝庫である。大いに活用したい。

　授業で取り上げる場合は，教師だけが作成したものをそのまま活用するのではなく，関係する地域の人に内容について意見をもらうことも必要である。また実際に授業に参加してもらって，話し合い活動をするときに解説や実演をしてもらう，児童が発見したことに回答してもらうなど，様々な工夫が考えられる。こうした連携は，授業後に学校外で地域の人に出会ったときにも交流が進むので，児童はさらに多くのことを学ぶ機会となる可能性もあり有意義なことである。

　道徳科の指導は，学校における教育課程に位置づけられており，学校が責任をもって行うことは当然である。しかし，同様に保護者や地域の人々も児童の豊かな心を育むことに積極的に関わりたいという思いを抱いており，保護者や地域と連携することは，学校における道徳教育に限らず様々な活動への協力が可能になり，そのことが家庭や地域社会で児童の豊かな心が育まれることに発展する。機会を捉えて様々な取り組みを実践したい。

　　　　　　　　　　　　（針谷玲子）

道徳科の授業づくり

80 道徳科における個人内評価

基本的な押さえ

　道徳科における評価は，学習指導要領において，「児童（生徒）の学習状況や道徳性に係る成長の様子を継続的に把握し，指導に生かすよう努める必要がある。ただし，数値などによる評価は行わないものとする」と示されている。

　具体的な評価方法について，文部科学省は，記述による「個人内評価」として実施するよう，次のように通知している。「学習活動における児童生徒の『学習状況や道徳性に係る成長の様子』を，観点別評価ではなく個人内評価として丁寧に見取り，記述で表現することが適切である」（文部科学省，2016）

　個人内評価（ipsative assessment）とは，子どもの進歩を過去の状況と比較して見取ったり，その子ども自身の中で優れた点を捉えたりする評価である。教科等で実施されている「観点別学習状況評価」とは考え方が異なるため，道徳科の学習評価にあたっては，個人内評価の特質と意義を理解し，評価に向けた授業改善や評価資料の収集を行う必要がある。

個人内評価の特質と意義

　学校で広く活用されてきた学習評価には，相対評価と目標準拠評価（絶対評価）がある。相対評価は，テストの点数で集団内の他者と比較して順位づけをするなど，所属集団に準拠した評価であり，目標準拠評価は，学習目標の達成状況をはかる共通の評価規準を設定してそれぞれの子どもの実現状況を評価する。いずれも，子どもの外に基準（規準）を設定して学習状況を見取る評価である。

　それに対し，個人内評価は，他と比べたり，一律に設定された目標を達成しているかを判断したりするのではなく，一人一人の子どもの変化や成長を見取る。その子ども自身の過去の状態をもとに判断するため，一人一人の子ども自身の内に規準がある評価といえよう。

　個人内評価の特徴は，スポーツを思い浮かべればイメージしやすい（Hughes, 2011）。例えば，マラソンでは，競技選手ならライバルとの順位争い（相対評価）や標準記録突破（絶対評価）が求められるが，一般ランナーにとって大切なのは，自分自身の記録の成長である。

　個人内評価の意義は，この一人一人異なる子どもの学びの歩みに注目することにある。それによって，学級に共通の評価規準では低い評価にとどまってしまう子どもにも，努力や小さな変化を捉えた評価ができる。学習状況の評価というと，授業中の発言やワークシートなど見えやすい指標で子どもを比べてしまいがちだが，「この子どもは以前とどう変わったか」に注目して長期的な視点で成長を捉えようと意識すれば，その子ども自身の学びの姿やよさが見えてくるだろう。

道徳科の授業づくり

指導と評価の一体化

　個人内評価は道徳科だけの評価ではない。これまでも指導要録の「所見」欄や「行動の記録」では，子ども自身のよさに注目する個人内評価が実施されてきた。

　さらに，学習指導要領総則では，目標に準拠した評価を行う各教科等においても，「児童（生徒）のよい点や進歩の状況などを積極的に評価し，学習したことの意義や価値を実感できるようにすること」として，個人内評価の積極的活用を求めている。

　なぜ教科等においても個人内評価の視点が重視されるようになったのだろうか。

　現代の学習評価論では，子どもに評価をフィードバックするとともに，ニーズを把握して指導を改善する「指導と評価の一体化」，あるいは，学習のための評価（assessment for learning）の意義が共有されている。適切なフィードバックは，子どもの学習意欲を喚起し，主体的な学びにつながると期待される。

　さらに，道徳科では，その目標と学習の特質自体が個人内評価を要請する。

　道徳教育が目指すのは，自律，すなわち子ども自身が自ら道徳性を養う力を育てることである。道徳科における評価は，子どもを評価すること自体が目的ではなく，子どもが自ら学び続けようとする意欲を育てるために行うものなのである。それゆえ，道徳科における評価に求められるのは，一人一人異なる子どものよさや成長を「認め励ます」こと，そして，教師からの一方的な評価ではなく，子ど

もによる自己評価活動を充実させることである。道徳科における評価とは，目標をもって学び，学習を振り返って自己の成長を見つめる子どもの姿を認め励ます，教師と子どもの対話的評価なのである。

個人内評価の実践に向けた課題

　個人内評価は，主観の入る余地が他の評価方法より大きく，評価者である教師の評価に対する姿勢や子どもを見る目が評価に影響する。子ども一人一人の変化を捉える評価は，教師への負担も大きい。また，他教科のように教師が設定した授業のねらいの実現状況を見ようとすると，子ども自身が発揮するよさを見逃してしまう懸念がある。個人内評価を子どもにとって意義のあるものとするには，子どもとの対話に加え，「より多くの目で」子どもを見るための学校の組織的取り組みが要請される。子どもたちの相互評価や家庭との情報交換，校内研修の活用などを通して，一人一人異なる子どものよさを見る目を育てる取り組みを充実させたい。

〈参考文献〉
・文部科学省「学習指導要領の一部改正に伴う小学校，中学校及び特別支援学校小学部・中学部における児童生徒の学習評価及び指導要録の改善等について（通知）」2016, Hughes, G. 'Towards a personal best: a case for introducing ipsative assessment in higher education,' Studies in Higher Education, 36:3, 2011.　　　　（西野真由美）

道徳科の授業づくり

81 道徳科における評価の視点

基本的な押さえ

　道徳科の評価は個人内評価であり，他教科等のように，共通の観点を設定してその達成状況をはかる「観点別学習状況の評価」は行わない。教師には，子どものよさや進歩を一人一人の成長に注目して見取ることが求められる。

　この見取りの手がかりとして，学習指導要領解説には，道徳科の学びの特質を踏まえた評価の視点が例示されている（「観点別評価」と混同されないよう，「視点」と呼ばれている）。

　具体的には，子どもが学習活動において，「多面的・多角的な見方へと発展しているか」や「道徳的価値の理解を自分自身との関わりの中で深めているか」といった，道徳科の目標に示された学習活動に注目することである。（下図）

　道徳科の評価では，これらの学習活動を充実した授業づくりが求められる。

道徳科における評価の基本的態度

　道徳科における評価について，学習指導要領解説には，妥当でない取り組みが2つ挙げられている。「道徳性の諸様相である道徳的な判断力，心情，実践意欲と態度のそれぞれについて分節し，学習状況を分析的に捉える観点別評価を通じて見取ろうとすること」と「どれだけ道徳的価値を理解したかなどの基準を設定すること」である。

　これらは道徳科の目標や内容に関わっており，教師が授業づくりで設定するねらいに盛り込まれることが多い。なぜ，それが妥当ではないのだろうか。

　まず確認しなければならないのは，道徳科で育成を目指す資質・能力である道徳性について，人格全体に関わるものであるとして，「養われたか否かは，容易に判断できるものではない」（同解説）と明示されていることである。

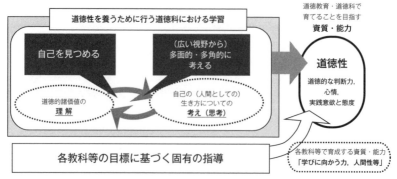

道徳科における学習活動と評価　中央教育審議会（2016）別添資料16-2をもとに筆者作成

170

道徳科の授業づくり

人格の全体を諸様相に分節化するのは道徳性の分析には妥当であっても，部分を集めて子どもの人格が理解できるわけではない。また，分節化して判断力や心情を別物と捉えれば，それらを統合して働く人格の力への視点が失われてしまう。さらに，道徳性の育成は，道徳科だけの目標ではなく，学校の道徳教育全体の目標である。道徳性の成長を道徳科だけで断片的に評価することはできない。

他方，道徳科で扱う個々の内容項目の理解度について基準を設定することは可能だろう。しかしそれでは，内容の知的理解が強調されてしまうだけでなく，価値を「こう理解すべき」として「正解」を子どもに強いる危険が大きくなる。1つの基準で理解度を測ろうとすれば，授業の豊かな可能性は摘みとられてしまう。

学習活動の評価と授業デザイン

道徳科の目標には，目標である道徳性を養うための学習活動が盛り込まれている。すなわち，「道徳的諸価値についての理解を基に，自己を見つめ，物事を（広い視野から）多面的・多角的に考え，自己（人間として）の生き方についての考えを深める」（カッコ内は中学校）ことである。道徳科では，これらの学習活動を通して，子どもが自ら道徳性を養えるようにすることが求められているのである。そこで，道徳科の評価では，これらの学習活動に着目し，年間や学期など大くくりなまとまりの中で，学習の成長の様子を見取っていくことになる。

学習指導要領解説では，目標に盛り込まれた学習活動の評価について，「一面的な見方から多面的・多角的な見方へと発展させているか」「道徳的価値の理解を自分自身との関わりの中で深めているか」を重視した上で，多様な視点を例示している。

例えば，自分と違う立場や感じ方を理解しようとしている，複数の道徳的価値の対立が生じる場面において取り得る行動を多面的・多角的に考えようとしている，道徳的な問題に対して自己の取り得る行動を他者と議論する中で，道徳的価値の理解をさらに深めている，道徳的価値を実現する難しさを自分のこととして考えようとしている，などである。

これらを評価の視点とするためには，まず，学習指導過程や指導方法の工夫改善が求められる。例えば，「自分と違う立場や感じ方を理解しようとしている」ことを見るためには，自分と違う見方との出会いが必要である。「複数の道徳的価値の対立が生じる場面において取り得る行動」を考えるには，価値の対立に注目した学習活動が要請される。

道徳的価値や道徳的問題について異なる考え方に出会い，自分のこととして考え，議論する授業を実現していくことが，学習活動の評価を可能にするのである。

〈参考文献〉

・中央教育審議会「幼稚園，小学校，中学校，高等学校及び特別支援学校の学習指導要領等の改善及び必要な方策等について（答申）」2016　　　（西野真由美）

道徳科の授業づくり

82　道徳科で学習評価を進めるための工夫

基本的な押さえ

　道徳科における学習評価では，子どもの学習状況に注目し，一人一人の子どものよさや成長を大くくりに見取り，個人内評価として記述する。個人内評価で一人一人の子どものよさや成長を捉えるためには，教師が一人で子どものよさを見取ろうとするのではなく，子どもが「見通し」をもって学び，学びの「振り返り」で学習の意義を実感できるような自己評価活動を学習過程に位置づけるとともに，それらの自己評価を蓄積し，子ども自身がそれらを振り返って成長を実感できるようにする必要がある。学習評価論では評価を次の学習指導に生かすための多様な評価手法が開発されている。それらの特徴を踏まえて道徳学習の特質に応じて活用することが大切である。

多様な評価方法の特徴とその活用

　道徳科における評価は，子どもの「変容」を見取る評価である。1回の授業の成果を「点」で捉える評価とは異なり，大くくり，すなわち一定の時間的まとまりを通した変化を捉えるには，年度当初からの計画的な授業づくりが求められる。

　その際，もっとも重要な課題は，いかに継続的に記録を蓄積するか，そして，蓄積された評価資料をどう活用するかである。学習評価には様々な手法が開発されているが，子ども一人一人の個人内評価が求められる道徳科では，優れた手法であっても，年間を通して学級で実施していくための実現可能性と持続可能性の両方が担保されていなければ活用できない。道徳科において活用しやすい評価手法には，次のような取り組みがある。

①ポートフォリオ評価

　ポートフォリオとは，ひとまとまりの記録をファイルなどに束ねたものである。ポートフォリオ評価では，ワークシートなどの学習記録を計画的に集積し，それらをもとに長期的な成長を見取る。

　だが，これらの記録を教師一人で分析するのは膨大な時間がかかる。ファイルやノートで子どもが記録を集積し，学期末など学習の節目に，記録をもとに子どもたちと協働で学びを振り返る時間を設定しておくと継続的に取り組める。また，単元や学期ごとの学習テーマと学習での気づきの一言メモなどを1枚の用紙に記録する「ワンページポートフォリオ（OPP）」（堀，2019）を作成すると，子どもも学習内容を思い出しやすく，振り返り学習を効果的に進められる。

②エピソード評価

　エピソード記録による評価は，子ども自身での振り返りが十分できない幼稚園や保育園でよく活用されている評価手法である。教師が授業で印象に残った出来事や発言を「エピソード」として綴り，それらの記録を後から読み直してみるこ

とで，過去の姿からの成長を発見できる。継続して記録していくことが大切なので，簡単なメモでよい。客観的に観察しようとするよりも，その時々の教師の思いを残す方が，記憶がよみがえりやすい。

エピソード評価は教師の主観的な記録となるが，続けることで，記録に登場しない子ども，つまり，教師が注目してこなかった子どもを発見できる。主観の偏りに気づき，意識的にその子どもたちの学びに注目するきっかけとなるだろう。

③パフォーマンス評価

授業で出された様々な課題に対する実演（レポートや発表，問題解決など）を通して学習成果を把握するパフォーマンス評価は教科等では広く活用されているが，道徳科での活用には注意が必要である。ロールプレイや話し合いの「成果」を評価するわけではないからである。

パフォーマンス評価では，与えられた課題の実現状況についてルーブリックを作成して評価指標とするのが一般的だが，それでは共通の指標で学習成果を捉える目標準拠評価となってしまう。

道徳科におけるパフォーマンス評価は，教師が評価に活用するのではなく，子どもが学習活動の自己評価をする際の指標の例として活用するのが望ましい。例えば，「班での話し合いで自分の意見を友達に伝えられましたか」「ロールプレイで自分の気持ちを表現できましたか」など，子ども自身が学習活動をチェックできるようにしておくと，学習活動の振り返りや目標づくりにも役立つ。

④ローテーション授業と情報交換

同学年の教師集団で教材を分担したり授業を交換したりするローテーション授業は，教材分析の負担が減るだけでなく，授業後に子どもの様子を語り合えば教師の子ども理解を深める機会となる。他の教師からの情報や違う視点での見取りによって見方が変わることも期待できる。

学習活動としての自己評価

道徳科の目標には，「自己を見つめる」学習が，目標に通じる学習活動として明示されている。多様な手法を活用しても，評価の柱となるのは，子どもが自己を見つめる自己評価である。もちろん，自己評価は学習活動であって，そのまま教師の評価となるわけではない。子ども自身が気づかないよさや進歩を認め励まし，「自己を見つめる」力を伸ばすのは，教師の役割である。そのフィードバックを生かしながら，子どもが自分なりの「目標」や「見通し」をもって学習に取り組み，その歩みの「振り返り」から成長を実感して次の目標に向かえるように支援する教師と子どもの対話的な評価活動は，主体的・対話的で深い学びを実現する学習活動であるといえよう。

〈参考文献〉

・堀哲夫『新訂　一枚ポートフォリオ評価 OPPA』東洋館出版社2019，道徳教育に係る評価等の在り方に関する専門家会議「『特別の教科　道徳』の指導方法・評価等について（報告）」2016

（西野真由美）

83 自己評価，他者評価

基本的な押さえ

評価には，2つの側面がある。1つが，一人一人の高まりやよさを見取り，伝えるといった「励ます評価」であり，他者からの評価である。もう1つが，子どもが自らのよさを考えたり，課題を克服したりしながら成長を感じる「実感する評価」である。子どもが自分自身でする自己評価ともいえる。

道徳における評価は，これまで前者のような他者，特に教師側からの評価が圧倒的に多かった。しかし，そもそも評価を「子どもが自らの成長を実感し，意欲の向上につなげていくもの」と考えたとき，多面的・多角的な視点からの評価が求められる。つまり，自己評価と他者評価をバランスよく進め，子どもの成長を促すような評価へと変えるのである。

自己評価の方法

「自己評価」といわれて，あわてる必要はない。道徳授業では，これまで振り返り活動によって，自己評価を行ってきたからである。

授業の展開後半には，大概の授業で道徳的価値の理解を基に，自己を見つめてきた。その際，道徳ノートやワークシートを使い，文章記述を用いた。今後もこの授業場面と方法を踏襲すればよい。さらに，記述内容に，①これまでの自分，②今日考えて学んだ自分（獲得した道徳的価値），③これからの自分，の3つの自分との出会いを記述して評価することを推奨する。また，このとき，課題や欠点のみを挙げるのではなく，課題があってもどうしたら克服できるのかを考えるなど，将来への希望や夢，意志をもてるような記述を子どもに期待し，励ます。

このように，「振り返り活動」を今後も重視して，継続的・計画的に続けていくことが自己評価では肝要である。毎時間必ず位置づけ，考えて書くといった時間を確保することで子ども自身の自己を評価する力も高まる。

成長を実感できる自己評価の進め方

自己評価は自分のよさや可能性，成長の状況を肯定的に評価するものであり，これからをたくましく，そして豊かに生き抜くエネルギーとなることを期待している。

そのような意欲が感じられるように，自己評価カードなどを工夫・活用する。例えば，記述式だけでなく，評価スケールを用いて，5段階で評価をしたり，できた（成長した）部分の色塗りをして達成状況を視覚で感じたりすることも可能である。登山型やすごろく型の図で自分の成長を確認することもできる。

さらには，授業中に書いたワークシートも自己評価に加えることで，一人一人の「成長の足跡」的な子どもにとっての

道徳科の授業づくり

宝物となるであろう。

他者評価の対象

　学習指導要領解説では，教師以外に，評価者あるいは評価補助としての役割を期待している。例えば，校長や他教師に加え，保護者や地域の人々，専門家などの協力を得ながら評価を進めると効果的だと述べている。子どもの変容を複数の目で見取り，多面的・多角的に評価していくことは，児童のよさを数多く見つけることにつながり，励ます評価としての機能を有効に発揮する。他者評価としてさらに加えたいのが，友達による評価である。「考え，議論する道徳授業」では，グループによる話し合いや討論活動がこれまで以上に活発に行われる。道徳的な価値への気づきの様子，自分との関わりで考えたり多面的・多角的思考を発揮したりする発言など，教師の目が行き届かないケースも出てくる。そのような子どものすばらしさを子ども同士で見つけ合い，認め合い，称賛し合うのである。成長を確認し合うような友達からの他者評価は，よりよい人間関係づくりにも大いに寄与する。

他者評価で意識したいこと

　「自己評価は自分だけを対象とすればよいが，他者評価はどのくらいの友達にすればよいのか」という問題も出てくる。あまり他者評価が負担にならないような工夫が必要になってくる。

　例えば次のようなことができる。道徳科授業開始前に，小さめの付箋紙を子どもに数枚配っておき，授業中あるいは授業後に「気づいた友達のよさ」を一文程度で書く。その後，書き込んだ付箋紙を授業後に友達に渡すのである。最初は，隣の友達から始めるとよい。一人の友達の姿をお互いに見つけて書けばよい。次第に慣れてきたら，グループの友達，大勢の友達と他者評価の範囲を広げていく。付箋紙をもらった側は，自分の自己評価シートや道徳ノートに貼りつけ，蓄積していく。このような他者評価であれば，子ども同士でも容易に行うことができる。

　また，校長や教頭，他の教師にも依頼する。授業参観の際，付箋紙を渡しておき，授業中に見つけた子どもの姿をできるだけたくさん書いてもらい他者評価する。書き込んだ付箋紙は，それを書いた先生から直接渡してもらうと，受け取った子どもの喜びも増す。積極的に他の教師を活用するとよい。

　保護者や地域の方は，授業参観の際に，直接感想や気づいたことを自他の子どもに口頭で伝える。授業後に，保護者と子どもとの「道徳意見交換会」と称した他者評価の場も企画すると楽しい。参観した道徳授業を話題にしながら，見つけた「子どものよさ」を保護者から多く発表してもらうのである。

　このように他者評価は，「工夫はするが，無理をせず……」といった意識で，多様な方法を活用するとよい

（尾身浩光）

84 ポートフォリオ評価

基本的な押さえ

　個人の内なる成長の過程を重視すべきである道徳科において，評価は限定的で一面的なものであってはいけない。息長く継続的に様々な角度から成長を見つめ，可能性を伸ばしていくものであることが望ましい。

　また，道徳科新設に伴い，評価について"大くくりなまとまり"を踏まえた評価が推奨されている。これは，個々の内容項目ではなく，子どもの道徳性を総合的に捉えるとともに，「長期にわたって変容を見る」ことの大切さも含んでいるといえる。このような総合的・継続的な評価を可能にするのがポートフォリオ評価である。

道徳科でのポートフォリオ評価

　ポートフォリオとは，そもそも経済や金融関係から始まった言葉といわれ，もともとは，「ファイルや書類ばさみ」を意味していた。それが，教育的用語として頻繁に使われだし，現在では，「学習活動で子どもが作成した作文やワークシート，作品，テスト，写真やVTRなどをファイルに入れて保存する方法」などと捉えられている。これまでは，総合的な学習の時間などを中心に作成し活用されることが多かった評価法である。

　この評価を道徳科でも応用し，子どもの姿を丁寧に細部にわたり長期的・継続的に見取り，多面的・多角的に評価する方法として用いるのである。その根底を貫くものは，道徳性の変容である。したがって，道徳科でのポートフォリオ評価とは，「子ども自身がポートフォリオしたものをもとに，道徳性の変容や成長を捉え評価する方法」と考えることができる。

ポートフォリオする材料

　学習指導要領解説内にある「評価のための具体的な工夫」には，ポートフォリオ評価の材料として，作文やレポート，スピーチやプレゼンテーションなどが例示されている。

　その他にもポートフォリオ評価の材料となるものがある。その代表的なものが，子どもが学習中に書き込んだワークシートやプリント類である。道徳の時間に毎回使用する学校や学級独自の「道徳ノート」などもあるし，教師が示す補助資料なども貴重な材料となる。

　特に，ワークシートやプリントは子どもが道徳的価値を理解する過程を丁寧に把握することもでき，変容がわかりやすい。また，グループでの話し合いやそこから学んだことをプリントに書くことによって，子どもは様々な知見が得られる。議論しながら自分の考えを形成する様子や過程，自他の考えを比較することで得られる多面的・多角的思考など，道徳性

の変容を示す材料となる。

ポートフォリオの作成例

　これまで述べたポートフォリオの材料として，今後活用することが考えられるのがタブレット端末等の活用である。このICTの活用により，ポートフォリオ評価は飛躍的に進んでいく。

　まず，利点の1つ目として保存が容易なことが挙げられる。子ども自身が作成した作品や書き込んだワークシートやプリントを画像等で保存，蓄積が簡単にできる。

　2つ目がタブレット端末に直接書き込むことも可能ということである。自分一人でマインドマップをつくることもできるし，グループ活動で協働しながら作業することもできる。個人で考えた意見をタブレット端末内で共有しながら説明したり話し合ったりすることも可能であり，すぐに友達の意見を見たり書き込んだりできる。このような議論，検討，作成したものを保存し，ポートフォリオが蓄積されていく。

ファイル等を用いての「振り返り」

　子どもが作成したポートフォリオも蓄積・保存が目的となっては，効果が薄い。活用されてこそポートフォリオ評価では生きてくる。

　ポートフォリオを活用する対象は，まず教師である。子どもがつくったポートフォリオをもとに，子どもの実態，思いや道徳性の変容，個人の成長を捉えて評価し，一人一人の子どもへの次の手立てや支援を行っていく。教師からのコメント（所見）なども考えられる。教師が書き込む内容が，多くの子どもの励ましになることはいうまでもない。

　次に，子ども自身による評価である。子どもは，ポートフォリオのファイルを読み返して振り返る（省察する）ことで，道徳的価値の自覚が強化されるからである。一人一人が道徳的価値をまさに「補充・深化・統合」させていくのが「振り返り」である。

　また，振り返ったことを作文にしたり，友達と見せ合い意見交換をしたりする「活用」によって，さらに自他の学びやよさ，成長に気づくことができる。

　このような「振り返り」も意図的・計画的に道徳の時間に組み入れると有効である。できれば，学期や年1回などと限定しないで，頻繁にそして定期的に実施することが肝要である。

「完成よりも感性」を大切にする評価

　ワークシートに書き込む内容も量も，当然一人一人異なる。ときには巧拙が如実に表れるケースも出てくる。しかし，子どもが主体的に取り組み，個々のポートフォリオを作成し保存・蓄積する過程を，教師は認め尊重することが大切である。「完成」品としてのポートフォリオではなく，子どもの思いや感じたことが凝縮された「感性」品と見て，温かい評価をすることが大切である。

（尾身浩光）

道徳科の授業づくり

85 エピソード評価

基本的な押さえ

　道徳科での適正な評価のため，文部科学省は，平成28年に「『特別の教科　道徳』の指導方法・評価等について（報告）」という報告書の中に，評価の具体的な工夫例としてエピソード評価を挙げている。「別紙2」でも「授業時間に発話される記録や記述などを，児童生徒が道徳性を発達させていく過程での児童生徒自身のエピソード（挿話）として集積し，評価に活用すること」としている。

　こうしたことからもエピソード評価は，子どもの道徳性や授業の有効な評価方法の1つであること，特に数値に頼らず子どもの変容を見取る上で積極的に導入することが期待されている。

エピソード評価の対象

　エピソード評価は，大きく2つの場面でエピソードを捉えることができる。1つ目が道徳科授業を対象とした学習中でのエピソードの評価である。2つ目が日常場面を対象とし，子どもが道徳性を発揮した場面のエピソードの評価である。後者については，道徳科授業とは違うが「日常生活との関連を図る道徳科」と捉えると，含めることができる。

エピソード評価の方法

　では，授業や日常生活での様子のどのようなエピソードを取り上げるか。

　まず，道徳科授業では，子どもの発話（発言）やワークシートへの書き込み，振り返りカードなどが中心となる。書き込みをしたノートやワークシートについては，その場で全員のものを見られなくても，授業後に回収し，記述内容をもとに評価し，記録を累積することが可能である。発話（発言）については，授業後，教師が気にとめた子どもの発言を記述する方法がもっとも適切である。その他，授業中の様子を撮影し，授業後に視聴しながら子どもの言動を確認することも有効な方法である。日常生活のエピソード収集では，継続的な観察とともに，終会などでの「よいところ探し」といったエピソード発表や振り返りなどによって収集を行う。

複数のエピソード評価者

　子どもの姿を友達同士で評価する他者評価も積極的に活用できる。授業中の友達の姿や発言で気になったことや参考にしたことなどを書いたり伝えてもらったりするのである。そうすることで，かなりの子どものエピソードが収集でき，評価に生かすことができる。

　また，他の先生に道徳科授業を参観してもらい，気にとめた子どもの姿を教えてもらうことも評価に結びつく。子どもの姿から道徳科での学びを考えることができ，授業者にとっても参観した先生に

とっても有益となる。学習参観で保護者から子どものエピソードを教えてもらうことも可能である。保護者も子どもの様子を観察し、それをもとに情報交換をすることで、子どもの道徳性に対する共通理解を図れるというメリットもある。

授業でのエピソード評価例

3年生「やさしさって」（「持ってあげる？ 食べてあげる？」光村図書）での、Kさんのエピソードである。

---

①【初発の感想　ノートに書く】
「されていいことは、自分もする」
②【場面1　発言】
「どちらもうれしくされないとやさしいといえない」
③【場面1　演じる】
「重いのは、いっしょだよ。マラソンのあと疲れているよ。自分でがんばってみよう」
④【場面2　発言】
「無理して食べたらかわいそう」
⑤【場面2　ノート書き込み】
「頼まれても傷つけないようやさしく断り、励ますこと」
⑥【授業のまとめ　発言】
「相手のことを思い励ます」
⑦【振り返りシート　書き込み】
「励ますといい。頼まれても傷つけずに断っていく」

〈教材の概要〉

2つの場面からなる教材である。場面1は、ランドセルを持ってほしいと頼まれた「わたし」、場面2は、給食でナスが嫌いなたけしくんの分まで食べてあげる「わたし」が主人公である。

〈Kさんの変容（エピソード評価）〉

①では、ノートにこれまでの経験を記述している。Kさんは、互恵性や衡平理論に基づく考えで発言している。

②と③は場面1に対するエピソードである。②では、「これまでの価値観に基づいて自分の考えを発言している。③では、「自分でがんばってみよう」と実感をこめて役割演技を行っている。

④と⑤は場面2に対する応答である。④は発言で、初めて「無理したら……」という言葉を入れている。相手のことを思いやる言葉といえる。⑤は「自分だったら」という授業者の問いかけに対し、ノートに記述したことである。ここで「やさしく断り」と相手（友達）の要求に対し、思いやりあふれる対応（言い方）に気づき始めている。

⑥まとめでは、「励ます」とさらに道徳的価値が高まっている。

⑦の振り返りでは、本時で獲得した道徳的価値を記述した。授業開始時に「自分でもしたい」と考えていたが、どのようにするとよいのかにまでふれている。

エピソード評価の継続

エピソード評価には多くの時間を費やすことになるが、子どもが道徳性を発揮したエピソードを見つけられることは、教師にとって至福である。継続してよさを見つけ続けたい。　　　　（尾身浩光）

86　道徳価値葛藤論

基本的な押さえ

道徳価値葛藤論は平野武夫氏が提唱した授業理論である。平野は，道徳の時間が特設された昭和33年の8年前，昭和25年に関西道徳教育研究会を立ち上げてそれ以後全国規模の研究会を毎年開催するなどし，道徳教育の発展に大きく貢献した大学の研究者である。

平野は人間は神と動物の中間者であると捉えている。このことは，人間は神のように無限を目指しよりよく生きようと理想を求める存在である一方で，現実には有限をまぬがれず心の弱さをあわせもつ存在であることを意味している。したがって，理想と現実のはざまで悩み苦しむことになり，そこに価値葛藤が生じる。

平野は，道徳の時間には価値葛藤の場が含まれていなければならないと述べている。「なぜなら道徳的価値は，二つもしくは二つ以上の価値的欲求が相対立葛藤する場，すなわち『価値葛藤の場』において，すぐれて発現するものであるからである」[1]と，その理由を説明している。この直面する価値葛藤の場において，子どもたちが自らの意思に基づいて選択・決断していくことを通して道徳性が育まれていくのである。

価値葛藤の場

平野は，価値葛藤とは複数の価値に対する欲求が相対立して，その選択・決断に迷う心的状態と説明し，価値葛藤の具体的な場を次のように示している。[2]

A：困った，どうしようかと迷う場
B：われ今いかに生きるべきかと迷う場
C：価値の選択決断に迷う場
D：あれか，これかという二者択一の場
E：岐路に立って，態度決定に迫られる場
F：人生の途上で，実践が妨げられる場
G：知と実践のズレに苦悩する場
H：価値の高低と強弱の相反に苦悩する場
I：義理と人情の板ばさみに苦悩する場
J：善と悪とが分かれて生じる根源の場
K：挫折体験に伴う悔恨と自責に悩む場

このような場面で価値葛藤は生じることになるが，また，それぞれの場での過程においても価値葛藤が生じることも考えられる。例えば，ある欲求を満たそうとすれば，その他との欲求の間で葛藤が生じることになる。これは動機決定の際の葛藤である。次は行為の進行過程でも困難や障害に直面して苦悩し悩む。これは進行過程での葛藤。そして，行為の結果に対しては迷いや悔悟の念が生じる。結果に対する葛藤。このように私たちの生活には価値葛藤の場面が多々存在する。

道徳価値葛藤論の経緯

平野が道徳価値葛藤論を提唱したのは道徳の時間が特設される以前であったた

180

様々な指導法

め，この論は道徳の時間を想定したものではなかったし，資料（道徳教材）の活用も考えてはいなかった。当初の考え方は，価値葛藤はあくまで自分自身に関わることであり，この体験について自己を内省し克服していくことで道徳性が高まるというものであった。その後，道徳の時間が特設されることになり，平野は発展的に道徳の時間に適合するように持論を展開していくことになる。

　価値葛藤については自分の体験をもとに考えていくことを想定していたが，資料中の主人公の間接的な価値葛藤であったとしても，その葛藤体験を追体験し自分事として捉えることができれば，それは自己体験と同様だと説明している。このように自分が体験した価値葛藤はもちろんのこと，資料のような間接体験であっても自己の問題として受け止められれば，自己の道徳的価値の自覚が深まるとしている。

指導過程

　平野の道徳の時間に関する指導過程の概略は次の図[3]の通りである。

	指導過程		
1	導入	①学習動機の喚起 ②学習目的の自覚	
2	展開	前段	自己内省
		中段	他者理解
		後段	自己超越
3	終結	①原理的法則化 ②価値の生活科	

　指導過程には，自己体験の価値葛藤（自己内省）と資料中の主人公の間接体験の価値葛藤（他者理解）についての検討が位置づけられている。ここで，理解しやすいように具体例を示す。例えば，指導のねらいが「責任感」だとすれば，導入の学習目的の自覚を図る場面では（人間は神と動物の中間者であることから理想は求めてもなかなか実現が難しいことを考えると）「責任を果たすことが難しいのはなぜでしょう？」などと問うことが考えられる。次に，展開の前段では「責任感」に関わって自己が直面した価値葛藤の場を克服していった道徳的体験を想起させて，道徳的問題意識を掘り起こし道徳的向上へつなげていく。このことで，次の資料中の他者体験の理解が深まっていく。展開中段では資料中の主人公の価値葛藤を追体験することで，そこに横たわる問題点について考察し道徳的価値を追求把握していく。さらに，展開後段では，主人公の道徳的体験を自分のこととして捉えることと自己体験の内省による道徳的問題意識との相互の浸透を図ることで道徳性が高まっていくとしている。最後の終結の段階では，道徳的価値を生活の中に生かしていくよう意欲化を図っていくことになる。

〈参考文献〉

・(1)平野武夫『道徳授業の力動的展開原理』関西道徳教育研究会1964　p.99，(2)現代道徳教育研究会『道徳教育の授業理論　十大主張とその展開』明治図書1981　p.68，(3)上掲書(2)p.71

（富岡　栄）

87　新価値主義論

基本的な押さえ

　新価値主義論は，道徳の時間特設当初から道徳教育の発展に大きく寄与した大学教官であった宮田丈夫氏が提唱した道徳授業論である。

　宮田が活躍した時代は，道徳の時間の黎明期であったこともあり，種々の授業論が提唱された時代であった。そのような中で，宮田は道徳の時間の指導の在り方を生活指導主義道徳教育論，生活主義道徳教育論，価値主義論と分類した上で，それぞれには長所もあるが課題もあると指摘した。そして，これらの課題を克服するために発展的な指導の在り方として示したのが新価値主義論である。

　生活主義道徳教育論は倫理学上の実質主義につながり，日常生活における問題解決に終始してより高い価値を目指すことは少ない。これに対し価値主義論は倫理学上の形式主義に結びついてより高い価値を目指すが，道徳問題を解決する力はあまりない。双方には長所も課題もあるので，生活主義道徳教育論，価値主義論を止揚する第三の立場として，新価値主義論を提唱したと説明している。

生活指導主義道徳教育論

　道徳の時間特設当初は，道徳の時間に対する抵抗論があったり教材が十分に整備されていなかったりして混乱期であったといえるが，授業はおよそ４つのタイプに分けることができる。[1]第一のタイプは学級会の延長として行っているタイプである。道徳の時間を週時程に配置することに抵抗感があり，内容項目に関わる指導とは無関係にこれまで行われてきた学級会をそのまま据え置きにするものである。第二のタイプは，道徳の時間は時間表に明示するとしても生活指導的発想で指導しようとするタイプである。例えば「私たちのクラスを楽しい学級にしていくにはどうすればよいだろう」のように進められる授業である。第三のタイプは，社会科の発想で指導していくものである。道徳の時間が特設される以前は，社会科の一部で道徳が行われてきたため，それを踏襲するものと考えられる。第四のタイプは，自由な中で話し合いの雰囲気をつくり内容項目に含まれている価値を育んでいこうとする指導である。

生活主義道徳教育論

　昭和33年に告示された学習指導要領により道徳の時間は特設されることになったが，各教科等の全面実施は小学校が昭和36年度から，中学校は昭和37年度からであった。この改訂により学級（会）活動（小学校は学級会活動，中学校は学級活動）の内容が明示され，道徳の時間との両方を学級担任が行う中で，それぞれの特質に応じた指導が行われていくようになり，道徳の時間では生活問題を主と

する指導が始まったとしている。例えば，「他人から借りた本を破ってしまったときはどうするか」のような話題が取り上げられ議論されていた。この指導過程の典型例として「問題を意識する段階（意識化），問題を分析する段階（明確化），問題を追求する段階（概念化），問題を解決する段階（態度化）の四段階」[2]が普及したと述べている。

価値主義論

「学校における道徳教育の充実方策について」の答申（昭和38年）の中で，これまでの道徳教育の分析がなされ，課題点として，指導理念が明確に把握されていないこと，学校や地域によって取り組み方に格差があること，資料の選定に困難をきたしていることなどが指摘された。この答申で，道徳の時間における研究と実践は大きく変わったと宮田は述べている。これを期に，生活主義道徳教育論に見られるような日常の道徳的な問題を解決しようとするより，道徳的価値の理解に重点が置かれるようになったのである。このように道徳的価値を理解させることが目指されるようになると，道徳的価値を理解把握するための適切な資料が選ばれるようになってきた。資料の重要性が増す中で，資料中にどのような価値が含まれているか，その価値の構造化を図っていくことが大切だとしている。

新価値主義道徳授業の特質

宮田は，新価値主義道徳授業の特質として，子どもの抱えている道徳的問題を内包した主題を設定すべきだと主張している。具体例として，子どもがキャッチボールをしていて隣家の窓ガラスを割った例を挙げている。[3]子どもは，授業では過ちは謝るべきで，許される（寛容）べきだと学習していたので，隣家のおじさんに謝った。ところが，許されるどころか，おじさんにひどく叱られてしまった。これは，先生の授業が間違っているのか，おじさんに間違いがあるのか，これは子どもにとって未解決の問題である。このような問題の解決を図りながら，正直や寛容という道徳的価値の理解を深めようとするところに新価値主義道徳の姿が見られるというのである。

また，授業について「生活−資料−生活」がモデル的な方式であるとしながらも，「生活−資料」「資料−生活」の方法，「生活」だけを語り合う授業もあれば，「資料」だけで授業が終わる場合もあるとしている。これにより，マンネリ化を防ぐことができる。そして，道徳授業の事後指導を通して実践指導を行うということになれば，その効果は大きく，この点への着眼を重大視したいと述べている。

〈参考文献〉

・(1)宮田丈夫『教育の現代化と道徳教育』明治図書1968　p.11，(2)宮田丈夫『宮田丈夫著作選集（道徳編）』ぎょうせい1975　p.95，(3)現代道徳教育研究会『道徳教育の授業理論　十大主張とその展開』明治図書1981　p.104

（富岡　栄）

様々な指導法

88 道徳的価値の一般化

基本的な押さえ

　道徳的価値の一般化は，青木孝頼氏がその考え方を整理し広く知られるようになった用語である。青木は，道徳の時間特設当初から道徳教育に関わり，小学校道徳教科調査官を務め視学官も歴任した人物であり，青木の考え方は現在の道徳科の指導過程の在り方にも大きな影響を与えている。道徳的価値の一般化は，略して価値の一般化とも表現されている。

　道徳的価値の一般化を理解するには，各教科の学習で考えるとわかりやすい。一般化を別の言葉でいえば応用化という言葉になる。各教科では１時間の学習の中にこの応用化が位置づけられている。例えば，算数科において縦２cm と横３cm の長方形の面積を求める指導を行った後に，いくつかの長方形を示し学習していく。すると，具体的なものを学習していくことで，長方形の面積は縦×横の計算式で求められることがわかる。これが応用化であり，一般化である。道徳の時間においても同様の考えであり，道徳授業において，ねらいとする道徳的価値の自覚を図るためには価値の一般化が必要になってくる。子どもたちが教材を通して把握した価値を現在及び将来にわたる自己の生活に生かすようにしていくのである。つまり，道徳的価値の一般化とは，道徳授業で学んだ道徳的価値を教材中の特定場面だけで納得し理解するのではなく，自分や自分の生活に広げて考えていくことである。

指導過程

　道徳的価値の一般化を理解するには，青木の指導過程についての考え方を把握する必要があると思われるのでその概略を示す。１時間の指導過程の各段階やその役割については次の通りである。[1]

段階	役　　　割
導入	ねらいとする価値への方向づけ
展開前段	ねらいとする価値の，中心資料における追求・把握
展開後段	ねらいとする価値の一般化の工夫
終末	ねらいとする価値についての整理・まとめ

【導入】

　この段階については「これは，一，二分あるいは二，三分しか取れません」[2]と，簡単にすませることを述べている。例えば，ねらいとする道徳的価値が「きまりの尊重」だとすれば，「今日は，きまりについて，みんなで考えてみよう」と投げかける程度と説明している。このような方法をとるのは，短時間でねらいとする道徳的価値に意識が向かうようにするためである。よりよい資料といわれるものほど，多くの道徳的価値が含まれている。導入において特にねらいに関わ

様々な指導法

る投げかけもせず資料読後に子どもたちに感想を求めれば，資料中に含まれているいろいろな価値についての発言があるであろう。すると，ねらいとする価値に意識が向かわないため深まりが見られず道徳的価値の自覚に至らない授業になってしまう。子どもたちの思考が拡散せずねらいとする道徳的価値へ意識が向かう端的な導入が大切だとしている。

【展開前段】

　学習指導要領解説では，指導過程は導入，展開，終末の三段階で区分されるとしており，展開前段や展開後段の表記は見られない。しかしながら，この展開前段や展開後段は一般的に認知されている用語であると思われる。

　展開前段では，資料を用いて，ねらいとする道徳的価値を追求，把握していくことになる。指導過程を4つに区分した展開前段では，1時間の7割程度をこの段階にあてるとしている。よって，小学校では30〜35分，中学校では最大40分くらい使われることもある。この段階では，資料を中心に話し合って，ねらいに含まれる道徳的価値を把握していく。そして，ねらいとする道徳的価値についての様々な価値観を引き出すことになる。

【展開後段】

　この段階で道徳的価値の一般化を図っていくことになる。展開後段の指導については「『資料は終わり。』と言って，資料を裏返しにさせたり，閉じさせたり，かたづけさせるとよいでしょう。そして，『さあ，こんどは，自分のことを考えてみましょう。』というのです」[3]と説明している。価値の一般化には，資料の特定条件から離れることが大切だと力説する。費やす時間は5〜8分程度。青木は展開後段の価値の一般化を図る際に原則として2つの発問が必要だとしている。第一の発問はねらいとする道徳的価値に照らして日頃の自分を振り返らせるための発問，第二の発問は現在の自分の価値観を自覚させるための発問である。具体例を示すと，ねらいが礼儀だったとすれば，第一の発問は「礼儀がきちんとできた経験」や「礼儀を怠ってしまった経験」を問い，第二の発問は「これまでの自分は礼儀についてどうであったか」を問う。そして，この問いに対する回答を類型化[4]していくことで道徳的価値の自覚を図っていくことになる。

【終末】

　この段階にあてられる時間は2〜3分程度とし，教師の説話や体験談，ことわざや格言でまとめたり，作文や手紙の一節を読んだりするなどして，簡潔で感銘深いものとしてまとめるとしている。

〈参考文献〉

・(1)青木孝頼『講座　創造的道徳指導1巻』明治図書1972　p.19，(2)青木孝頼『道徳でこころを育てる先生』図書文化社1990　p.54，(3)上掲書(2) p.74，(4)本書「道徳資料の活用類型，価値観の類型」を参照

（富岡　栄）

様々な指導法

89　道徳資料の活用類型，価値観の類型

基本的な押さえ

道徳資料の活用類型，価値観の類型は，青木孝頼氏提唱の考え方である。

道徳資料の活用類型とは，同じ１つの資料を授業者がどのように扱うかという活用の仕方の分類である。したがって，感動的な資料や葛藤的な資料というように資料の特徴に視点をあてて分類するわけではない。あくまでも，１つの資料について授業者がどのような扱いをするのかということを意味している。

価値観の類型とは，発問に対する子どもたちの回答を板書する際などに，発言を単に羅列的に示すのではなく，ねらいとする価値に関わって価値観をいくつかの段階に想定し，それに応じて子どもたちの発言を分類整理していく考え方である。発問の回答について４つほどの価値観を想定し，子どもたちの発言をその価値観のもとに分類していくのである。

道徳資料の活用類型

１つの資料をどのように扱うかという活用類型提唱のきっかけは，同じ資料で授業を行っても発問等を含め授業の展開が異なっていたことにある。そして，この提案の趣旨には，主題との関わりや子どもの実態などでもっとも効果的であると思われる活用法の検討の願いがこめられている。青木はこの活用類型を４つにまとめている。以下に各類型の説明とそ

の類型に特徴づけられる発問例を示す。

①共感的な活用

子どもたちを主人公になりきらせて想像させ，自分の価値観に基づく判断や心情を主人公に託して語らせる方法。

発問例：「主人公はこのときどんな気持ちだったのだろうか」「主人公はどんなことを考えているのだろうか」

②範例的な活用

主人公などが行った道徳的行為を，子どもたちに１つの模範例として受け取らせたり，その行為に含まれる道徳的価値を十分に理解させたり感じ取らせたりする意図で資料を活用する方法。

発問例：「主人公はどんな点で立派であったのか」「主人公のどんな点を手本とすればよいのか」

③批判的活用

資料中の主人公などの行為や考え方を子どもたちに批判させ，お互いの意見について話し合わせることを通して，ねらいに関わる道徳的な考え方，見方を深めさせる意図で資料を活用する方法。

発問例：「主人公のしたことをどう思うか」「どうして，そのように思うのか」

④感動的な活用

資料のもつ感動性を特に重視し，なぜこのように自分は感動したのか，なぜ友達は感動したのかを追求させることに重点を置く方法。

発問例：「もっとも心を動かされたとこ

ろはどこか」「なぜそこに，自分は心を
動かされたのだろうか」

このように1つの資料に対して活用類
型を考えることで，その資料に対するも
っとも効果的な方法を見出すことができ
る。また，活用類型は指導方法の幅を広
げることにつながり，指導方法の硬直化
を防ぐことにも効果がある。

価値観の類型

価値観の類型の考え方は，中心発問に
対して子どもたちの発言を分類したり整
理したりするにはどのような方法が効果
的であるかを検討していく中で生まれた
ものである。手法としては，基本的には
高い価値観であるAから順にB，Cとし，
一番低い価値観Dの順に4つの価値観を
設定し，子どもたちの価値観を分類して
いく。もちろん，この価値観の類型は，
展開前段における資料との関わりにおけ
る中心発問でも，また，展開後段におけ
るねらいとする価値の自覚を促す発問に
おいても活用することができる。前者を
「資料活用における類型」と呼び，後者
を「一般化の類型」と呼んでいる。

青木は全ての内容項目について小学校
の低・中・高学年ごとに類型化のモデル
を示している。一例として小学校高学年
の「生命尊重」の一般化に関する価値観
の四類型を紹介する。[1]

A：生命の尊さを知り，進んで自他の生
　　命を尊重する

B：生命の尊さまでは気づいていないが，
　　自他の生命を大切にする

C：生命の尊さに気づかず，自他の生命
　　を大切にする気持ちが十分ではない

D：生命の尊さへの関心が薄い

当然のことながら，これをそのまま板
書しなければならないということではな
く，教師はこのような類型を踏まえ教材
との関わりで子どもに価値観の違いがわ
かるように分類整理し板書していくこと
が求められる。

価値観の類型の考え方の出発点は中心
発問に対する整理分類を意図したものだ
が，これを活用していくと，事前や時中
や評価までも幅広く以下の効果が期待で
きると説明している。[2]

❶授業前での子どもの道徳性の実態（ね
　らいとする価値に関わる実態）を把握
　する上で役立つ

❷展開前段での資料活用において，中心
　発問に対する子どもの発言を効果的に
　整理・分類することに役立つ

❸展開後段での価値の一般化を図るとき
　に，子どもに自分の価値観を自覚させ
　ることに役立つ

❹導入から終末までの全ての段階におい
　て，意図的な指名を効果的に行うこと
　に役立つ

❺授業後において子ども一人一人の価値
　観の自覚が図られたかどうかの評価に
　も役立つ

〈参考文献〉

・(1)青木孝頼『道徳授業の基本構想』ぶ
んけい1995　p.169，(2)青木孝頼『授業
に生かす価値観の類型』明治図書1990
p.10　　　　　　　　　　　（富岡　栄）

様々な指導法

基本的な押さえ

　資料即生活論とは井上治郎氏が提唱した授業理論である。井上は，昭和40年代から50年代のはじめにかけて文部省の中学校道徳の教科調査官を務め，その後大学教授となった人物である。

　井上は，資料即生活論について「道徳の授業は〈資料を教える〉ことに徹するべきだと考えている」[1]と説明している。その当時，井上の提唱する〈資料を教える〉と，もう一方の〈資料で教える〉の考え方の間で，〈を〉か〈で〉かで激しい論争があった。〈資料で教える〉の道徳授業の基本的な流れは「生活から入り⇒資料から道徳的価値を学び⇒生活に戻す」のであるのに対して，井上の考えは生活の場面を切り離して，井上の言葉でいえば資料の骨までしゃぶらせることであり，あくまでも資料から学ぶことを大切にしたのである。この授業理論の提唱には２つの願いがこめられており，その願いこそが提唱の源泉であったといえる。１つは道徳的価値や徳目を教える授業になることに対する拒否感である。井上は〈資料で教える〉ことに対して次のように疑義を呈している。〈資料で教える〉には，暗黙のうちに〈……を〉が想定されているはずであり，この〈……〉部分に入る言葉は当然のこととして徳目や道徳的価値となるはずである。すると，そのような授業展開では教え込みになってしまうと説明している。このように徳目や道徳的価値の教え込みに拒否感を抱く背景には戦前の修身が徳目の教え込みであったとすることに対する井上なりの反省があったからだと思われる。そして，もう１つは資料の重要性を認識してほしいということである。井上は，資料そのものを教えるからこそ，道徳授業に用いる資料は十分に吟味されたものが必要だとしており，自作資料の開発をすすめている。

指導過程

　井上が道徳の時間をどのように考えていたのかは，次の一文で理解できよう。「道徳の時間は，子どもたちが現にもちあわせている人それぞれの〈道徳〉を，おのずとふり返り，見なおす効果をもつような時間として運用されるべきだと考えている」[2]と述べている。人は日常生活の中で道徳的な問題に直面したときに，自分のもっている判断基準に照らしてその問題を処理していく。この判断基準こそが，人それぞれの〈道徳〉である。そして，人それぞれの〈道徳〉を育んでいくことが道徳の時間の使命なのである。さらに，学級で友達との話し合いを行い，その結果として培われた人それぞれの〈道徳〉が，これからの生活の中で出会う様々な道徳的問題によりよく対処してくれるであろうことを願いつつ授業実践

をしていくことが大切だと説明している。

　では，具体的に井上は道徳授業をどのように考えていたのであろうか。井上の主張する資料即生活論に基づく指導過程[3]の概略は以下の通りである。

導入	資料を与え，その内容をつかませる	
展開	第1段階	初発の感想を出し合わせる
	第2段階	共通の問題意識をもたせる
	第3段階	前半部と後半部に分けて，話し合いをさせる
終末	話し合いをまとめ，学んだところを確認させて締めくくる	

資料

　井上は，〈資料を教える〉立場から資料を重視しており，資料の自作をすすめている。自作資料を開発する際のポイントとしては，事実を書くことや終わりまで書ききること，また，問題場面の状況設定を入念に書くことが大切だとしている。さらに，資料について同質性，異質性という視点から分析しており，同質性のある資料を使用すべきだと述べている。同質性のある資料とは，主人公と同じ生活経験を持ち合わせていなくても似たような言動や考え方が示されており，心の弱さが表出したり失敗があったりするような子どもたちにとって心理的に距離の近い資料である。一方で，異質性のある資料とは，資料中の主人公に対してとても同様にふるまったり考えたりすることはできない，立派な行為のみが表されて

いる資料である。資料は，子どもたちの生活に密着したより具体的な同質性のある資料を使用すべきだとしている。

批判と弁護による授業展開

　井上の授業展開の特徴として，主人公の行動や考え方に対して，子どもからの批判，弁護，あるいは称賛の意見を交流させながら授業を進めていくことが挙げられる。このことについて具体例をもって示す。例えば，主人公の言動に対して批判，弁護の双方の意見が出され展開の後半で批判に傾いたとしよう。このような場合，主人公は批判されることになるが，批判されても批判しきれない部分が残る。その部分は，弁護もされているわけだから一部では道徳的価値を実現しているのであり，子どもたちはそのことに気がつく。このように，資料中の登場人物の言動や生き方の是非を問うことを通して，道徳的価値に気がつき，はからずも人それぞれの〈道徳〉が身についていくのである。

〈参考文献〉
・(1)現代道徳教育研究会『道徳教育の授業理論　十大主張とその展開』明治図書1981　p.15，(2)井上治郎『道徳授業から道徳学習へ』明治図書1991　pp.29－30，(3)行安茂・廣川正昭『戦後道徳教育を築いた人々と21世紀の課題』教育出版2012　p.255

（富岡　栄）

様々な指導法

91 価値の主体的自覚論

基本的な押さえ

　価値の主体的自覚論とは，道徳の時間において道徳的価値を主体的に自覚するということである。これは，小学校道徳教科調査官，視学官を歴任し，道徳の時間の授業論に多大な影響を与えた瀬戸真氏の考え方である。

　瀬戸は道徳的な自律の育成を強調する。道徳的な行為が出現したとしても，他律的な動機ではそれは真の道徳的行為というには不十分で，自律的な動機のもとに望ましい価値を主体的に実現してこそ道徳的だと説明している。例えば，電車内で自分の座っている目の前にお年寄りが来て，座席を譲ったとしよう。一見このことは道徳的行為といえそうだが動機が重要であり，もし，誰かにほめられようとか，担任の先生が見ていたからという動機であれば，それは他律的で道徳的とはいいがたい。自律的に正しく判断してこそ道徳的といえる。

　瀬戸は「道徳的に自律であるためには，自己をみつめ，反省して，望ましい道徳的価値に対して自分はどうあるのか，どう在るべきかを自覚する経験が不可欠の条件となる」[1]と述べている。つまり，道徳的な自律を育むためには，ある道徳的価値を理解，把握し，他人事ではなく自分のこととして捉え，その道徳的価値に照らしてこれまでの自分はどうであったか自問自答することが大切なのである。

　このことを通して，自らの行為選択や決断，意志力が培われていく。このような道徳的価値を一人一人に自覚させることがそれまでの道徳の時間には不足していたのではないかと指摘し，道徳の時間では道徳的価値を主体的に自覚することが必要だとしている。

道徳の時間の捉え方と成立要件

　道徳の時間の捉え方については上述したが，瀬戸はこのことをそれぞれの立場に応じてわかりやすく説明している。「保護者や教育実習生に対しては，『自分をみつめる時間なのです』。教育の経験を持つ人々ならば，『より高められた価値観に照らして，今までの自分はどうであったかをみつめる時間です』。研究を進めている人々には，『道徳的価値を主体的に自覚させる時間です』」[2]と，道徳授業が道徳的価値を主体的に自覚する時間であることを平易に説明している。

　道徳の時間に道徳的価値を主体的に自覚させていくためには2つの要件が充足されていなければならない。まず，第一の要件としてfをFに高めることである。このfとFとの関係について具体例を挙げて説明する。一例として友情について考えれば，常識的な道徳的価値の友情であれば誘われれば一緒に遊ぶような友情観がある。だが，このような友情観をもっていたとするならば，友達が反社会的

な行為をしたときに追従してしまうようなこともありうる。そうしたときに，一時的には友達関係に亀裂が生じるかもしれないが，友の正しさを願い，毅然とした態度がとれるような価値観がFである。まず，第一の要件としては資料を通じて道徳的な価値観を高めていくことである。第二の要件は，第一の要件で高められた価値観に照らして，今までの自分はどうであったかを見つめることが大切であり，今までの事実としての自分，事実としての自分の道徳性に関わる行為の傾向や自分の生き方について目を向け，自分を知ることである。この第一の要件と第二の要件の関係を示したものが下図である。

道徳の時間の２つの要件[3]

指導過程の基本形

【導入】

導入は３つの方法を示している。１つ目は雰囲気づくりであり，これはこれから始める道徳の時間の学習意欲を喚起し子どもたちの気持ちを１つにまとめるのに役立つ。２つ目は資料に関する説明を行うものであり，特に時代背景や語句について説明が必要な場合は行う。３つ目は本時で扱う道徳的価値についての意識づけを行うことである。いずれにせよ，この段階はこの後に続く展開段階をもっ

とも効果的に発展させていくために適切な導入にしていくことが求められる。

【展開】

展開の部分では上述の第一の要件，第二の要件が重要であり，このことを満たしていくことに尽きるとしている。まず，資料を通して友達との意見交流をしながら道徳的価値の追究，把握をし，高められた価値観Fを把握していく。次に，道徳の時間が自己を見つめる時間であることから資料から離れ，その上で高められた価値観Fに照らして，今までの自分はどうだったのだろうか，至らなかった部分があるのではないだろうか，この生き方でよかったのだろうかと自問自答していく。このような過程を通して道徳的価値を主体的に自覚していく。

【終末】

終末は，１時間をまとめたり教師の説話や格言などを示したりすることで，道徳的価値についての関心を継続することが大切だとしている。特に終末で避けたいこととして，行為に結びつけることや決意表明を強いることを挙げている。このようなことは道徳の時間の特質を生かすことにはならず，学級における生活指導となってしまう。

〈参考文献〉

・(1)瀬戸真『道徳教育の改善と課題』国土社1989　p.47，(2)瀬戸真『新道徳教育実践講座１　自己をみつめる』教育開発研究所1986　p.11，(3)上掲書(2)p.14

（富岡　栄）

92　総合単元的な道徳学習

基本的な押さえ

　押谷由夫氏が提唱した総合単元的な道徳学習は，子どもを主体に据えた学びの場の確保であり，子どもを中心とした視点に応える学習である。子どもを主体とした道徳学習を展開するには，「特別の教科　道徳」（以下，道徳科）を要としながら，その前後を含めて道徳学習が発展的に展開されていく必要がある。本来の道徳科の役割はそのまま大切にして，その前後で子どもたちが主体的に関わる道徳学習を計画し，それらの一連のプロセスを道徳学習と考え，子どもたちが進んで学習していくための支援の在り方を探っていくことが総合単元的な道徳学習である。

道徳授業相互関連と発展的な指導

　単発的，孤立的な道徳授業から脱皮するためには，より拓かれた道徳授業を目指す必要がある。そのために各学年の内容項目について２学年間を見通した重点的な指導を計画することが求められる。

　例えば，小学校３年生で「尊敬・感謝」を重点的に取り上げ，複数時間を配当した場合に，道徳科の授業相互の関連を図り，３回連続のシリーズで「尊敬・感謝の心」を深める総合単元的な道徳学習を構想していくことが考えられる。

【第一次】主題名　先人や偉人を尊ぶ心
〈ねらい〉世の中に尽くした人々を尊敬し，感謝しようとする気持ちを育成する。

【第二次】主題名　高齢者を敬う心
〈ねらい〉第一次で高めた，尊敬・感謝の念を身近な人物，特に地域の高齢者に向けられるようにする。

【第三次】主題名　生活を支える人への感謝
〈ねらい〉第二次で扱った身近な人からさらに視野を広げて日常の生活を支える見えない部分にまで感謝の対象を広げる。

　道徳授業相互の関連を図り，より広がりと深まりのある道徳授業を行うためには，特に複数時間配当に関して年間指導計画を次の視点から見直すことが大切である。「より高い価値へと発展しているか」「価値を実現しようとする範囲に広がりが見られるか」「ねらいとしての道徳性の様相に変化が見られるか」「他の価値を関連，複合させ，より広がりのあるものになっているか」「ねらいとする価値の構成要素を分析して，具体的なものになっているか」「複数の内容項目を有機的に関連させているか」

　教科化に伴い検定教科書の使用義務があるため，年間指導計画の見直しは簡単ではない。教材の配列を変えて内容で漏れや抜けがないよう細心の配慮とPDCAのサイクルを回すことが求められる。

他の教育活動との響き合いを重視

　道徳授業を拓くために道徳科では次の

2点を重視したい。第一には，各教科や特別活動，総合的な学習の時間，外国語活動等の年間指導計画をもとに，道徳科の主題に関わって関連の深い教育活動を抽出する必要があること。第二には，抽出した教育活動を指導の時間を考慮して，道徳科の事前・事後の学習として位置づけていく必要があること。子どもが課題意識をもち解決していく見通しがもてるよう支援していくことが大切である。

いじめ問題と総合単元的な道徳学習

　小学校高学年において，いじめ問題をテーマに総合単元的な道徳学習を構想してみる。例えば，学級活動で「いじめのない学級にしていく」ためには何が必要かを考えて，具体的な行動目標をつくる。次に体育科の保健領域の指導において，心の発達について取り上げる。いじめの問題は，人間としてよりよく生きていく上で重要な課題であり，いじめにどう対処し越えていくかが自らの課題であることを自覚できるようにする。その観点から自らの生活を見つめ直し，総合的な学習の時間を使って新聞づくりを行う。グループごとに今までの学習を振り返りながら，「いじめのない楽しい学級をつくろう」というテーマのもとにアイデアを出し合って，各グループでポスターをつくっていく。さらに，家庭に持ち帰り掲示して家族での話題とする。

　総合単元的な道徳学習のよさは，道徳的な事象について生活との関わりを大切にしながらじっくりと考えることができ

る点である。家族や地域の人々を巻き込みながら取り組むこともできる。総合単元的な道徳学習は，日常生活を通して，より主体的に自己形成を図っていけるようにする学習であるといえよう。

教科化後の留意点

　道徳が教科化した後の総合単元的な道徳学習を実践する際の留意点を確認する。

　第一に，検定教科書を基盤に作成された年間指導計画は，各教科・領域等の年間指導計画との関連性をよく考える必要がある。検定教科書は4月から3月の季節性や他教科との関連を教材の目次で工夫した編集になっている。教材を動かしたことにより，指導内容に漏れや抜けがないように十分に配慮したい。第二に，評価においては所見で学習活動の様子を通知表に示す等を行うが，連関させた総合的な学習の時間等の所見とも重なるので予め検討しておく必要がある。第三に，主体的・対話的で深い学びが総合単元的な道徳学習でどのように実践されているか，どの部分で多面的・多角的な見方ができるようになっているか，思考力・判断力・表現力を育成する学習はどこに位置づけられているかを確認したい。

〈参考文献〉
・広瀬仁郎「総合単元的道徳授業　道徳の時間を要に広がりのある道徳学習を」『道徳教育　2000年5月号』明治図書，押谷由美「様々な指導法に関わる重要用語　50　総合単元的な道徳」『道徳教育2018年12月号』明治図書　　（東風安生）

93 構造化方式

基本的な押さえ

　「構造化方式」を提案した金井肇氏（元大妻大学教授，元文部省初等中等教育局視学官）は，この方式によって「明るく楽しい授業をつくることができる」と述べている。「明るく楽しい」と「構造化方式」の対照的な組み合わせが印象的である。その特徴を一言で述べるなら，「道徳的価値の自覚に焦点を当て，個による道徳的価値形成（気づき）の違いを認める道徳授業」である。次に「構造化方式」の特色について詳しく述べる。

「筋道」を明確にした道徳授業①

　「構造化方式」では，「道徳性育成の筋道」を明確化している。ここでいう「筋道」とは，「個々の子どもたちが内面に道徳的価値を獲得し集積される過程」のことである。つまり，道徳的価値の獲得や自覚，大切にする価値は，一人一人違っているという前提で授業を行うのである。例えば，有名な教材「手品師」の授業では，関連する道徳的価値が複数ある。「友情，信頼」「思いやり」「明朗誠実」「規則の尊重」「向上心」などである。これらの価値の中から子どもが各自獲得し大切にするものは異なるし，教師も１つの道徳的価値に集約することなく「違う」ことを尊重する。

　このように価値の獲得や尊重する順序は一人一人異なり，心の中でその人なり

に構造化され，個性的な価値体系をつくると考え，「構造化方式」と名づけたのである。（金井氏は，これを大きな三角形の枠に小さな○の形をした道徳的価値が入っていくモデルで示している）

「筋道」を明確にした道徳授業②

　次は，子どもが「道徳的価値を獲得できるような筋道を明確にしている」ことである。このときの「筋道」は，「発問によってつくり出された価値の自覚」と言い換えることができる。金井氏は「全ての子どもが価値を簡単に自覚することはできない。道徳的価値と人間の自然性（子どもの現実）が異なるとき，子どもは心の綱引きをしているから」と述べている。

　例えば，買い物をして釣り銭を多くもらったとき，「正直に返す（正直，誠実）」と「ほしい（人間として自然性，子どもの現実・欲）」とで心の葛藤が生じる。このような人間としての自然性を否定するのではなく，そう思う気持ちも受け止め，道徳的価値との調整を図ろうとする子どもの思い（過程や道筋）が示されるような発問を工夫するのである。

　この道徳的価値と人間の自然性との関わりを５つの側面から整理している。
①人間のもつ弱さ・醜さの側面に関わる価値の自覚
②人間のもつ気高さの側面に関わる価値

の自覚

③人間のもつ道徳的価値を直接に求める
　側面に関わる価値の自覚
④人間の有限性に関わる価値の自覚
⑤感動する側面に関わる価値の自覚

無理のない，心の動きに沿った道徳授業

　構造化方式では，道徳的価値の獲得や
自覚を大切にしているので，行為につい
ては重視していない。安易な実践を期待
せず，道徳的価値が自覚されれば，自然
に行動も伴ってくると考えている。

　このように，「構造化方式」は，道徳
的価値の自覚は個々によって異なるので
押しつけない，人間としての自然性（現
実や欲望）を尊重するので人間としての
弱さも認める，早急な実践を要求しない，
といった「無理のない道徳授業」が展開
できるのである。また，子どもの思いや
考えを受け止め，子どもに寄り添った授
業を展開できるので，子どもにとっても
明るく楽しい授業である。

構造化方式の授業例

　6年生の発達段階や特性を生かす指導
である。
〈教材〉先生からの手紙（光文書院）
〈教材の概要〉明子は，発表が苦手で苦
痛に感じていたが，先生にすすめられる
まま発表会に参加する。すると，堂々と
した発表で優秀賞を獲得する。自分のよ
さを見つけた瞬間である。イラストが得
意であった正雄もまたコンクールに応募
するが，落選してしまう。しかし，自分

の好きなものをかき続けることが自分の
よさであることに気づき，かき続ける。
二人を支えたのは，中学年のときの先生
の手紙であった。
〈授業の様子〉6年生になると，自分の
ことを認めてもらいたいけれど恥ずかし
さもあり，世間体や友達の目が気になり
だし，自分のよさを見つけたり，表現し
たりできなくなってくる。このような姿
は，発達段階から見ても，どの6年生も
少なからず抱くものである。

　そこで，授業では，明子や正雄の悩み
や気持ちに共感させていく。そして，常
に不安を抱える今の自分と重ね合わせる。
その後，二人の力となった原動力を考え
させていった。子どもからは，「希望や
夢」「向上心」「自信」「先生からの励ま
し」など多くの意見が出された。子ども
は，明子と正雄に自分を重ね合わせなが
ら，やり遂げる力の源（道徳的価値）を
思い思いに考え，発表していた。多い子
は3つ以上の価値を挙げた。どれが正解
というものではなく，各自が獲得した価
値であり，終末では，自分を大切にして
いくことを伝え合った。

　子どもの気づきや道徳性の育ちには違
いがあるが，自分らしい道徳的価値に気
づいたことで，晴れ晴れとした表情にな
っていったのである。

〈参考文献〉

・金井肇『道徳授業の基本構造理論』明
治図書1996，金井肇『明るく楽しい構造
化方式の道徳授業　小学校・高学年編』
明治図書2000　　　（尾身浩光）

様々な指導法

195

94 統合的道徳教育

基本的な押さえ

　統合的道徳教育は，複数時間で道徳授業を展開する実践であり，金沢工業大学名誉教授の伊藤啓一が2000年頃に提唱したものである。統合的道徳教育では，授業を「A型」（伝達・納得型）と「B型」（受容・創造型）の2つに分け，両型を組み入れたプログラムを構成する。2つに分けることによって，授業の目的が明確になり，同時にバランスを考慮したプログラム構成が容易になる。これらのプログラム全体で子どもの道徳性を育む教育である。

統合的プログラム背景① 米国の研究

　統合的道徳教育はアメリカの道徳教育の研究から導き出されたものである。道徳的価値「伝達すること」と「創造すること」の統合を目的とするものといえる。アメリカの道徳教育には，2つの大きな流れがある。1つは，本質主義の流れを汲む伝統的な道徳教育「品性教育」である。もう1つは進歩主義の流れを汲む価値教育である。中でも，教育現場に広く受け入れられたのが「価値の明確化」とコールバーグの「認知発達理論に基づく道徳教育」である。両者の共通点は子どもの主体的な価値に関わる表現や判断を重視する点である。ここに統合的道徳教育に必要不可欠な「子どもに道徳的価値を伝達すること」と「子どもの道徳的批判力・創造力を育成すること」の観点があるとしてその統合を目指している。

統合的プログラム背景② 日本的発想

　統合的道徳教育は，「啐啄同時」（碧巌録）をもって教育作用の理想としている。つまり，子どもの成長しようとする意志と，指導者の適切な指導・助言がこれ以上ないタイミングで行われたときに，理想的な教育場面が形成されていると考える。「啐啄同時」は，教育の目的でもあるが，同時に「教えること」と「育つこと」のバランスの必要性が大切であるという教育の基本を伝えている。伊藤は，この教育のベースに江戸時代の儒学者・伊藤仁斎の人間学があるという。例えば，仁斎は道徳が身近な日常生活にあることを強調し，こうした道徳教育はわかりやすいものでなければならないとしている。道徳は万人が行うべきものである以上，「知り易きもの」でなければならず，新人かベテランかを問わず教師の誰もが実践できる道徳教育が求められているとしている。

道徳授業の2つの型

　統合的道徳教育では授業を「A型」（伝達・納得型）と「B型」（受容・創造型）の2つに分け，両型を組み入れたプログラムを構成した。「A型」は，ねらいとする道徳的価値を教えることを第一

主義とする授業である。「B型」は，子どもの個性的・主体的な価値表現や価値判断の受容を第一主義とする授業である。2つに分けることによって，授業の目的が明確になり，同時にバランスを考慮したプログラム構成が容易になる。「A型」の場合でも，できる限り子どもの価値観を尊重し，主体的な道徳学習の場を設定する。ただし，第一は「ねらい」とする価値を教える（内面化）ことである。逆に「B型」の場合は，授業の結果として価値内容の深まりを期待するが，子どもの主体的な価値表現の活用や価値判断の活動を優先する。A型・B型の両方から多時間扱いの単元として多面的にアプローチを考えることができる。

統合的道徳教育の実際

例えば，A型の授業で「人が困っているときは手を差し伸べる」という親切について学んだとする。しかし，状況や場面によっては手を差し伸べることが必ずしも親切とは限らない。そこで「見守ることも親切ではないのか」ということについてB型の授業で考え，子どもたちの思いを受け止めるようにする。そして，2コマ目のB型授業の終末段階で「自分だったら手を差し伸べるだろうか」について考え，子どもたちが最終的な判断をできるようにする。子どもが主役の授業を実践するために「B型」の授業で子どもなりの価値観を表現し，最終的な価値判断ができるようにするプロセスを大切にした多時間扱いの授業である。

統合的道徳教育の目指すところ

統合的道徳教育は「批判的吟味」と「自己決定」を重視している。「批判的吟味」は，道徳的価値について否定的に見るということではない。「本当に○○でよいのだろうか」「必ずしも△△ばかりがよいとは限らないのではないか」という考え方である。こうした考え方ができるように学習を進めることで，あらゆる状況において自分で判断し，行動できる道徳的判断力を高めていく。また「自己決定」は，2つの道徳的価値がぶつかり合うとき（例；「誠実な行動が大切なのか」，それとも「友情を重視することが大切なのか」）に，自分だったらどうするのかを最終的に自分で判断できるということである。ぶつかり合い，葛藤するそれぞれの道徳的価値について，それぞれのよさとその場面や状況ではマッチしないことを俯瞰的に見る力が求められている。

伊藤の統合的道徳教育は，「A型」授業で道徳的価値のよさや場合によってはふさわしくない点を「伝達・納得」型で学び，最終的に自分ならどうするかを「B型」授業で「受容・創造」していくことで，より深い学びが可能であると提唱した。

〈参考文献〉
・伊藤啓一「統合的プログラムによる道徳授業 『伝達』『創造』二方向から追求する授業」『道徳教育 2000年5月号』明治図書

（東風安生）

95 価値の明確化

基本的な押さえ

「価値の明確化（Values Clarification）」は1970年代から1980年代にかけてアメリカの道徳教育において大きな影響を及ぼしたアプローチである。「品性（人格）教育（Character Education）」やコールバーグ（L.Kohlberg）の「道徳性発達理論」と並んで注目された理論である。

「品格教育」は「よい品性をもつ市民」の育成を目指して美徳の内面化を図り、コールバーグがピアジェ（J.Piaget）の発達理論をもとに、道徳性の認知的側面、道徳的判断力を養うことを目指しているのに対して、「価値の明確化」は、人間性心理学（Humanistic Psychology）に基づいており、主体的な気づき（Awareness）とプロセスを大事にするいわば教育相談的アプローチといってよい。「価値の明確化」は「プロセス主義」と絶対的価値はないとする「相対主義」をベースにしている。

日本では、1990年代後半に諸富祥彦氏が導入、日本型の授業を提唱して新たな道徳授業方式として広がった。

「価値の明確化」とは「自己の明確化」である。この「価値」とは、いわゆる道徳的諸価値や徳目とは異なる。「個人が大切にしていることやもの」を指す。「価値の明確化」が目指すものは、自分が何を大切にしているか（価値づけているか）を明確にし、そのことに気づき、自覚的に意識性の高い生き方をしていくことである。

一方、アメリカでは、未熟な子ども自身の価値観を優先させると、賢明な選択ができないとの指摘もある。

「自分づくり」を支援

価値観の多様化と情報社会の中で、諸富（2005）は「これからは自分の生き方を選び取る力や自分の人生を自分でつくり上げていく力が必要である」と指摘している。不透明な時代であるからこそ、「価値の明確化」では主体的自覚的な選択による「自分づくり」を支援している。

「価値の明確化」方式の授業パターン

道徳授業の基本パターンは次の通りである。（「価値のシート」を用いたもの）

> 導入：教材（写真、絵、統計的資料、読み物教材等）を提示して、子どもの思考を刺激する。
> 展開①：1人でじっくり「価値のシート」に取り組ませる。
> 展開②：小グループでの「聴き合い」をさせる。意見をたたかわせるのではなく、それぞれの考えを認め合い、理解し合うことを目的とする。「質問タイム」を設けて相互理解を深め、それぞれが選択した価値を認め合うようにする。
> 展開③：小グループで出た意見を全体で共有する（シェアリング）。多様な考えを知って思考を刺激し、視点の幅を広げさせる。

展開④：再度，「価値のシート」に取り組む。自分が選択したものと選択理由を改めて吟味させる。

終末：授業で「気づいたこと」「感じたこと」「学んだこと」等を「振り返りシート」に記入させる。

「価値のシート」（例）

```
                すてきな友達
                    氏名 _____

 1  あなたはどんな人と友達になりたいですか

 ア．明るい人  イ．ユーモアのある人
 ウ．スポーツのできる人
 エ．テレビゲームが好きな人
 オ．おごってくれる人  カ．勉強ができる人
 キ．困ったときに相談できる人
 ク．そうじを熱心にやる人  ケ．その他

 ①上の項目から自分で３つ選んで順位をつけ，選んだ理由も
   書きましょう
 ②班の友達の考えを聴き合いましょう
 ③最終的な自分で選んだ順位づけをしましょう（①と同じで
   も変わってもかまいません）
```

①自分の考え			②友達の考え		③自分の考え		
順位	項目	理由			順位	項目	理由
1							
2							
3							

```
 2  自分は相手にとってどんな友達になりたいと思いますか
 ┌─────────────────────────────┐
 │                             │
 └─────────────────────────────┘

 3  今日の学習から考えたことを書きましょう
 ┌─────────────────────────────┐
 │                             │
 └─────────────────────────────┘
```

「価値のシート」とは思考活動を刺激する質問項目を含むワークシート（上図）である。発問（問い）についてじっくり考えることで自己理解を深めていく。

「価値の明確化」では自分の内面を見つめるために「書く活動」を重視している。小グループ（三〜四人）での「聴き合い活動」は，相手を攻撃・非難しない対話活動でありカウンセリング理論をベースとしている。「全体でのシェアリング」を通して多様な考えにふれることも重視しており，それらの活動を通して「自分の気づき」を大切にしている。

「価値の明確化」を生かす道徳授業

「価値の明確化」の道徳授業はオープンエンドである。１つの方向に集約するものではない。多様な価値観が尊重される内容を扱った授業が適している。また，読み物教材等と関連させた活用が有効である。例えば，「価値のシート」で「友達」について考えさせたい場合，「泣いた赤おに」や「友のしょうぞう画」等の教材で，「友情，信頼」について学んだ後に実施すると効果的である。

「価値の明確化」道徳授業の課題

お互いの考えを認め合うことが基盤となるため，学級経営の影響を受けやすい。じっくり考え，意見を交流させるため，時間がかかる。教師がファシリテーターとしての役割を理解する必要がある。

〈参考文献〉
・諸富祥彦『道徳授業の革新　「価値の明確化」で生きる力を育てる』明治図書1997，尾高正浩『「価値の明確化」の授業実践』明治図書2006，諸富祥彦『道徳授業の新しいアプローチ10』明治図書2005

（土田雄一）

様々な指導法

96 モラルジレンマ

基本的な押さえ

コールバーグが道徳性発達の研究を行っていた際に用いていた仮説ジレンマ（例えばハインツのジレンマなど）を，道徳の授業で活用できるようにパッケージ化したものをモラルジレンマ授業という。この作業には，荒木紀幸を中心とした道徳性発達研究会（現在は日本道徳性発達実践学会）が大きく貢献している。1980年代後半より，日本でも広く実践されて，教材も多数存在する。

モラルジレンマ教材とは，道徳的価値葛藤（友情と正直，開発と自然愛護，一人の命とみんなの命など）が含まれたオープンエンドの物語であり，物語の結論が描かれていない場合が多い。このモラルジレンマ教材を用いて，子どもの道徳性の発達をねらう授業をモラルジレンマ授業という。モラルジレンマ授業では，モラルジレンマ教材によって，児童生徒の思考に認知的不均衡を生じさせ，よりよい価値の捉え方（均衡化）ができるように他者と議論する中で思考をめぐらせることによって，道徳性が発達する。

なお，モラルジレンマとは，「眠いけれど勉強しなければならない」といった欲求の葛藤，価値・反価値の葛藤ではなく，あくまで2つの価値をめぐって「どうすべきか」を問う道徳的価値についての葛藤である。

モラルジレンマで育成される資質や能力

モラルジレンマ授業は，個人で判断理由づけを考える時間が保障されており，さらにそれをクラス全体でのディスカッションで深め，道徳的価値について多面的・多角的に捉えることが可能となる授業である。2015年に告示された「特別の教科　道徳」の指導において，「考え，議論する道徳」への転換が求められたが，まさにモラルジレンマ授業は「考え，議論する道徳」の1つとして捉えることが可能である。

モラルジレンマ授業の目的は道徳性の発達であり，それはより広く他者の視点を取得した中で（役割取得能力の向上），正義に関する判断の合理性や論理的一貫性を向上させることにつながる。また道徳的価値に焦点を当てて考えるため，道徳的価値に対する理解も深まる。

昨今の教育改革のテーマである「知っている知識をどう使うか」というコンピテンシーの育成に照らし合わせるなら，モラルジレンマ授業は認知能力に基づいた道徳性の発達そのものに働きかけるため，具体的な場面における適応性を育てるということではなく，あらゆる場面においても適応可能な汎用性のある能力を育てることにつながるといえるだろう。

モラルジレンマにおける発問の特徴

モラルジレンマ授業では，主として4

様々な指導法

つの発問が考えられている。それは①役割取得を促していく問い，②行為の結果を類推する問い，③認知的不均衡を促す問い，④道徳的判断を求める問いである。④については「主人公はどうすべきか」という判断理由づけを問う発問であるので，ここでは他の３つに焦点を当てたい。

①役割取得を促していく問い

役割取得とは，端的に示せば他者の立場に立って物事を考えることである。モラルジレンマ授業では，主人公の立場だけではなく，他の登場人物はどう考えているのかなど，様々な立場の人の考え方や主義主張を想像することで，役割取得能力が向上する。

②行為の結果を類推する問い

「もし〜したらどうなるだろうか」という形で，登場人物がその判断に基づいた行為をしたならば，結果的にどういうことが生じるのか，未来を想定して考えさせていくための発問である。

③認知的不均衡を促す問い

児童生徒がある判断に偏った場合や，固定的な考えに固執している場合などに，教師の方から逆の立場の意見やそもそもどういうことかについて問いを発することで，児童生徒の考え方の矛盾や限界などに気づかせていくことをねらっている。

モラルジレンマの授業方法

モラルジレンマ授業は，通常１主題２時間構成で展開される場合が多い。主として１時間目はモラルジレンマ教材の読み取りにあてられ，道徳的価値葛藤がど

こで生じているのか，主人公はどういったことで悩んでいるのか，焦点を明確にする。その上で，「主人公はどうするべきか」という「第一次判断理由づけ」を行う。

２時間目は，それぞれの児童生徒がどのように判断したのかを発表した後に，もう一度自分の判断理由づけを捉え直し，クラス全体でモラルディスカッションに入っていく。この際に，先に示した発問を用いて，ディスカッションを効果的に進めていく。また，道徳的価値に焦点を当てたディスカッションになるように教師は留意する必要がある。

コールバーグらの研究によって，児童生徒は自分の段階の１段階上の考え方を好むという「プラッド効果」が明らかになっている。これを踏まえると，児童生徒の判断理由づけに表れる発達段階を意識しながら，教師は発達を促していくために少し上の発達段階の子どもを意図的に指名するなど，工夫が必要である。

ディスカッションを通じて，最終的にどのように考えるのか，「第二次判断理由づけ」を書いて授業は終わる。

〈参考文献〉
・荒木紀幸『モラルジレンマ授業の教材開発』明治図書1996，荒木紀幸・道徳性発達研究会『モラルジレンマ教材でする白熱討論の道徳授業　小学校編』明治図書2012

（荒木寿友）

様々な指導法

基本的な押さえ

　「授業が盛り上がり，道徳的価値を追求したり，生き方を考えたりしても，いざとなると実践できない子どもが多い」と，多くの教師がジレンマに陥る。しかし，それは，授業の成否によるのではなく，実際の行動をどのようにしたらよいか子どもがわからないからである。

　林泰成氏によって提唱されたモラルスキルトレーニング（以下「Most」とする）は，こうした教師の悩みを解消しようと生まれたプログラムである。道徳授業で学んだことを実践にも活用できるように「道徳的価値を理解しながら，望ましい行為ができる『行動スキル』を獲得する」ような授業を目指している。

他の体験的な活動との比較

　「行動」を意識していることからも，Most は体験的な活動のカテゴリーに入る。体験的な活動には，その他にスキルトレーニングや構成的グループ・エンカウンターなどもある。では，それらとはどのような違いがあるのか。

　1つ目は，行動スキルと道徳的価値が深く関連していることである。単なる行動の仕方を習得させるのではなく，道徳的価値を十分に理解し，正しく行動するということが前提になっている。

　2つ目は，獲得した行動スキルは，汎用性があり様々な場面で使えることを目指している点である。特定の場面や状況だけに通用するスキルではなく，どのような場面でも子どもが自信をもって行動スキルを実践することを目指している。

Most の進め方

　Most の授業では，主として簡単な読み物教材とロールプレイングを使って進める。以下に進め方について紹介する。

【教材を用いて状況や心情の把握，価値の理解と行動目標の決定】

　Most では，教材の中の人物の状況や心情把握に時間を費やさない。できるだけ短めの教材や場面絵などを使って場面の状況把握を行う。教材の状況確認を簡単にすませたら，二人一組になって互いに質問し合うペアインタビューと中心発問による話し合いを行う。友達同士の短い応答の中で，的確に状況や心情を考えたり，道徳的価値を理解したりしていく。また，このペアインタビューは，ロールプレイングをするためのウォーミングアップも兼ねている。したがって，リラックス状態での二人の対話を推奨する。（玩具のマイクを使うなどの工夫も楽しい）

　インタビューを行った後に，授業で獲得してほしい行動スキルと行動目標を確認する。例えば，目標スキルを「無理な命令をする人への注意の仕方」とし，行動目標を決める。①状況や立場の理解，

②善悪の判断，③当事者の顔をしっかりと見る，④大きな声で注意する，⑤その後の対応を考える，などの考えられる行動目標は，授業者と子どもとで必ず確認する。「誰でも，どのような場面でも，適切な行動ができるスキル」を獲得するためである。行動目標を意識すれば，あらゆる場面で望ましい行動がとれる。

【ロールプレイングによる行動スキルの獲得】

　行動スキルは，どのような場面や状況でも発揮できなければならない。特定の場面だけにしか対応できないのでは，行動スキルが獲得されたとはいえない。

　そこで，ロールプレイングする活動は，2つの場面を想定して行う。例えば，最初は「お祭りの日，同級生にお金を貸してと言われ，困っている友達を助ける場面」で，「お金の貸し借りはだめだよ」ときっぱり言えるようロールプレイングをする。

　次に，正義の行為を違った場面でも発揮できるよう，2回目のロールプレイングをする。このときは，ややハードルを高くし，「スポーツクラブの終了後，上級生から後片づけをやっておいてと指示された。そのとき，どのように言うか」といった場面とする。同級生から上級生に変わったことで，さらに大きな勇気が必要になる。

　いきなり2回目の場面を提示し，子どもの考えや行動が整理できないままにロールプレイングをすると混乱することも予想される。そこで，メンタルリハーサ

ルをする。状況を落ち着いて捉え，頭の中でどうしたらよいかをイメージトレーニングするのである。イメージができた後，2回目のロールプレイングに取り組ませる。そして，冷静にどのような場面や状況でも対応できる行動スキルを獲得させる。

【シェアリングによる一般化】

　授業の終末では，シェアリングをする。振り返りシートに気づきを書いたり，感想を言い合ったりして，今後の生活に生かせそうなことを発表させる。授業で獲得した行動スキルを確認するケースもある。この場面で肝要なのは，獲得した行動スキルを「自信をもって実践できる」ことである。そのため，子どもが互いに励まし合うメッセージを送るなどして，笑顔で授業を終える。実践に向けての応援となるような爽やかな終末は，Mostで大切にしているところである。

Most の課題

　Most では，短いながらも2つの教材で考え，2回のロールプレイングを実施するので，時間を費やすことが多い。1単位時間で終了することが困難なときもある。ときには，2時間続きにしたり，教材を予め読んでおいたりするといった工夫も必要である。

〈参考文献〉
・永田繁雄『小学校道徳　指導スキル大全』明治図書2019

（尾身浩光）

様々な指導法

98 ウェビング

基本的な押さえ

「ウェビング」（webbing）とは，「考えを蜘蛛の巣上に広げていく思考方法」である。物事を短い言葉でつなげながら関連づけて考えることができ，拡散的思考を促進する手法である。手軽に活用でき，多面的・多角的に物事を考えることができる汎用性が高い思考ツールである。例えば，中央に作品のテーマなどを置いて，そこからイメージされる関連するものや思い浮かんだものを表現する。総合的な学習の時間のテーマ設定や国語の作文の材料探しなど活用方法は多岐にわたる。すでに多くの教科及び学習活動で活用されている手法である。

「イメージマップ」といわれて活用されることもある。広義には「マッピング（図で考える手法）」の1つである。

「マインドマップ」と呼んで活用する例も見られるが，「マインドマップ」はトニー・ブザンが考案した思考方法で単なる図で表現する方法ではなく，商標登録されている用語であり本来の活用を理解した上で許可を得て用いる必要がある。

道徳授業におけるウェビングの活用

道徳授業において本格的にウェビングを活用した授業を展開したのは土田雄一である。2005年に「サルも人も愛した写真家」（当時：NHK「道徳ドキュメント」）を教材にして主人公の葛藤をウェビングを用いて子どもたちに表現させた。主人公の複雑な心情を短い言葉で両面から書かせたことで子どもたちは多面的・多角的に考えることができ，充実した授業となったことから，道徳授業での活用を提唱している。

ウェビング推奨の理由

当時，土田が「ウェビングの活用」を推奨したのは，子どもたちにとって「道徳の問題場面を他の教科で活用している思考ツールを用いて考えることは自然なことであること」と「汎用性が高く，実生活で活用できること」からである。

現在，ウェビングは，一般的な手法として認知され，授業で活用されているが，発展として，実生活で活用できることにも目を向けさせたいものである。

ウェビングを活用する長所・短所

ウェビングを道徳授業で活用する長所と短所を整理する。

長所：①短い言葉で簡単に表現できる／②様々な角度から考えることができる／③本音が書きやすい／④可視性に優れる／⑤思考のプロセスがわかりやすい／⑥加筆がしやすい／⑦自己評価の材料となる等

短所：①やや時間がかかる／②（教師も子どもも）やり方に慣れる必要がある／③向いていない教材がある等

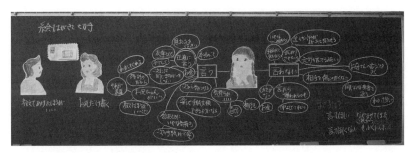

ウェビングを活用した道徳授業の実際

　松田（2008）は，「ウェビングを活用した道徳授業」の実践研究に取り組み，基本的授業構成をまとめている。

①教材提示から問題をつかむ

②自分の考えをウェビング（右図）で表す（両面から考える）

③ウェビングした中から一次決定をする

④全体で話し合い，教師が黒板にウェビングで発表を整理する（児童生徒は加筆可：右図）

⑤ウェビング全体を見渡し，気づかなかった考えやよいと思った意見を話し合う

⑥その行動をとった後の自分の気持ちを考えて，二次決定をする

⑦全体で話し合い，授業を振り返る

　ポイントは問題に対して両面（「賛成」と「反対」等）から考えさせることである（右図）。拡散した思考をねらいに向けて深めるために「発問」が必要となる。例えば，「どの選択が終わった後に自分も周りもすっきりするでしょう」等，考えるポイントを絞るとよい。

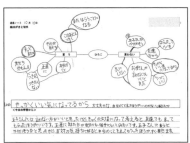

　板書（上図）は，様々な視点から問題を考えた内容ごとにエリアを決めて書くとよい。エリア（カテゴリー）にまとめると思考の整理にもなる。

　松田によれば，ウェビングを活用した道徳授業により，他の尺度に比べ「内面形成」（思いやり）が向上したという。

〈参考文献〉

・諸富祥彦『考え，議論する道徳科授業の新しいアプローチ10』明治図書2017，松田憲二「道徳授業におけるウェビングを活用した『自己の明確化』の試み」千葉大学大学院教育学研究科修士論文2008，諸富祥彦・土田雄一『考えるツール＆議論するツールでつくる　小学校道徳の新授業プラン』明治図書2020

（土田雄一）

様々な指導法

基本的な押さえ

　インテグレーティブシンキングは，創造的成功をおさめた経営者の思考方法に基づき，対立する2つの考えの二者択一を避けて両者のよさを取り入れつつ両者を上回る新しい解決に導く思考方法である。道徳授業のインテグレーティブシンキングではモラルジレンマ授業に典型的に見られる複数価値の対立状況を教材として用いることが多い。しかし，モラルジレンマ授業ではどちらが正しいか考える対立思考をするのに対し，インテグレーティブシンキングではどちらにも正しさがあると考え，両方の価値を含んだ第三の回答を探す。

特徴と課題

　インテグレーティブシンキングによる道徳授業の特徴として，モラルジレンマ教材を用いた場合でも，問題解決策について「どちらを選ぶか」ではなく「どうするか」と問うこと，そして，慣習的に正しくないと判断される立場に対しても共感的理解を図ることで，慣習的な道徳思考を超えて普遍的な道徳思考を目指すことが挙げられる。

　インテグレーティブシンキングによる道徳授業の課題として松下行則は，①モラルジレンマ教材で対立するとされてきた複数の価値を対等な価値として統合することの非現実性，②慣習的な道徳思考

では正しくないと感じるために共感しづらい立場に共感させることの困難さ，③対立する価値の両方のよさを取り入れた第三の回答を発見させることの困難さの3つを挙げている。これらの課題の克服策として松下は，①解決策よりも公平な判断をするための形式を考えるよう指導すること，②問題を相手の立場から見て，相手と同じか，それ以上に，相手のことを心配したり関心を寄せたりするよう指導すること，③対立する両方の立場から見て納得できるような解決策を考えるよう指導することの3つを挙げている。

　①解決策よりも公平な判断をするための形式を考えるよう指導するという克服策は，公平な判断の形式が普遍的なものとして存在することを前提としている。しかし，実際には複数の公平な判断の形式が存在し，互いに対立することが多いためにそれだけでは課題の克服にはつながらない。そのため，複数の公平な判断の形式のそれぞれにメリットとデメリットがあることを自覚させることが大切である。

　また，②問題を相手の立場から見て，相手と同じか，それ以上に，相手のことを心配したり関心を寄せたりするよう指導することについては，特に慣習的な道徳思考で明らかに悪い行動をしていると感じる相手について，相手のことを心配したり関心を寄せたりすることは，現実

様々な指導法

的にはかなり高度な課題となるであろう。この課題については，慣習道徳的に間違っていると感じる行為をする相手に無理に共感させる必要はなく，まずは，善悪の判断を脇に置き，間違っている，あるいは悪いとされている行為をしたくなる理由やそうしたくなりやすい環境，状況について研究するとよいであろう。それによって，慣習道徳的に間違った行為をする相手を自分とはかけ離れた悪い存在と捉えるのではなく，自分も似た環境や状況に置かれたら程度の差はあっても，同じような行為をしてしまいたくなるかもしれない，という捉え方を学ばせることが大切である。

そして，③対立する両方の立場から見て納得できるような解決策を考えるよう指導することについても，対立する価値の両方のよさを取り入れた第三の回答を発見させる指導がわかりやすく言い換えられているが，それに加えて短期的視点と長期的視点の複眼思考により，短期的視点では解決困難な課題についても長期的視点から折り合いをつける思考方法や複数の公平な判断の形式を目的や状況に応じて使い分けたり複合的に用いたりする思考方法を指導することが大切である。

自我発達段階から見た可能性

インテグレーティブシンキングは，自分とは異なる視点の他者の立場に立って考える資質・能力を基盤とした思考方法である。そのため，自我発達段階の観点では，少なくとも，自己と他者の関係を

過去から未来までの時間的な文脈の中で見通すことのできる良心的段階に達していることがこの思考方法を使いこなす前提条件となる。

道徳的問題についてのインテグレーティブシンキングでは，さらに「間違っている」と感じる道徳的感情を乗り越えて相手の立場に立ってみる必要があるため，自分が生まれ育った社会の慣習を捉える第三者的視点を相対化して捉える第四者的視点で捉えることのできる個人主義的段階に達していることが前提条件となる。

しかし，自己防衛的段階から自意識的段階の子どもたちが，学級にいる良心的段階や個人主義的段階に達しつつある子どもの発言に見られる視点や思考の仕方を知ることで将来的に段階の成長につながりうる。そのため個人主義的段階以前の子どもにもインテグレーティブシンキングによる道徳授業には一定の効果が予想できるであろう。

〈参考文献〉

・ロジャー・マーティン／村井章子訳『インテグレーティブ・シンキング』日本経済新聞出版社2009，松下行則「21世紀型道徳授業の構築に向けて―『統合的思考』と『学び合い』―」『福島大学人間発達文化学類論集　第18号』2013，スザンヌ・クック＝グロイター／門林奨訳「自我の発達：包容力を増してゆく9つの段階」『トランスパーソナル学研究第15号』日本トランスパーソナル学会2018

（吉田　誠）

様々な指導法

100 ユニバーサルデザイン

基本的な押さえ

もともとユニバーサルデザイン（以下UD）は，建築家ロナルド・メイスによって提唱された製品や環境の理念（誰でも公平に利用できる，使用の自由度が高い等7原則）である。障害者の権利に関する条約の第2条の中に，「最大限可能な範囲で全ての人が使用することのできる製品，環境，計画及びサービスの設計をいう」と明示されている。

教育に関しては，アメリカのCAST（Center for Applied Special Technology）が「学びのユニバーサルデザイン」（UDL）を提唱している。これは，児童生徒が学びの環境を主体的にマネジメントしていけるように，児童生徒が学ぶ際の情報の認知の方法（インプット），表出の方法（アウトプット），取り組みや自己調整の方法について，選択肢を予め用意し，子どもがそこから選択して学べる環境を実現することである。

配慮を要する児童生徒には「ないと困る支援」であり，全ての児童生徒にも「あると便利で役に立つ支援」である。

道徳科授業のUDの考え方として，道徳的な見方・考え方の違い，発達障害の有無等によらず，全ての児童生徒が楽しく考えることができる授業のデザインがある。例えば，授業において，焦点化，視覚化，共有化，身体表現化などの工夫を重視する主張である。

「学び」の階層モデル

道徳科に限らず「学び」を4つの階層（①参加，②理解，③習得，④活用）に分けて捉えるなら，道徳科は主に①②を対象とし，道徳教育が主に③④を対象とすると考えられる。

発達障害等の児童生徒に学びの困難さを感じさせる要因（例えば，不注意・多動，関心のムラ，見通しのなさへの不安，状況理解，記憶，複数平行作業の苦手さ，認知の偏り，抽象化，般化の難しさなど）に対応するため，教育課程編成及び単元や1時間の指導方法の工夫を行う。何でも言い合える雰囲気醸成のための「よりよい人間関係づくり」，学習規律等の「ルールの明確化」，教室環境や関わり方等での「刺激量の調整」，教室や机上の整理等の「場の構造化」，授業開始時に見通しをもたせる等の「時間の構造化」，関心ややる気持続のための即時端的な「肯定的評価」などがある。

焦点化，明確化

教師，児童生徒が理解しやすく取り組みやすい授業づくりの工夫として，ねらいや学習内容，発問などを一層明確にすることが効果的である。ねらいを，一般にあるような「内容項目の内容＋道徳性の諸様相」だけにするのではなく，その前に，例えば，「はしの上のおおかみ」であれば，「意地悪をするときと親切に

するときの気持ちよさを様々に比べることを通して，相手に喜ばれる親切のよさを考える」等を付加する。それにより，2つの気持ちよさを多面的に比べるという主たる学習活動（それは，評価の対象とする学習活動でもある）を明確にできる上に，本時で学ぶ学習内容（親切のよさ，例えば，相手に喜ばれる，自分も気持ちよい，工夫すればいつでもできる等）を予め複数設定できるとする主張である。UDLの考え方においても，教える目的を明確化することを重視する。

視覚化，見える化

　視覚情報を効果的に活用し，興味，関心，理解，思考，話し合い等に見えづらい事柄，内容を「見える化」し理解や思考を活性化する配慮，手立てを指す。

　教材提示の視覚化では，例えば，教材のある部分を強調（ハイライト化）する，全体を二～三分割する，必要な部分を抽出する，考えさせたいところを隠す（ブラインド化）などがある。思考の視覚化は，言語以外の方法を活用する。例えば，数値化・段階化する，心情円盤などに代表されるような割合で表示する，色や表情絵，ネームカード，心情曲線，矢印を活用する。話し合いの視覚化では，出された意見を分類，整理し，ナンバリング（番号や記号を付す），ラベリング（小見出しを付す）するなどした上で，比べる問い返しを中心に行うと効果的である。書く活動では，学んだことをマス目が明確な用紙に行数や書き出しを指定して書

かせる，学びを数値で振り返らせる等，取り組みを容易にする。

共有化，コミュニケーションの活性化

　ペアやグループで考えを交流，共有させる場合，互いに認めたり励ましたりできるような関わりにする。1つの活動を長い時間行うよりも，短時間で複数回行うことや，話し方・聴き方の指導，援助要請行動の指導などもあわせて行う。

身体表現化，多感覚の活用

　配慮が必要な児童生徒は，動作化や役割演技は，やってみてわかる特徴があるため，必要に応じて役割を交代しながら取り入れる。長い時間座っていることが苦手な児童生徒にとっては，席を立つことで集中が続くよさもある。視覚だけではなく，動作や聴覚，他者とのやりとりなど，多感覚の活用が有効である。

〈参考文献〉
・CAST「学びのユニバーサルデザイン（UDL）ガイドライン」2018，小貫悟「学習指導要領の新しい動きと授業UDの技法」『授業のユニバーサルデザインVol.11』東洋館出版社2018，全日本特別支援教育研究連盟『通常学級の授業ユニバーサルデザイン』日本文化科学社2010，増田謙太郎『「特別の教科　道徳」のユニバーサルデザイン　授業づくりをチェンジする15のポイント』明治図書2018，坂本哲彦『道徳授業のユニバーサルデザイン』東洋館出版社2014

（坂本哲彦）

様々な指導法

101 パッケージ型ユニット

基本的な押さえ

　パッケージ型ユニットとは，いじめ，人権，情報モラル，環境等々のテーマ性によって関連づけられた複数価値を複数時間で小単元構成し，子どもの「問い」を基底にした問題意識で一貫した道徳学習ストーリーを意図的に紡ぐ道徳科教育学的な視点による授業方法理論である。

　道徳科で取り上げる主題は，多くの場合1単位時間1主題で特定の道徳的価値に限定した内容項目で設定することがほとんどである。しかし，多くの人々はそのような焦点化された日常的道徳生活を送っているといえるのであろうか。ならば，日常生活と乖離した主題設定をより現実へ近づけて運用しようとするのがこのパッケージ型ユニットの発想である。それを年間通して意図的に小単元の組み合わせとして構成したのが，パッケージ型ユニットによる授業構想方法論である。

ユニットで「考え，議論する道徳」実現

　道徳科のあるべき姿として，「考え，議論する道徳」の具現化がある。しかし，それを実現することは容易ではない。子どもの「問い」に基づいて学習展開しようとすると，どうして各授業の課題追求が時間切れの尻切れトンボで終わってしまう。その主たる理由は，1単位時間の中で道徳的問題に気づかせ，子どもの「問い」から課題を設定し追求するよう

な学習指導方法論を展開すると，どうしても時間不足に陥るからである。その問題を解決し，課題探求型の道徳科授業を構想していくには，子どもの道徳的日常生活に足場を置きつつ1主題1単位時間で授業構想するよりも，現代的な課題や学校の重点的道徳指導内容等を考慮した一定の道徳的テーマ性をもたせた複数価値複数時間による授業構想となるパッケージ型ユニットがより個々の子どもにとって自分事として主体性を発揮できる課題探求型道徳学習となるのである。

パッケージ型ユニットを創る

　テーマ性によって関連づける複数価値の複数時間指導というと，学習指導要領を逸脱して取り扱うのかと思われることもある。しかし，それは誤解である。

　例えば，中学校学習指導要領に示された内容項目22項目はバラバラに配置されているのかと問われれば，決してそうではない。学習指導要領解説でも述べられているように，道徳教育の目標を達成するために「自分自身」「人との関わり」「集団や社会との関わり」「生命や自然，崇高なものとの関わり」という4視点，つまりテーマに基づいて内容構成されている。構成上は便宜的に4視点で各内容項目を区分しているが，その整合性や妥当性という部分ではいずれも不可分一体のものである。なぜなら，道徳性という

人間的な生き方の善さという特性を考慮すると道徳的課題のコア（核）となる内容項目は強調されても，それと深く関わる内容項目も必ずその周辺に複数存在するからである。

　道徳的価値というのは様々な価値が相互に関連し合って複合的な形で子どもたちの道徳的日常生活に横たわっている。よって，「いのち」「いじめ」等々の現代的な課題と称される道徳的問題を取り上げる場合でも，紋切り型の断片的な特定価値内容の指導だけでは不十分なのである。例えば，「いじめ」という現代的な課題を道徳科で取り上げようとする場合，１主題１単位時間で内容項目を「公正，公平，社会正義」「友情，信頼」「生命の尊さ」と単独で取り上げるより，「いじめについて考えよう」という一貫した問題意識に基づくテーマのもと，各々の内容項目を関連づけて指導するなら，そこでの子どもたちの道徳的課題探求の深まりは想像に難くない。つまり，子どもたちの道徳的問題に対する「問い」からスタートする課題探求型道徳科授業をテーマに基づくパッケージ型ユニットで構成すると，そこに子どもの「問い」を基底にした主体的な道徳学習ストーリーが生まれるのである。

3タイプユニット構成の実践課題

　現代的な課題や，学校としての重点的道徳指導内容等を考慮した，一定の道徳的テーマ性をもたせた複数価値複数時間指導を意図したパッケージ型ユニットを導入すると，子ども一人一人の課題探求型道徳学習を積極的に支援し，展開できることを述べてきた。では，それをどうやって実現するかと考えたときに，パッケージ型ユニット構成の基本的なスタイルがあると具体的な指導構想が描きやすい。タイプとして示せば，「Ⅰ：重層型ユニットタイプ」「Ⅱ：連結型ユニットタイプ」「Ⅲ：複合型ユニットタイプ」のおおよそ３パターンが想定される。以下，ユニット構成のタイプ例を示したい。

　「Ⅰ：重層型ユニットタイプ」は，取り上げるテーマの道徳的価値を複数時間かけて積み重ねて多様な視点からじっくりと吟味・検討する構想タイプある。

　「Ⅱ：連結型ユニットタイプ」は，設定テーマについて単一価値ではなく，複数価値の視点から多面的・多角的に検討し，テーマそのものに対する深い理解を促すことを意図したパッケージである。

　「Ⅲ：複合型ユニットタイプ」は，道徳科授業内で完結するようなユニット学習のみにとどまらず，他教科等（特別活動，総合的な学習の時間等も含む）での教育活動と関連づけてクロスカリキュラムを構成し，複眼的な視点からパッケージを展開するパッケージ型ユニットスタイルである。

　大切なのは，個別の課題意識を共通学習課題へと発展させるため手続きとしてのモデレーション（moderation）を実施し，互いに課題共有することである。

（田沼茂紀）

102　宗教・哲学・倫理学と道徳

基本的な押さえ

　一般に宗教には，自分自身や人類全体の生と死，世界の生成と展開及びそれらの意義に関わる物語についての信念体系及びその信念に基づく実践規範が含まれている。

　哲学は物事の本質についての共通了解を見出そうとする探究である。哲学から自然科学と人文・社会科学に分化したが，科学の本質を探究する科学哲学が生まれたように，哲学は宗教や道徳も含めて人間が関わる対象全てを扱う。

　倫理学は道徳哲学とも呼ばれるように哲学の一分野である。道徳には，善さに関する慣習的道徳と正しさに関する普遍的道徳がある。それらの道徳を，自分はどう行動すべきか，どう生きるべきか，といった個人的な事象としてではなく，人はどう行動すべきか，どう生きるべきか，といった歴史的社会的な現象として捉えるのが倫理学である。

社会の進化から見た宗教と道徳

　約800万年前に共通祖先から分かれた類人猿と人類には，集団規範からの逸脱を罰する衝動や互恵的利他行動といった共通する道徳性の萌芽が見られた。当時の人類は，自己と周囲の環境の区別が不十分なため外的環境にも人間的な性質があると考え，呪術によって環境を動かそうとするアニミズム的な信仰をもってい

た。その後，古代の狩猟採集民は集団内分業を行う中で危険回避や分業のための規範に従って行動するようになった。

　人類が高度な道徳性を進化，発達させることにつながった形質として，視点取得や規範の内面化，羞恥心，言語コミュニケーションなどが挙げられるが，まず，相手が自分をどう見ているかに気づく第二者的視点を人類が獲得したことで，何かをしてほしい場合に相手に効果的に訴えることができるようになった。

　その後，より多数の人々が協調行動をとるために伝説や神話，宗教を語ることで集団規範を絶対的に守るべき「善」とし，集団への帰属意識をもたせることで，集団規範を内面化させるようになった。その反面，自集団に属する「私たち」と他集団の「彼ら」を区別して，集団規範に従わない者を排除したり，異教徒を敵視したりするようになった。

　近代に集団の中で守るべき「善」を第三者的視点から客観的に検証しようとする合理主義的な思考が発達したことで，普遍性を求める道徳や宗教が発展した。合理主義的な思考は，自由や民主主義，科学技術の急速な発展と進歩主義的なグローバリズムをもたらした反面，先進国による発展途上国の支配，環境破壊や資源の枯渇などの問題を深刻化させた。

　現代においては，自分が生まれ育った社会の道徳や宗教を相対化して自文化中

心主義を克服する視点に立ち，持続可能で多様性と包摂性のある社会を実現する道徳や宗教の在り方を探究する必要がある。個人もこのような社会的な進化との相似形で発達を遂げうると考えられる。

哲学・倫理学と道徳

哲学や倫理学では善さや正しさに関する複数の議論が対立してきた。善さについての現実主義的な議論では，道徳とは人々の幸福を増進すると多くの人々から認められる善い生き方である。そのため現実に人々を幸福にして尊敬を集める優れた人物の言動や生き方が道徳となる。

しかし，ある集団で尊敬を集める言動や生き方が，他の集団からはその集団の利益のみを追求するために正しくないとみなされることもある。そこで理想主義的な立場から普遍的に正しい判断基準を追求するための理想状況における正しさの判断基準が道徳であるとする見解が出されてきた。

だが，理想状況での正しさは抽象的で，現実にはそれに従って行動することが困難である。そこで現実社会で多くの人々から認められうる道徳の判断基準として，個々人の幸福の総計を最大化するベンサムの功利主義として知られる見解が示された。それによれば道徳とはその都度行為の結果として得られる快楽の総計が最大となるよう行動することである。

ベンサムの功利主義は快楽の質や個々人の個性，状況，行為の動機などの違いを考慮に入れず，個人の自由の侵害や不道徳な快楽の追求を認めることにもつながる。これに対してより質の高い精神的快楽を優先する形で幸福の総計を最大化するミルの主張や自由の相互承認に基づき各人の欲望を十全に実現することを基準にする苫野の主張が出された。これらの道徳は長期的観点から快楽の質やより本質的な欲望を評価し，理解し合う習慣や人格を備えることを前提とする。

身体的快楽の追求や功利主義で回避されるべき不快は常に悪とはいえず，環境や状況，人によって快不快や本質的欲望の捉えは多様である。以上4つの道徳的立場は同じ言動に対して異なる判断をすることも多いため，人によって正しさや善さの基準は異なることを認めるべきとする道徳的相対主義の立場もある。

道徳的相対主義の主張は自らの主張だけでは相対化しない点で自己矛盾しているが，対立する4つの立場を対等に捉える視点を提供したとも考えられる。そこから一歩進めて4つの立場を相補的視点で捉えれば，目的や状況に応じて4つの立場を使い分けたり，複合的に捉えたりする新たな道徳の捉え方が可能になるだろう。

〈参考文献〉

・苫野一徳「はじめての哲学的思考」（URL：http://www.webchikuma.jp/category/tomano），吉田誠・木原一彰『道徳科初めての授業づくり　ねらいの8類型による分析と探究』大学教育出版2018

（吉田　誠）

基本的な押さえ

　1872年の「学制」の発布により我が国の近代学校教育制度が始まったが，小学校には道徳教育を担う修身科が置かれた。当初は「修身口授」（ギョウギノサトシ）として，欧米のいわゆる「翻訳教科書」が使われたが，特段重視された教科とはいえなかった。

　1880年に「改正教育令」が出され，修身科は筆頭教科に位置づけられ，重視されるようになった。その内容は，格言と事実を中心に教授し，教科書は和漢洋の古典から嘉言，格言を収録した『小学修身訓』（文部省，1880）などが刊行されるなどした。

　「徳育論争」とは，一般的には明治10年代後半から20年代前半にかけて，学校における徳育の方針，内容，方法等をめぐって当時の思想家や知識人と呼ばれる人々の間で展開された論争である。1890年の「教育勅語」の発布を促す前提であったともいわれる。

　「徳育論争」は，その根本に据える道徳を，東洋的な伝統思想に基づく儒教道徳にするか，西洋の近代思想に基づく市民倫理にするかを基本的な争点としていた。

修身科と徳育論争

　1879年，明治天皇が全国各地の巡行の中で小学校等を視察した所感を侍講の元田永孚に起草させて下賜したものが「教学聖旨」である。「教学聖旨」は，「教学大旨」と「小学条目二件」からなっていた。「教学聖旨」には，我が国の道徳は仁義忠孝を中心とし，その上で西洋の知識・技術を摂取すべきであるとされていた。「小学条目二件」には，修身科において仁義忠孝を早くから視覚教材などを用いて教授すること，欧米の翻訳教科書は高尚ではあるものの，より生活や仕事に役立つ学問を教授することとされていた。

　「教学聖旨」に対して，伊藤博文は同年に「教育議」を上奏した。そこでは，道徳を旧来の儒教主義に戻すことは誤りであること，「国教」ともいうべき規準を立てて道徳を統制することも今後の我が国にとってふさわしくないことなどが論じられていた。

　伊藤の「教育議」に対して，元田は「教育議付議」として改めて上奏した。そこでは，西洋の倫理には不十分なところがあり，儒教主義による道徳の教科書が必要であること，「国教」については新たに設定するのではなく，これまでの我が国の皇祖に基づいて樹立されるべきものであることが論じられていた。こうした元田と伊藤による権力内部での道徳や徳育をめぐる論争が契機となり，多様な立論が展開されることとなった。

徳育論争の展開

福澤諭吉の場合

福澤諭吉は，1882年に「徳育如何」を刊行し，儒教主義の徳育に反対し，「公議輿論」に基づく徳育を主張した。福澤によれば，「公議輿論」とは，その時代の社会に行きわたった「気風」ともいうべき精神であるとし，道徳はそうした社会的な気風の感化によって育成される「私徳」であり，公的な機関である学校が「徳育」を担うべきではないと論じた。こうして明治の徳育は明治の「公議輿論」に従って，「自主独立」の趣旨で行われるべきというのであった。

加藤弘之の場合

加藤弘之は，1887年に『徳育方法案』を刊行し，徳育は宗教に基づいて行われるべきことを主張した。加藤によれば，道徳の趣旨とは「愛他心」にほかならないとし，それは儒教では仁，仏教では慈悲，キリスト教では愛のことであり，こうした宗教道徳に依る徳育でなければ教育効果は見込めないと論じた。そして小・中学校では，神道，儒教，仏教，キリスト教の4つの修身科を設置し，いずれかを信じる教員に担当させ，生徒に選択させることを説いたのであった。

西村茂樹の場合

西村茂樹は，1887年に『日本道徳論』を刊行し，徳育は「世教」に依って行うことを主張した。西村によれば，道徳を説く教えは，中国の儒教や西洋の哲学などの「世教」と，仏教やキリスト教などの「世外教」の2つに分類されるという。その上で我が国の道徳の標準を定めるためには「世教」を採用すべきとし，儒教と哲学の一致する「天地ノ真理」に基づく徳育を行うべきというのであった。

能勢栄の場合

能勢栄は，1890年に『徳育鎮定論』を刊行し，「普通心」の育成を徳育の方針とすべきであると主張した。能勢によれば，「普通心」とは善悪や徳不徳の観念を理解する能力であるとし，「こもんせんす」とも言い換えられるものであるという。そしてこの「普通心」には世界に普遍のものと，一国に固有のものがあり，教師はこの両者を徳育を通じて養成すべきであると論じている。

以上のように，明治10年代の儒教主義に基づく徳育に対し，その在り方などをめぐって上記のような多様な立論が提示されたが，その結論は1890年10月の「教育勅語」の発布によって一応の終息を見るに至った。

〈参考文献〉

・貝塚茂樹『文献資料集成　日本道徳教育論争史　第Ⅰ期　第1巻　徳育論争と修身教育』日本図書センター2012，江島顕一『日本道徳教育の歴史　近代から現代まで』ミネルヴァ書房2016

（江島顕一）

道徳の歴史

215

基本的な押さえ

「教育勅語」とは，我が国の戦前の道徳教育，ひいては教育の根本理念，方針として大きな影響を与えた「勅語」。1890年10月30日に発布された。

全文は，315文字であり，その内容は三段に分けるとされている。

正式な名称は，「教育ニ関スル勅語」であるが，「勅語」というように，天皇自身が臣民に呼びかける形の君主の著作として出された。

「教育勅語」の成立過程

「教育勅語」成立の直接の契機は，1890年2月に開催された地方長官会議において，「徳育涵養ノ義ニ付建議」が提出され，「徳育ノ主義」を定めることが提起されたことによる。

その後，山縣有朋総理のもと，文部大臣に就任した芳川顕正が任命の際に明治天皇より教育の基礎となる箴言の編纂を命じられた。

まもなく箴言の草案の起草が，山縣，芳川，そして法制局長官の井上毅，枢密顧問官の元田永孚を中心に着手された。

まず，はじめに文部省からの依頼を受けた帝国大学教授の中村正直の草案が提出され，その他に井上，元田の草案がそれぞれ作成された。最終的には井上の草案をもとに，元田との幾度の修正を経て，成文化された。

「教育勅語」の全文

朕惟フニ，我カ皇祖皇宗，国ヲ肇ムルコト広遠ニ，徳ヲ樹ツルコト深厚ナリ。我カ臣民，克ク忠ニ克ク孝ニ，億兆心ヲ一ニシテ，世々厥ノ美ヲ済セルハ，此レ我カ国体ノ精華ニシテ，教育ノ淵源亦実ニ此ニ存ス。爾臣民，父母ニ孝ニ，兄弟ニ友ニ，夫婦相和シ，朋友相信シ，恭倹己レヲ持シ，博愛衆ニ及ホシ，学ヲ修メ業ヲ習ヒ，以テ智能ヲ啓発シ徳器ヲ成就シ，進テ公益ヲ広メ世務ヲ開キ，常ニ国憲ヲ重シ国法ニ遵ヒ，一旦緩急アレハ義勇公ニ奉シ，以テ天壌無窮ノ皇運ヲ扶翼スヘシ，是ノ如キハ，独リ朕カ忠良ノ臣民タルノミナラス，又以テ爾祖先ノ遺風ヲ顕彰スルニ足ラン。

斯ノ道ハ，実ニ我カ皇祖皇宗ノ遺訓ニシテ，子孫臣民ノ倶ニ遵守スヘキ所，之ヲ古今ニ通シテ謬ラス，之ヲ中外ニ施シテ悖ラス。朕爾臣民ト倶ニ拳拳服膺シテ，咸其徳ヲ一ニセンコトヲ庶幾フ。

明治二十三年十月三十日

御名御璽

（以上，句読点を補った）

以上のように，第一段では，忠孝道徳を中心とした「教育ノ淵源」としての我が国の「国体」が説かれ，第二段では，「臣民」が守り行う徳目が列挙され，第三段ではその普遍妥当性が強調された。

「教育勅語」と修身科

　「教育勅語」発布後の1891年11月に「小学校教則大綱」が定められ，小学校の各教科とその内容が明らかにされた。修身科は，「教育勅語」の趣旨に基づき，児童の徳性を涵養し，人道実践の方法を教授することと規定された。

　「教育勅語」発布後の教科書検定制度下で出された修身科の教科書は，特に第二段で示された諸徳目に基づく徳目主義的なものが多かったが，その後歴史上の人物の伝記に基づく人物主義的なものとなった。

　例えば，東久世通禧『尋常小学修身書』（全4巻，国光社，1894〔訂正4版〕）は，各巻が多くの徳目から構成されていたが，特に「忠君」「孝行」「友愛」が共通して取り上げられ，その内容が解説されていた。

　また，『尋常小学修身教本』（育英舎，1901）の第4巻は，全28課のうち18課に人物が取り上げられている。

　もっとも，人物主義的な体裁をとった教科書とはいえ，その多くはあくまで児童の興味，関心を人物の伝記を通じて喚起し，その上で徳目を教授するような内容であった。

「教育勅語」の普及と浸透

　「教育勅語」発布の翌日，文部大臣の芳川は，全国へ謄本を頒布することとし，祝祭日の儀式や学校行事の際には，「教育勅語」を「奉読」し「誨告」するよう訓示を発した。

　そして，1891年6月，「小学校祝日大祭日儀式規程」が定められ，これによって小学校の式典の際には，いわゆる御真影への最敬礼とともに，「教育勅語」の奉読が行われるようになった。

　また，「教育勅語」の意義を敷衍させる目的のもと，1891年9月，文科大学教授の井上哲次郎著，文学博士の中村正直閲による解説書として『勅語衍義』が刊行され，師範学校や中学校等の教科書に使用された。

「教育勅語」のその後

　明治10年代より教育界をはじめとする各界で長らく議論されてきた徳育をめぐる問題，論争は，この「教育勅語」発布をもって一応の終息をみせた。

　以降，終戦まで「教育勅語」体制ともいうべき教育が構築されていった。

　しかし，終戦後の1948年に衆参両院の決議の可決によって，「教育勅語」は法的に排除，失効されることになるのであった。

〈参考文献〉

・日本近代教育史事典編集委員会『日本近代教育史事典』平凡社1971，貝塚茂樹『文献資料集成　日本道徳教育論争史　第Ⅰ期　第2巻　教育勅語と「教育と宗教」論争』日本図書センター2012，江島顕一『日本道徳教育の歴史　近代から現代まで』ミネルヴァ書房2016

（江島顕一）

105　国定修身教科書

基本的な押さえ

　国定教科書とは，1903年4月の「小学校令」の一部改正により成立した，国が小学校の教科書を定める制度。「小学校ノ教科書用図書ハ文部省ニ於テ著作権ヲ有スルモノタルヘシ」と規定された。これにより1886年以来の教科書検定制度は廃止され，以降およそ40年間にわたり国定制度が実施された。その間，修身の国定教科書は総計5期にわたって刊行された。発足当初から，修身，国語読本，日本歴史（後に国史），地理の4教科の教科書は，国定と規定された。

国定化への動向

　1886年4月に公布された「小学校令」により，教科書検定制度が成立した。また，1890年の「教育勅語」発布により，修身の方針と内容は明確となっていた。ところが，「教育勅語」発布以後，検定修身教科書が必ずしも「教育勅語」の旨趣に沿ったものばかりではないと，文部省の検定方針を批判する意見が表れていた。一方で，「教育勅語」に基づく国民思想の統一を図るため，修身教科書を国定にすべきという気運が高まりつつあった。

　そして，1896年2月の第9帝国議会における貴族院の「国費ヲ以テ小学校修身教科用図書ヲ編纂スルノ建議案」を皮切りに，1899年3月には第13帝国議会にお

いて衆議院の「小学校修身書ニ関スル建議案」が提出されるなど，帝国議会において小学校の（修身）教科書の国費編纂，国定化を求める建議が提出され，後に可決された。

　また，1900年4月に文部省は「修身教科書調査委員会」を設置し，国定修身教科書の編纂に着手した。こうした検定制度の弊害の是正，そして国民思想の統一を企図した教科書の国費編纂，国定化に関連する要求は，中央や地方の教育会議でも表れていった。

教科書疑獄事件

　教科書国定制度の成立を決定的にしたのは，いわゆる教科書疑獄事件であった。1902年12月に大手教科書肆20数か所が，小学校教科書の審査，採定をめぐる贈収賄の容疑で一斉に家宅捜索され，検挙される者が出た。事件の範囲は全国に及び，召喚・検挙者は教科書検定に関わる教育関係者や教科書肆関係者を含めて総計200人前後に達した。

　1903年1月に文部省は，小学校の教科書を全て国定制とする第三次小学校令の一部改正案を閣議に提出した。そして同年4月に第三次小学校令は一部改正され，国定教科書制度が成立した。これにより，教科書及びその内容の一元管理が果たされることになった。

道徳の歴史

国定修身教科書

【第1期】（1904年〜）

　第1期は，構成面では人物主義と徳目主義が併用され，内容面では国家主義的，儒教主義的な性格であった。とはいえ，全5期の中でも「個人」「社会」等の近代的市民倫理が重視されてもいた。また，外国人の逸話も数多く取り上げられた。

【第2期】（1910年〜）

　第2期は，家や祖先等の家族主義的なものと，天皇や国等の国家主義的な内容を整合的に結び合わせた家族国家観に基づく道徳が強調された。それゆえ，「国家」「家族」に関する道徳が増加し，「個人」「社会」に関する道徳が減少した。

【第3期】（1918年〜）

　第3期は，当時の時代状況を反映し，国際協調，平和主義，民主主義等が重視された。具体的に，公民，公益，博愛，国交等が取り上げられ，「社会」に関する道徳が増加した。もっとも，国体や臣民の道徳が強化される側面もあった。全巻が口語体となった。

【第4期】（1934年〜）

　第4期は，国体観念の明徴という方針のもと，忠君愛国と国体観念の強調により，軍国主義的，超国家主義的な傾向を肯定する内容が顕著になった。あるべき臣民としての「国家」に関する道徳が多かった。色刷りの装丁が採用された。

【第5期】（1941年〜）

　第5期は，「国民学校令」により国民科修身となり，「皇国ノ道」という教育方針のもとで内容が刷新された。「個人」「家族」「社会」に関する道徳が減少し，「国家」に関する道徳が大幅に増加した。また戦争に関わる挿絵や写真が挿入されている。

　以上のように総計5期に及ぶ国定修身教科書の特徴を概括すれば，各期とも「教育勅語」に基づく内容であることは共通しているが，「個人」「家族」「社会」「国家」等に関する道徳は，各期によって力点や比重が異なっている。全体としては，「個人」に関する道徳が減り続けながら，「国家」に関する道徳が増え続けたといえる。また250名近い人物が登場し，明治天皇を除けば，二宮金次郎，上杉鷹山，渡辺崋山，加藤清正，フランクリン等の登場頻度が高かった。

〈参考文献〉

・中村紀久二『復刻　国定修身教科書解説』大空社1990，貝塚茂樹『文献資料集成　日本道徳教育論争史　第Ⅰ期　第3巻　国定修身教科書の成立（第一期・第二期）と修身教育』日本図書センター2012，貝塚茂樹『文献資料集成　日本道徳教育論争史　第Ⅱ期　第7巻　修身教育の実践と国定修身教科書（第三期〜第五期）』日本図書センター2013，江島顕一『日本道徳教育の歴史　近代から現代まで』ミネルヴァ書房2016

（江島顕一）

基本的な押さえ

　戦後の新たな学校教育制度による小学校・中学校の教育課程には，道徳教育を直接的に担う教科はなかった。そして，1958年の「道徳の時間」の設置まで，戦後の道徳教育を担ったのは社会科であった。1947年３月に発行された「学習指導要領　一般編（試案）」には，新設の教科である社会科について，「これまでの修身・公民・地理・歴史などの教科の内容を融合して，一体として」学ぶ教科と規定されていた。また同年５月発行の「学習指導要領　社会科編（試案）」には，「社会科の任務は，青少年に社会生活を理解させ，その進展に力を致す態度や能力を養成する」ことと規定されていた。

修身科の戦後

　戦後の我が国の教育改革は，GHQ及びCIE（民間情報教育局）の主導によって進められるが，教育の自由化や民主化を目的に，戦前戦中の教育の一掃が図られた。そして，1945年末までにいわゆる「四大教育指令」を発令した。いずれも，軍国主義的，超国家主義的な要素・要因の排除を企図した指令であったが，第四の指令は，「修身，日本歴史及ビ地理停止ニ関スル件」であった。この指令は，文字通り「修身」「日本歴史」「地理」の停止を指示する指令であった。

　こうして戦前の道徳教育を担った修身は「停止」させられた。その後の1946年に日本歴史と地理は再開が許可されたものの，修身の再開はその後も果たされることはなかった。

公民教育構想

　一方で，敗戦後も存続した文部省では，戦後教育改革の１つとして，公民教育の振興に取り組んだ。1945年11月に文部省に「公民教育刷新委員会」が設置され，戦後の公民教育の在り方が検討された。戦後の公民教育は，戦前の修身と公民を改め，両者を結合するものとして構想されていた。

　しかし，日本側の公民教育構想は，その後大きな転換を迫られることとなった。CIEにより，社会科の設置という新たな方針にとってかわられることとなったのである。1946年８月，CIEは日本側の公民の設置という公民教育構想を容認せず，社会科の設置を決定した。

アメリカ教育使節団と道徳教育

　CIEは，日本の戦後教育の建設と樹立の援助を目的とする教育使節団をアメリカ本国から招聘した。1946年３月に来日し，各地の視察を重ねた使節団は，報告書を提出した。報告書には，道徳教育について，戦前の修身と「教育勅語」は戦後の民主主義に基づく日本の学校教育に反すると記されていた。

道徳の歴史

また1950年に来日した第二次教育使節団の報告書には，道徳教育は社会科だけではなく，全教育課程を通じて行わなければならないと記されていた。

「教育勅語」の戦後

1946年8月にGHQの要請により教育制度改革を検討する教育刷新委員会が日本側に設置された。

本会が初期に取り上げた最大の問題は，「教育勅語」の取り扱いに関するものであった。

1948年5月にGHQにおいて占領政策の中心的な役割を担った民政局（GS）が，国会の決議による「教育勅語」の廃止を要請した。そして，1948年6月に国会が衆参両院で「教育勅語」に関する決議をそれぞれ可決した。衆議院の「教育勅語等排除に関する決議」と参議院の「教育勅語等の失効確認に関する決議」である。これにより戦後教育において「教育勅語」は教育界から法的に排除，失効された。

社会科の教育

1947年3月に「教育基本法」が公布された。その第1条では，「教育の目的」が，「人格の完成」にあることが明記された。同年同月に「学校教育法」が制定された。こうして戦後教育の理念的，制度的基盤が整った。そして，1947年9月から，小・中学校にて社会科が開始された。社会科の役割は，「青少年に社会生活を理解させ，その進展に力を致す態度や能力を養成する」ことと規定されたが，その「社会生活の理解」とは，「人と他の人との関係」「人間と自然環境との関係」「個人と社会制度や施設との関係」という3つの種類の「相互依存の関係」を理解することが重要とされた。

これに基づいて，社会科の目標が具体的に15項目挙げられたが，例えばその筆頭は「生徒が，人間としての自覚を深めて人格を発展させるように導き，社会連帯性の意識を強めて，共同生活の進歩に貢献するとともに，礼儀正しい社会人として行動するように導くこと」と示されていた。

こうして社会科の目標や内容には，多分に道徳教育的な内容が盛り込まれていた。そしてこれらには，一方で日本側の公民教育構想に連続する部分があり，他方でアメリカで行われていた「ソーシャル・スタディーズ」の影響が強くあった。

こうして，日本の公民教育構想とCIEによる社会科の新設を経て，戦後の道徳教育が行われることとなったが，結果的に道徳教育を担う独立の教科が設けられなかったことは，その後大きな課題として様々に議論を生むことになるのであった。

〈参考文献〉
・貝塚茂樹『戦後教育改革と道徳教育問題』日本図書センター2001，江島顕一『日本道徳教育の歴史　近代から現代まで』ミネルヴァ書房2016

（江島顕一）

107　国民実践要領と戦後道徳教育論争

基本的な押さえ

　「国民実践要領」とは，1951年に文部大臣の天野貞祐が示した道徳教育の基準について提起した文書である。戦後の道徳教育は，戦前の「教育勅語」にかわって「教育基本法」に基づき，戦前の修身科にかわって社会科が担うという体制になっていた。これに対して天野は，修身科の復活と「教育勅語」にかわる教育要綱の制定について発言し，議論を喚起した。結果的に天野の問題提起には，愛国心や天皇に関わる内容があったことで批判と反対を受け，天野自身が撤回したことで実現には至らなかった。

　天野は文相辞任後の1953年に『国民実践要領』を公刊した。しかし，一連の発言とその内容は，当時の再軍備の進行という政治的課題と結びつけられたことにより，実際の道徳教育の政策や方針に生かされることはなかった。

戦後教育と天野文相

　1949年に第三次吉田茂内閣が発足した。吉田は教育政策に関わっては，文教審議会を設置して「教育基本法」とは別の教育指針の作成などを検討させていた。こうした動向の中で文部大臣に抜擢されたのが天野貞祐であった。天野は哲学研究者として，戦前は学習院，京都帝国大学の教授を務め，退官後は一高の校長を歴任するなどしていた。2年3か月に及ぶ

文部大臣在任期間中には，義務教育費国庫負担法の制定と学校給食の存続などの業績を残した。一方で同時期の1951年9月にはサンフランシスコ講和会議が開催され，翌年4月の平和条約の発効により，我が国の主権の回復が果たされた。こうした我が国の戦後の再出発の時期に，天野は教育政策を主導する役割に就いたのであった。

修身科復活問題

　1950年11月に開催された全国都道府県教育長協議会にて，天野は新たな修身科の設置と「教育勅語」にかわる教育要綱の制定について発言した。これにより修身科復活問題として議論が展開することになった。ここで天野が構想した新たな修身科の設置とは，戦前の修身科そのままの復活ではなく，その功罪を検討し，また一方で社会科による道徳教育という実情を再検討することを意味していた。しかし，1950年8月に来日した第二次アメリカ教育使節団による報告書や，1951年1月に教育課程審議会から出された「道徳教育振興に関する答申」などは，道徳教育は特設の教科を設けずに，教育活動全体を通じて行うことを方針とすることとされていた。こうして新しい修身科の設置を天野は断念せざるを得なかった。

道徳の歴史

教育要綱制定問題

　一方で，民主主義社会での道徳の基準となる教育要綱の制定への試みは継続された。しかし，1951年10月に参議院本会議にて天野が，我が国の「道徳的中心は天皇にある」などと発言したことや，翌月の参議院文部委員会にて文部大臣が道徳の基準を公にすることの是非が議論されたことで，教育要綱の制定には批判的な見解が大勢を占めることとなった。こうして天野は自ら「国民実践要領」の制定を白紙に戻した。

　もっとも，天野による一連の発言への世論の反応は，必ずしも反対一色ではなかった。しかし，天野が自身の発言への具体性を欠いていたことから，結果的に挫折した。こうした天野の一連の発言は，戦後教育における道徳教育を担う教科の設置と道徳教育の基準の設定の是非を問いかけるものであった。そしてこの問いに対する本質的な議論はなされぬまま，課題として残されたままとなった。

「国民実践要領」

　天野が文相辞任後の1953年に著した『国民実践要領』は，前文と「個人」「家」「社会」「国家」の四章から構成されていた。

　前文では，その主旨が，国家独立の根源は国民における自主独立の精神にあり，その自主独立の精神は，国民のよって立つべき道義の確立をまって初めて発現するというものであった。

　「個人」「家」「社会」「国家」の各章で

は，いくつかの徳目が掲げられ，その内容が説かれており，合計41項目が示された。

　例えば，第一章「個人」の筆頭は「人格の尊厳」であり，「人の人たるゆえんは，自由なる人格たるところにある。われわれは自己の人格の尊厳を自覚し，それを傷つけてはならない。われわれは自己の人格と同様に他人の人格をたっとび，その尊厳と自由とを傷つけてはならない」と記されている。

　しかし，第四章「国家」の「愛国心」にて「国家の盛衰興亡は国民における愛国心の有無にかかる」や「天皇」にて「われわれは独自の国柄として天皇をいただき，天皇は国民統合の象徴である。それゆえにわれわれは天皇を親愛し，国柄を尊ばねばならない」などの愛国心や天皇に関わる天野の従来から示されていた見解も掲載されている。

　なお，「国民実践要領」は，京都学派の高坂正顕，西谷啓治，鈴木成高の三人に天野が委嘱し，天野が手を加えたものであった。

〈参考文献〉

・貝塚茂樹『戦後教育改革と道徳教育問題』日本図書センター2001，貝塚茂樹『文献資料集成　日本道徳教育論争史　第Ⅲ期　第11巻　「修身科」復活と「国民実践要領」論争』日本図書センター2015，江島顕一『日本道徳教育の歴史　近代から現代まで』ミネルヴァ書房2016

（江島顕一）

108　道徳の時間の設置

基本的な押さえ

1958年 8 月の「学校教育法施行規則」の一部改正により，小学校及び中学校の教育課程において，「各教科」「特別教育活動」「学校行事」と並ぶ 1 つの領域として「道徳」が設けられた。いわゆる「特設道徳」ともいわれる。

これに応じて，文部省から小学校及び中学校の「学習指導要領」が告示され，「道徳の時間」の目標，内容，指導計画作成，指導上の留意事項が示された。なお，私立の小学校及び中学校においては，宗教をもって道徳に代えることができるとされた。

「道徳の時間」の成立

1952年 4 月に我が国は，いわゆる講和条約により，主権を回復した。こうした我が国の独立後の主要な教育政策の 1 つには，道徳教育の強化があった。その検討を主導して担ったのは教育課程審議会であった。1953年 8 月には「社会科の改善に関する答申」が出され，社会科で民主的社会における道徳の理解や道徳的判断力の養成が十分に行われていないことが指摘された。ここには社会科の中で，地理や歴史とともに道徳教育も行う教科としての在り方の限界が示されていた。

そして1957年11月の「小中学校における道徳教育の特設時間について」では，これまで通り道徳教育は学校の教育活動全体を通じて行う方針は変更しないとしながらも，その教育効果を高めるためにまとまった指導を加える時間が必要との認識から，道徳教育のための特設が提言された。こうして1958年 3 月の「小学校・中学校教育課程の改善について」では，小・中学校の道徳教育の徹底を期するため，毎学年，毎週 1 時間，従来の教科としては取り扱わない「道徳の時間」を設置することが示された。

これらの答申に基づいて，「学校教育法施行規則」が一部改正され，「道徳の時間」が設置されたのであった。こうして戦後教育における道徳教育は，社会科から「道徳の時間」を中心として，学校の教育活動全体を通じて行うことになった。

学習指導要領と「道徳の時間」

1958年10月に小学校及び中学校の「学習指導要領」が出された。

「第 1 章　総則」の「第 3　道徳教育」には「学校における道徳教育は，本来，学校の教育活動全体を通じて行うことを基本とする」と記され，いわゆる全面主義が打ち出された。

そして道徳教育の目標は，教育基本法と学校教育法の精神に基づいて，「人間尊重の精神を一貫して失わず，この精神を，家庭，学校その他各自がその一員であるそれぞれの社会の具体的な生活の中

道徳の歴史

に生かし，個性豊かな文化の創造と民主的な国家および社会の発展に努め，進んで平和的な国際社会に貢献できる日本人を育成することを目標とする」こととされた。

また「道徳の時間」は，「各教科，特別教育活動および学校行事等における道徳教育と密接な関連を保ちながら，これを補充し，深化し，統合し，またはこれとの交流を図り，児童（生徒）の望ましい道徳的習慣，心情，判断力を養い，社会における個人のあり方についての自覚を主体的に深め，道徳的実践力の向上を図るように指導するものとする」とされた。

小学校及び中学校の「道徳の時間」の具体的な内容については，第3章にて，小学校では4つの領域から36項目が，中学校では3つの領域から21項目が掲げられ，指導上の留意点等も示された。

「道徳の時間」の充実策

1958年9月には，文部省から「小学校道徳指導書」「中学校道徳指導書」が出され，「道徳の時間」と道徳教育の実践に必要な指針と指導方法が示された（今日の学習指導要領の「解説」に該当）。

また1963年には，教育課程審議会から「学校における道徳教育の充実方策」が出され，その1つとして教師用の資料や児童生徒用の読み物資料の充実が要請された。

この答申に基づいて，1964年から1966年にかけて，文部省から小・中学校の「道徳の指導資料」が刊行された。この資料は，教師用として学年ごとに編集され，読み物資料とその指導案で構成されていた。例えば，小学校では，「橋の上のおおかみ」「母からの借り（ブラッドレーの請求書）」「星野くんの二塁打」「二羽の小鳥」「泣いた赤鬼」「自分かってなかぼちゃ（かぼちゃのつる）」など，これ以降定番となる「読み物資料」が掲載されていた。

こうした読み物資料の充実の背景には，「道徳の時間」が学校や日常の生活における問題解決や行動改善を目指す生活指導（生徒指導）的な指導法になっていたことがあり，道徳的価値の理解とその追求による価値観の形成を目指した指導法に転換しようとする目的があった。その後も読み物資料が数多く作成されていったことで，「道徳の時間」では読み物資料を活用した指導方法が普及，一般化していくのであった。

〈参考文献〉

・押谷由夫『「道徳の時間」成立過程に関する研究　道徳教育の新たな展開』東洋館出版社2001，貝塚茂樹『文献資料集成　日本道徳教育論争史　第Ⅲ期　第12巻　「特設道徳」論争』日本図書センター2015，江島顕一『日本道徳教育の歴史　近代から現代まで』ミネルヴァ書房2016

（江島顕一）

道徳の歴史

109 「特別の教科　道徳」（道徳科）の成立

基本的な押さえ

　2015年3月の「学校教育法施行規則」の一部改正により，小学校及び中学校の教育課程において，「特別の教科　道徳」（道徳科）が位置づけられた。これに応じて，小学校及び中学校の一部改正の「学習指導要領」が告示され，「特別の教科　道徳」の目標，内容，指導計画の作成と内容の取扱い等が示された。「特別の教科　道徳」は，「考える道徳」「議論する道徳」への転換を図るものとされた。そして，検定教科書を使用すること，記述式による評価を行うとしたことが，「道徳の時間」からの大きな変更点であった。

教科化への動向

　「道徳の時間」を教科化すべきとの意見や論調は，その設置以降，研究者や現場の教員の中からは挙がっていた。本格的な政策論議の俎上に載せられたのは，2007年6月に教育再生会議から出された第二次報告において，徳育を教科化し，現在の「道徳の時間」よりも指導内容や教材の充実を図ることが提言されたことであった。ここには，教育課程上の位置づけとしては従来の教科とは異なる新たな教科とすること，教科書については多様な教科書と副教材をその機能に応じて使用すること，評価については点数での評価はしないこと，専門の免許は設けず

学級担任が担当すること，などが提言されていた。もっとも，こうした提言内容は，2008年3月に出された「学習指導要領」には，直接的に反映されることはなく，道徳の教科化は持ち越される結果となった。

　2013年に設置された教育再生実行会議は，同年2月に「いじめの問題等への対応について」と題する第一次提言を出した。これには，いじめ問題の本質的な解決策の1つとして道徳の教科化が提言されていた（これに関連して，同年6月「いじめ防止対策推進法」が成立）。こうした提言内容を踏まえ，同年12月には道徳教育の充実に関する懇談会による「今後の道徳教育の改善・充実方策について（報告）〜新しい時代を，人としてより良く生きる力を育てるために〜」が出された。ここには，「道徳の時間」を「特別の教科　道徳」（仮称）として位置づけることが提言された。また主たる教材として検定教科書を用いることとされた。本報告をうけて，2014年10月に中央教育審議会から「道徳に係る教育課程の改善等について（答申）」が出され，改めて教育課程上に「特別の教科　道徳」（仮称）を位置づけることが記されていた。こうして「学校教育法施行規則」及び「学習指導要領」の一部改正に至り，「特別の教科　道徳」が成立した。

学習指導要領と「特別の教科　道徳」

　「第1章　総則」では道徳教育の目標が、「教育基本法及び学校教育法に定められた教育の根本精神に基づき、自己の生き方を考え、主体的な判断の下に行動し、自立した人間として他者と共によりよく生きるための基盤となる道徳性を養うことを目標とする」と新たに明記された。

　「第3章　特別の教科　道徳」では「特別の教科　道徳」の目標が、「道徳教育の目標に基づき、よりよく生きるための基盤となる道徳性を養うため、道徳的諸価値についての理解を基に、自己を見つめ、物事を（広い視野から）多面的・多角的に考え、自己の（人間としての）生き方についての考えを深める学習を通して、道徳的な判断力、心情、実践意欲と態度を育てる」（カッコ内は中学校）こととされ、新たな表記になるとともに、従来から用いられてきた「道徳的実践力」の文言が削除されるなどした。

　具体的な内容は、4つの視点に基づいて、小学校では61項目、中学校では22項目が挙げられた。4つの視点は「A　主として自分自身に関すること」「B　主として人との関わりに関すること」「C　主として集団や社会との関わりに関すること」「D　主として生命や自然、崇高なものとの関わりに関すること」と一部改変され、内容項目には、キーワードが新たに示された。

　指導にあたっては「問題解決的な学習」「道徳的行為に関する体験的な学習」などの適切な導入、「情報モラル」の指導、「生命倫理」「社会の持続可能な発展などの現代的な課題」なども取り扱うこととされた。

　また、評価については、これまでと同様に数値による評価は行わないものの、「学習状況や道徳性に係る成長の様子を継続的に把握」することが求められ、記述式による評価を行うこととされた。

　「特別の教科　道徳」と「道徳の時間」では、検定教科書の使用と記述式による評価が大きな変更点であるが、一方で道徳教育を学校の教育活動全体を通じて行うことや原則学級担任が担当すること、年間35時間の授業時数等は、従来と同様であった。

　「特別の教科　道徳」は「道徳の時間」の課題（教科に比しての軽視、心情理解のみに偏った形式的指導等）を乗り越えるとともに、いじめの問題や発達の段階をより一層踏まえた体系的な指導などの改善により、「考え、議論する道徳」への転換を目指して実現したものであった。なお、小学校では2018年度、中学校では2019年度からの全面実施とされた。

〈参考文献〉
・貝塚茂樹『戦後日本と道徳教育　教科化・教育勅語・愛国心』ミネルヴァ書房2020、江島顕一『日本道徳教育の歴史　近代から現代まで』ミネルヴァ書房2016

（江島顕一）

基本的な押さえ

アメリカの道徳教育は，人格教育（Character education：品性教育ともいう）の手法を用いて19世紀末頃から展開されていた。Character の語源は，ギリシャ語の kharassein（刻み込むこと）にあることから，「人格」とは刻み込まれたものとしての人間の行為の型や道徳的気質を意味するようになった。19世紀末から20世紀初頭には「人格教育運動」が起こった。従来は教会や家庭が子どもの人格形成の役割を果たしていたが，アメリカの産業革命，それに伴う移民の増加，都市部での貧富の差の拡大といった社会問題に対して，学校教育において人格教育を進めていく必要性が説かれ始めたのである。1917年にはハッチンス（W.Hutchins）による「正しい生活の10の法則」という徳目リストが挙げられた。望ましい道徳的価値を物語や教師の説話として子どもたちに伝え，価値の内面化を図るのが当時の人格教育であった。

アメリカの道徳教育の戦後の動向

戦後のアメリカでは，1957年のスプートニク・ショックに始まる理数系教育重視の一方で，人格教育にそれほど力を注ぐことはなかった。1960年代の公民権運動の隆盛やベトナム戦争により，個人の権利や自由を尊重することがより重要視されるようになった。それに伴い，道徳を個人的な趣向として捉える「価値の相対主義」の風潮も広がった。また1964年には学校教育において宗教教育が禁じられる判決が下るなど，価値を教えることそのものが衰退していった。

価値の教え込みを回避する教育の手法として頭角を現してきたのが，ラス（L.Raths）やハーミン（M.Harmin）による「価値明確化」(values clarification)の教育である。価値明確化の教育は，「価値は個人的な事柄」という前提のもと，子どもたちが自分たちにとって本当に価値のあることを判断し，主体的に選択できるようにすることをねらった教育である。

同時期に，価値の教え込みを回避する教育としてコールバーグの道徳性発達理論が挙げられる。彼は道徳を道徳的価値といった内容ではなく，思考の形式から捉え思考を発達させていく教育を試みた。

この両者の取り組みは，価値の教え込みを回避する方法としては共通しているが，価値明確化の教育が，価値の相対主義を一層進めていくのに対して，コールバーグは普遍的な道徳を目指していた点が大きく異なる。

人格教育の隆盛

1980年代以降，アメリカでは伝統的な価値を子どもたちに教えていく人格教育が再び脚光を浴びだした。その背景には，

1960年代より社会問題となっていた若者の傷害や暴力，薬物，性の問題，社会の変化による家族構成の変化などが挙げられる。1990年代にはベネットの『徳の本』（邦題は『魔法の糸』）が出版されるなど人格教育に対する国民的関心も高くなり，1996年に当時のクリントン大統領は子どもへの人格教育を国家的優先課題として取り上げた。

　1990年代以降，アメリカの人格教育を牽引する代表者としてリコーナ（T.Lickona）が挙げられる。彼は1994年に「第4第5のR研究所」を設立し，読み書き算の3R's だけではなく，「尊敬」（Respect）と「責任」（Responsibility）を学校教育で育んでいく必要があると主張した。彼はコールバーグの道徳性発達理論に基づきながら，独自の人格教育を展開した。例えば，彼は尊重と責任以外にも，誠実，公正，寛容，分別，自己訓練といった11の道徳的価値を列挙し，子どもの発達段階に応じた教育の展開，ならびに学校全体，そして家庭との連携によって，人格教育の展開を試みている。

現在のアメリカの人格教育の展開

　アメリカでは，道徳教育は教科として設定されておらず，基本的には州による取り組みに依拠しているが，連邦政府が人格教育を推進している。

　その中において，アメリカの人格教育に大きな影響を与えている団体に，人格教育パートナーシップ（Character Education Partnership）が挙げられる。

この団体は「11の原則のフレームワーク」を用いて，学校全体の取り組みとして思考，感情，そして行為において，人格教育に取り組めるようなプログラムを展開している。この団体が設定しているコアとなる道徳的価値は，ケアリング，誠実，公平，責任，自他の尊重の5つである。

　またキャラクター・カウンツ（Character Counts）という団体は，信頼，尊敬，責任，公正，ケアリング，シティズンシップという6つの柱となる道徳的価値を挙げ，さらにそれらを認知的側面，社会情動的側面，人格の発達と理解，そして学校の風土という4つの側面から実施するプログラムを提供している。

　このように，現在の人格教育はコアとしての道徳的価値を列挙するという特徴があるものの，単にそれらを教え込むのではなく，学校環境の改善や教師教育，個々の子どもの知的，情動的，社会的な発達などを考慮に入れながら多様な側面から展開している。

〈参考文献〉
・荒木寿友『学校における対話とコミュニティの形成』三省堂2013，岩佐信道「アメリカにおけるキャラクター・エデュケーションの動向」『比較教育学研究第26号』2000，トーマス・リコーナ／三浦正訳『リコーナ博士のこころの教育論』慶應義塾大学出版会1997

（荒木寿友）

諸外国の道徳

111　ドイツの道徳教育

基本的な押さえ

　ドイツの学校における道徳は，時間割上には日本のような教科化された「道徳科」といった表示は見えない。教科としての「道徳科」だけでなく，領域となる「道徳の時間」も設定されていない。一方で教育課程全体を通して実施する考え方（全面主義）が位置づいている。いわゆる教育課程を横断的に捉えた道徳教育であり，環境教育や平和教育といった教科横断的な科目の中で，道徳的価値について学ぶことがねらいとされている。

宗教教育と教育課程

　ドイツは，同じ欧州の隣国フランスとは異なり，国の定めた教育課程の中に「宗教」の時間を設けている。つまり，国が認めた「宗教」を全国民に教えている。基本的人権の問題（信教の自由）と微妙な関係を示す「宗教」が，教育課程に位置づけられている。各州で多少の違いはあるものの，時間割上は週に2回程度の授業が実施されている。「宗教」の授業が，日本における「道徳科」の役割を果たしている。興味深いのは，この「宗教」がドイツ連邦共和国基本法（ドイツ憲法）によって正式に認められていることである。時間割に掲載されているということは政府が広く認めたものであり，憲法により児童生徒に学校で宗教を教えるということである。

「宗教」科の教育指針

　ドイツの道徳教育は，国で定めた「宗教」科の時間において，日本の道徳科に相当する内容を指導している。ここでは，「宗教」科はどのような指針をもって教育しているのかを確認してみる。

　伝統的にキリスト教が普及している地域であるとはいえ，ドイツ国民の中に他の宗教を信じる者がいることも確かである。キリスト教といっても信心深いプロテスタントではなく，一般的なカトリックの宗派を信じる人もいる。宗派によって異なる内容だった場合に，心を育てる「宗教」科の時間に混乱は生じないのだろうか。ドイツの場合，宗教や宗派別に異なる教室で「宗教」の授業が行われる。指導者は各宗教や宗派が決めた講師や聖職者が派遣されるため，混乱はなく，各教室で淡々と各宗派の作法に従って授業が進められている。他宗教の児童生徒に配慮はいらず，踏み込んだ話ができて，授業内容も充実している。また，無宗教というグループの児童生徒に対して「宗教」科の代替科目として「倫理」科が設けられている。

家庭と「宗教」科の教育

　国は国教を定め，その上で国教となる「宗教」を公教育の学校で責任をもって教えるという考え方をドイツはとっている。ドイツの保護者には，信仰する宗派

の授業を子どもに受けさせる権利や，一切の宗教教育を拒絶する権利が認められている。つまり，我が子が学校での「宗教」科の授業で家庭の信仰と異なる中身を教えられてしまうことのないよう，保護者こそが第一義的な教育権者にほかならない。またドイツの保護者は基本的権利として学校運営への参加権を保障されている。そのためカリキュラムに加えられている「宗教」科の指導内容についてのチェックは日常的に入ることになる。また，保護者は学校における「宗教」科の授業に対して家庭でどのような補習や助言ができるかというプラスの視点で教育権者としての学校と連携している。

いじめ問題と「倫理」科との連携

いじめは，ドイツの学校でも大きな課題となっている。いじめに対しては，懲戒処分が各州の教育法制度によって厳しく決められている。特徴的なことは，いじめ問題が発生した場合に，生徒の代表者が調停をする場合もあり，生徒自身が道徳的な視点に立っていじめをどのようにしたら解決できるかという実践的な場面を取り入れた教育を施していると捉えることができる。生徒が調停する場合には，事前に訓練を受けて，生徒間のいじめなどの問題について双方から意見を聞き，学校側の助言も受けながら最終的に生徒が調停を行う。これにより調停に入った生徒だけでなく，調停のなりゆきを見守った生徒にも道徳的な教育効果が高いとの評価がある。

ヘルバルト以来の「訓育教育」

東西統一後のドイツは，ヘルバルト学派や改革教育学派の学者が，実践的で実証的な経験アプローチを展開してきた。一方では，ヘルバルト以来の「授業による訓育」という「訓育的教授」の伝統を踏まえ，授業を知識習得の認知的な場としてのみで捉えていない。最近の道徳教育はこの訓育教育を基盤にしながら，授業においては単なる聖職者による宗教的な道徳教育で終わらせるのではなく，社会ルールや倫理的な視点からも深く考えられるように二教科の融合が図られている。学校によっては同じ教員が担当したり，授業実践において発展的に宗教と倫理を連携させたりしている。2教科は「連携に関する手引き」として，倫理科の大綱レーアプランを確認して継続的に検討するようにした。これまで現場の教員の判断に委ねられてきたが，新たな教科間連携の教育内容と方法が示された。またその目的として，生徒自身の異文化間コンピテンシーを発達させることが明らかになった。

〈参考文献〉

・松原岳行「ドイツで行われている道徳教育」『学校マネジメント　2007年10月号』明治図書，濱谷佳奈「ドイツの道徳教育にみる倫理科と宗教科との教科間連携の特徴と課題—ベルリンの事例研究とインタビュー調査を中心に—」『大阪樟蔭女子大学研究紀要　第6巻』2016

（東風安生）

諸外国の道徳

112　フランスの道徳教育

基本的な押さえ

　フランスの学校における道徳教育は，市民社会の構成員としての資質を養うことを目的とする公民教育として行われている。しつけや人格形成に関わる教育は，主に家庭や地域社会（教会）の役割とされ，宗教教育は公立学校では禁止されており，各家庭に任せられている。

公民教育と学校

　フランスの公民教育は，学校の教育活動全体を通じて行われるべきものとされている。校種別に見ると，小学校で実施されている「公民」は「社会生活上の規律と基本的価値観を理解し，責任感を身につける」という目標を掲げて指導実践している。指導内容について見てみると，「真実」・「勇気」等の意味を学ぶことや「他者の尊重」「生活環境の尊重」等が示されている。コレージュという中学校では，教育目標が公共の市民としての意識に関連するようになる。「民主主義とフランス共和国の基本的原理・価値観，法制度の知識及び社会的・政治的生活上の規律を理解することにより，人権・市民という考え方を身につける」ことや「個人及び集団の責任感を養う」ことなどを目標としている。道徳通信が何のために発信されるのか。そのねらいは，発信者と対象者が誰によるかで少しずつ異なる。中学校の指導内容は「コレージュでの生活規則」「権利と義務」「人間の尊厳」など，学校生活から市民そして人間の生き方と系統的な内容になっている。リセという高等学校では，1999年の教育改革によって高校の教育課程に「公民・法・社会福祉」の科目が新たに設けられた。この科目で「人の意見を尊重しつつ自分の意見を守り議論することを学び公民権と民主主義について学習する」を教育目標として定めるようになった。

公民教育の課題

　フランス政府はコレージュとリセでの暴力問題に対して「校内暴力対策」としての「暴力対策重点地域」の指定拡大や警察による治安強化，テレビ番組の暴力シーンの規制強化等に取り組んでいる。1997年から導入された「教員補助員」制度という子どもたちの生徒指導を行う補助員の配置の充実等にも取り組んでいる。問題行動への対応の一方で公民教育の徹底に重点を置いた施策も打っている。これは2005年に改正された「2005年学校教育基本法」にも見られる。今までも公民教育の充実が図られているが教会に若者が足を運ぶことが少ない現状があった。宗教に関心をもつ若者が減り教会における宗教教育による心の平穏と崇高的な情操の育成が不足してきた。家庭や地域での教育の衰退，「公民」の授業及び公民教育全体の改善が求められている。

これからの公民教育・道徳教育

　フランスでは市民意識を強めるための生活を支えるような価値意識（例えば，「規則の尊重」や「利他的意識」など）の共有に力を入れている。小学校においては，「集団規律の尊重」や「ボランティア活動の重視」に比重を置き，コレージュにおいては公民教育のカリキュラムにおける内容の高度化を図っている。リセにおいても高等学校の教育課程における「公民」科の教育の充実を図っている。また就学前の段階で，フランス語の基礎の習得に伴って，公民意識の育成も同時期に実施することの大切さを鑑みて，2歳からという幼児期の早期段階における就園を奨励するようになった。

　1980年代までのフランスは，伝統的に主知主義的教育が強く，子どもの主体的活動を重視するような新教育の方向で教育改革が進んでいった。しかし1980年代半ば頃からの反省により，基礎学力と公民的資質の充実を重視したミッテラン大統領による政府の施策が始まった。フランスの道徳教育は，歴史的な民主主義の獲得の歴史の流れの中で，公民（市民）としてのマナーやルールを守って人権を尊重していく公民教育の中で育て上げられてきたのである。2008年には，小学校の教育課程に「道徳」という名称の入った科目「市民・道徳教育（instruction civique et moral）」が40年ぶりに入ることになった。2011年には，サルコジ大統領政権下において，道徳教育に関する通達「フランス小学校における道徳教育における大臣通達」が発出されて，フランス全域において道徳教育に対して，公民（市民）教育を通じて，その指導内容の充実を図った。

具体的な道徳教材等

　nathan 社による初・中・上級の3種類の教科書が多く用いられている。内容は，具体的な行動を示したり，「あなたができるおつかいは何ですか」といった実践を促す質問があったりする。初級は「家族，動植物，学校，清潔・衛生・健康，秩序と気づかい，労働，よりよく生きる，誠実と礼儀，善良さ，偉人の生涯」など10章からなっている。ジャンヌ・ダルクの生き方を愛国心の育成で用いている。中級や上級では教科書は講話や談話によって書かれている。「節制，正直，慎み，親切心，勇気，寛容，労働，協力，チーム精神，言葉の尊重，他者理解，郷土愛，家族や国への愛と義務」などで，指導方法は朝の朗読15分間が主な授業である。これを伝統的に受け継ぐ一方で，公民教育では，こうした物語や講話による指導とは別に授業が進められている。

〈参考文献〉

・押谷由夫「フランスで行われている道徳教育」『学校マネジメント　2007年10月号』明治図書，大津尚志「第二次世界大戦後フランスの小学校道徳教育」『武庫川女子大学大学院　教育学研究論集第8号』2013

　　　　　　　　　　　　（東風安生）

113　イギリスの道徳教育

基本的な押さえ

イギリスは，4つの「国」（イングランド，ウェールズ，スコットランド，北アイルランド）で構成される連合王国（United Kingdom）であり，各国は，それぞれ独自の教育制度を敷いている。ここでは，首都ロンドンを擁するイングランドの学校教育を取り上げる。（なお，イングランドとウェールズの教育課程はほぼ同様であり，両国で人口全体の約9割を占めている）

イングランドの学校における道徳教育は，主として次の3つの領域で実施されている。1つは宗教教育である。イングランドはキリスト教（英国聖公会）を国の宗教と定めており，学校では伝統的にキリスト教による宗派教育が実施されてきた。次に，20世紀後半以降，社会の世俗化や多宗教化の進展に伴い，人格や社会性を育む宗教に拠らない教育への関心が高まり，身近な人間関係や子どもの生活上の様々な問題を扱うPSHE教育（Personal, Social, Health and Economic Education：人格・社会性・健康・経済教育）が教育課程に位置づけられた。さらに，2000年代には，新たな社会を担う市民性を育てるシティズンシップ教育が導入された。イギリスでは，これら3つの教育が，時代や社会の要請に応えつつ，それぞれの特質を生かした道徳教育を展開している。

多文化社会の基盤としての共有価値

イギリスは，20世紀後半から，積極的に多文化共生政策を推進してきた。これと並行して，多様な文化的背景をもつ人々が共に生きる社会の基盤となるような「共有価値」への模索も続けられてきた。2002年成立の教育法では，子どもの「精神的・道徳的・社会的・文化的（spiritual, moral, social, and cultural：SMSC）発達」を促すために，基盤となる「英国的諸価値（British Values）」を学校において積極的に推進する意義が明示された。この「英国的諸価値」として，教育省は，2014年に，「民主主義」「法の支配」「個人の自由」「多様な信仰や信念に対する相互尊重，寛容，理解」の4つを示した。

イギリスには，カリキュラム開発の主体は学校であるという伝統があり，価値をどう教えるかは各学校に委ねられている。上の4つに限らず，創造性やレジリエンスなど，学校独自の諸価値を掲げた教育活動全体を通した実践も見られる。

宗教教育

イギリスでは，近代学校の成立以前から学校と教会との関わりが深く，学校でキリスト教の宗派教育を実施してきた歴史がある。1944年成立の教育法において，公立学校における集団礼拝と宗教教育実施が正式に定められ，以後，宗教科が必

修教科に位置づけられている。なお，保護者には，子どもを礼拝や宗教教育に参加させない権利が保障されている。

1988年の教育改革法でナショナル・カリキュラムが導入されて以降，主要教科の教育目標や内容が示されているが，宗教教育の内容は規定されていない。学習のガイドラインとなるシラバスは，各地方教育局が，英国国教会や他宗派，教員団体，地方教育局の代表者による協議会で作成し，「同意シラバス」（agreed syllabus）として公開している。

キリスト教の宗派教育として長い歴史のある宗教教育だが，現代では多文化・多宗教の共生が進むイギリス社会を背景に，シラバスの見直しが進められている。キリスト教の教義や聖書の学習は引き続き主要な内容だが，世界の諸宗教についての理解や宗教の現代的意義に関するディスカッションなども盛り込み，探究的な学習の充実が図られている。

PSHE 教育

PSHE 教育は，ナショナル・カリキュラムで「法令によらない教科」と定められており，実施は必修であるが，その方法（特設時間の有無など）は各学校に委ねられている。2020年より，PSHE 教育の主要な内容であった，「人間関係」教育や健康教育，性教育（中等教育）が必修と定められ，学校には学習時間の確保が要請されることになった。（コロナ禍の影響により2021年までに段階的に実施される予定である）

PSHE 教育のシラバスは，政府出資団体がガイドラインとして発行しており，学習内容や到達目標，評価の観点等が例示されている。特に，子どもの生活で起こりうる様々な問題をめぐる議論を通した問題解決能力の育成が重視されている。また，必修化に伴い，心身の健康に関する内容が大幅に改訂されている。

シティズンシップ（市民性）教育

シティズンシップ教育は，2002年より中等教育で必修教科として導入され，初等教育では，PSHE 教育と統合して実施されている。市民性教育は，1988年のナショナル・カリキュラムで教科等横断的なテーマに位置づけられたが，本格的な導入は1997年に発足した労働党政権下においてである。その枠組を検討した「シティズンシップ諮問委員会」（1998年）は，市民性教育の目標を「アクティブな市民」の育成と定め，社会的道徳的責任，地域コミュニティへの参加，政治リテラシーの育成を柱とする学習を提起した。市民性教育には諸価値（自由，寛容，公正，真実の尊重など）の育成も含まれるが，これらの諸価値は，現代的諸課題に関する議論を行う中で実践的に学ばれることが期待されている。

〈参考文献〉
・柴沼晶子・新井浅浩『現代英国の宗教教育と人格教育（PSE）』東信堂2001，菊地かおり「イギリス」『道徳教育』ミネルヴァ書房2018

（西野真由美）

諸外国の道徳

114　韓国の道徳教育

基本的な押さえ

　韓国では，初等学校（6年間）と中学校（3年間）には「道徳」という教科が設置されており，世界の中では数少ない教科教育の道徳教育を実施している国である。しかし，道徳教育を担っている教科はこの「道徳」だけに限らない。現在の「教育課程」（我が国の学習指導要領に相当）は，「共通教育課程」（初等1〜中3年）と「選択教育課程」（高1〜3年）の枠組で構成されているが，この中で道徳教育関連の教科目には，初等学校では「正しい生活」（1・2学年）と「道徳」（3〜6学年），中学校では「道徳」（1〜3学年），そして高等学校では「生活と倫理」「倫理と思想」「古典と倫理」の選択科目がある。このように，我が国では高等学校の倫理関連科目は公民科に含まれているのに対し，韓国では道徳教育の科目として位置づけられている。初等学校から高等学校まで，体系的で一貫した道徳教育のためのカリキュラムが整備されている点は韓国の道徳教育の大きな特徴となっている。

韓国道徳科における歴史的経緯

　歴史的に見れば，韓国（当時は朝鮮）は1910年〜1945年まで日本の統治下にあったため，戦前には「修身」によって道徳教育が展開されていた。しかし，「解放」を機に「修身」が廃止されると，ア

メリカ軍政期（1945〜1948年）と大韓民国の建国（1948年）を経て，「第1次教育課程」（1955年）（我が国の学習指導要領に相当）までの期間は「公民」及び「社会生活」という社会科的教科目によって道徳教育が実施されていた。

　ところが，建国直後の左右の政治勢力の対立や国内政変によって政情が不安定になっていくと，国民の「道義文化」は著しく退廃していく中で衰退し，次第に民族精神の主体性の回復を主張する「一民主義」や「道義教育」の重要性が叫ばれるようになっていった。この傾向は朝鮮戦争（1950〜1953年）の勃発によってさらに高潮し，以降の冷戦時代には道徳教育に政治的情勢が色濃く反映されていく結果をもたらした。すなわち，「第1次教育課程」（1955年）で「道義教育」の内容が登場し，「第2次教育課程」（1963年）では「教育課程」に「反共・道徳生活」が特設され，そして「第3次教育課程（1973年）では「道徳」へと教科化されていったのである。2020年現在，韓国はすでに40年以上の教科教育の道徳教育の歴史をもっているのである。

韓国道徳科の目標と内容

　現在は「2015改訂教育課程」が全面実施されているが，道徳科の目標は以下の通りとなっている。

【教育部第2015－74号道徳科教育課程】

道徳科は基本的に，誠実，配慮，正義，責任な
ど21世紀の韓国人として持つべき人間性の基本要
素を核心価値として設定し，内面化することを一
次的な目標とする。(中略)

(1)初等学校では，正しい生活科で形成された人
間性をもとに，自分，他者，社会・共同体，自
然・超越的存在との関係で自分の生活を反省し，
様々な道徳的問題を探究し，共に生きるために必
要な基本的な価値・徳目と規範を理解し，道徳的
技能と実践力を涵養する。

(下線は筆者による)

道徳科の目標では「核心価値」として，「誠実」「配慮」「正義」「責任」という４つの価値徳目が重視されており，それらを内面化して道徳的探究力や倫理的省察力，道徳的実践力等を育成することが目指されている。また，扱う価値徳目の内容は，自分から見た場合の，「①自分との関係」「②他者との関係」「③社会・共同体との関係」「④自然・超越的存在との関係」という４つの領域で整理されており，各領域の中心となる価値は，それぞれ前述の「核心価値」に対応する関係となっている。

また，内容項目は２学年ずつ12個ずつ示されており，扱う価値・徳目の数はかなり絞られている。「感情表現と衝突の抑制」「ネットマナー」「統一の意思」など，現代的な課題や韓国固有の政治的課題などが扱われている点は興味深い。

韓国道徳科の動向と展望

韓国の道徳教育には，戦前の修身科教育から戦後の社会科による教育，そして1960年代の「特設道徳」の開始や1970年代の教科化など，多くの部分で我が国と共通する歴史がある。しかし，教科化後は小・中・高一貫の体系的なカリキュラム開発や道徳科教員免許制度（中・高）の整備と拡充，そして大学の研究者養成等など，韓国固有の道徳教育の在り方が精力的に追究されてきている。

したがって現行の「2015改訂教育課程」は，韓国の道徳科教育40年の歴史的到達点ということができるだろう。未だ発展途上にあるのはいうまでもないが，このカリキュラムが示唆するのは単なる小手先の変更や改善ではなく，現代社会が求める道徳科教育の１つの「かたち」であり，可能性である。そしてこれまで教科教育の体制を支えてきた周辺環境の成果でもあるだろう。我が国においても未来社会を見据え，道徳教育カリキュラムの開発とそれを支える研究者の養成，さらには高校の教科教育への可能性など，包括的な条件整備への検討が必要ではないだろうか。教科教育の先行事例として，韓国の実践から示唆される点は少なくない。韓国道徳科の成果と課題については今後とも注目していきたい。

〈参考文献〉

・関根明伸『韓国道徳科教育の研究　教科原理とカリキュラム』東北大学出版会2018

（関根明伸）

諸外国の道徳

115　中国の道徳教育

基本的な押さえ

　中国では，地域によっては5年間の小学校と4年間の中学校（初等中学校）による5－4制もあるが，ほとんどの場合は6－3制の学校制度がとられている。1949年以降に開設された道徳教育及び政治教育に関する教科は，一般に徳育科と総称されており，2001年以降では徳育科は小学校では「品徳と生活」（1～2学年）と「品徳と社会」（3～6学年），中学校では「思想品徳」が実施されてきた。ところが，現在の中国では社会科系の教科は大幅なカリキュラム改革が実施されており，2016年にこれらは全て「道徳と法治」という教科名に変更された。しかも，国家基準のカリキュラム自体は現在も2011年の「課程標準」（我が国の学習指導要領に相当）が適用されており，ある意味で現在も移行期間となっている。そこで本欄では，2011年発表の現行「課程標準」に沿いながら，中国における徳育科について紹介することにしたい。

中国の道徳教育の歴史的経緯

　歴史的に見れば，中国における道徳教育の思想的基盤は徳治であったが，第二次世界大戦後に中華人民共和国が建国（1949年）され，続いて1966～1976年頃に「文化大革命」という政治運動が展開されると，道徳教育は「政治」という教科書を用いての毛沢東思想を教える政治

教育的な内容が展開されるようになった。

　ところが，1978年からの「改革開放」政策に基づく社会主義市場経済の発展や「一人っ子政策」，あるいは受験競争の激化による「応試教育」等の社会の変化を受けて，児童生徒の発達段階を踏まえ，社会の変化に対応できる柔軟な教育が求められるようになっていった。

　そこで政府は国家戦略の一環として，徳育科の大胆な改革に着手した。1981年には健全な人格養成のための「素質教育」という理念の下で「品徳教育」が掲げられ，小学校では思想政治教育と道徳教育が合科した「思想品徳」が，中学校では「思想政治」という教科が新設された。かつての政治や思想に関する知育重視一辺倒の教育ではなく，児童生徒の主体的な学習や実際の生活も考慮した道徳教育が進められるようになったのである。

　このような改革は，2000年以降も引き続き継続されており，2001年に「基礎教育課程改革綱要（施行）」，2002年には「新教育課程標準」が発表された。2001年，小学校の1～2学年には従来の「思想品徳」と「自然」が統合されて「品徳と生活」が設置され，小学校3～6学年は「思想品徳」と「社会」が「品徳と社会」へ，そして中学校では「思想政治」が「思想品徳」へと変更されている。低学年では生活を基礎とする活動型の教科として，中・高学年では社会生活を基盤

とする総合課程として，そして中学校では中国共産党が進める社会主義の世界観・人生観の浸透を徹底するために再編された。また，「自ら学び考える力」や「他人を思いやる気持ち」「感動する心」「探究心」「たくましく生きるための健康や体力」という「素質教育」は一層推進されている。

だが前述の通り2016年には小・中学校で法治知識の推進が決定され，中国教育部は小・中学校の道徳教育関連の教科名を全て「道徳と法治」へと変更した。

徳育科の形態（2001年）

2001年に設置された小・中学校の徳育科関連の教科を整理すれば，次のようになる。

中学校	思想品徳	分科型		総合型
		歴史	地理	歴史と社会
小学校	品徳と社会（3～6年）			
	品徳と生活（1～2年）			

沈暁敏「中国における公民教育課程の変容と現状」より一部抜粋

「品徳と社会」の目標と内容

小学校「品徳と社会」の総目標は，「生徒の良好な道徳品性の形成と社会的発展を促進し，生徒が社会を認識し，社会に参加適応して，思いやりと責任があり，良好な行為習慣と個性的品性を有する社会主義のよき公民になるように基礎をつけること」となっている。

そして，「個人」「家庭」「学校」「地域社会」「祖国」「世界」に関するモラルや社会的知識・技能の内容の項目については，「社会環境」「社会活動」「社会関係」の側面から学ぶようになっており，学校や社会の一員として必要な道徳的かつ社会的な知識や技能の学習に重点が置かれている。

「思想品徳」の目標と内容

中学校の「思想品徳」の総目標は，「生徒が理想，道徳，教養，紀律意識のあるよき公民になる基礎をつけること」とされており，内容は「心理」「道徳」「法律」「国状」という4つの領域で構成されている。道徳教育と法制教育が中心だが，国民の権利や責任，心理・健康や人間関係に関する内容も含まれている。

中国の道徳教育

中国では，政治思想教育や人生観や世界観の教育，法教育なども徳育の概念に入っており，徳育教育はかなり幅の広い概念として扱われている。道徳教育と政治教育が互いに関連しつつ，融合されて展開されているのが中国の道徳教育の大きな特徴なのである。

〈参考文献〉

・沈暁敏「中国における公民教育課程の変容と現状」『社会科教育論叢　第49集』全国社会科教育学会2015

（関根明伸）

116 シンガポールの道徳教育

基本的な押さえ

シンガポールは，東南アジアのマレー半島の南端に位置する人口約560万人の国際的な都市国家である。74％の中華系と14％のマレー系，9％のインド系，そして3％のその他の民族で構成されており，多様な民族と宗教を抱える多民族国家でもある。1965年にマレーシアから独立して55年ほどであり比較的歴史は浅いが，天然資源が乏しいシンガポールでは教育による人材育成が最重要課題とされ，様々な教育政策はこれまでの目覚ましい経済的発展を支えてきた。1990年代以降，様々な国際学力調査等では常に世界のトップレベルに位置しており，児童生徒の学力の高さは世界的に注目を浴びている。だが，一方では小学校に留年制度があったり，卒業時には初等教育終了試験（Primary School Leaving Examination：PSLE）の成績で中学校への進学が左右されたりするなど，受験競争の過熱は社会問題にもなっている。

道徳教育関連の教科としては，1991年に小学校（6年間）と中学校（4年または5年間）に「公民・道徳」（Civics and Moral Education：CME）が設置され実施されてきたが，近年では2014年にそれにかわって「人格・市民性教育」（Character and Citizenship Education：CCE）が導入され，大きな転換期を迎えている。多民族国家としての多様性を認めながら国民としてのアイデンティティ形成を目指す道徳教育から，価値教育やスキル学習，体験活動による21世紀型のコンピテンシー育成を目指す教育へと大きく転換されているのである。

道徳教育の歴史的経緯

シンガポールは，1824年にイギリスの植民地となって以来，東南アジアの重要な貿易拠点としてアジア各国からの出稼ぎ移民等を数多く受け入れながら発展してきた。したがって，様々な人種や民族，宗教を背景とする人々が混在して生活しているため，文化的な多様性の維持と統一国家としてのアイデンティティ形成は，同時に達成されなくてはならない国家的な課題となっていた。

1959年の自治権の獲得後には，いかに移民集団に同胞意識や市民意識を醸成するかが課題とされたため，同年に教育省は小・中学校に「倫理」（Ethics）という教科を導入した。1967年になると，それにかわって「公民」（Civics）が設置され，「愛国心」や「市民意識」等の徳目を扱う道徳教育が積極的に進められた。1974年には，それにかわって小学校には「生活教育」（Education for Living：EFL）が導入され，各民族の文化や歴史への理解が一層図られるようになった。さらに，1991年にはそれにかわって小・中学校に「公民・道徳」が設置されたこ

とで，国民が共通に共有すべき「国民共有価値」（Shared Values）としての「尊重，責任，ケア，調和，誠実，レジリエンス」の6つが「中核価値」（Core Values）として位置づけられ教えられてきた。

ところが，教育省は2010年に「国民共有価値」と21世紀の市民像をコンピテンシー育成の観点から捉え直して「C2015」を発表すると，2014年からは小・中学校に新たに「人格・市民性教育」（Character and Citizenship Education：CCE）が導入された。

「人格・市民性教育」（CCE）の内容

CCEの内容構成は，以下の通りである。

「人格・市民性教育」の内容構成

中核価値 (Core Values)	ビッグアイディア (Big Ideas)	領域 (Domains)
尊重 責任	アイデンティティ 関わり	自己 家族
レジリエンス 誠実 ケア 調和	選択	学校 コミュニティ 国家 世界

『道徳教育を学ぶための重要項目100』p.53（西野真由美執筆）より再引用

CCEは，激しく変化するグローバル化社会において「よき個人と有用な市民となるために，生徒に価値を教え，コンピテンシーを形成する」ことを目的とした教科である。学習内容は6つの「中核価値」と3つの「ビッグアイディア」，そして6つの「領域」の組み合わせで構成されており，単なる知識や技能だけでなく，技能や態度を含む様々な心理的・社会的リソースを活用する能力を育成することで，児童生徒に核となる価値観や社会的な能力，シティズンシップに関するスキルを身につけさせていく。また，生徒中心の学習であること，人格教育と市民教育のバランスがとれていること，自己から世界に領域を広げるものであることなどが特徴となっており，価値やスキルの学習とともに，様々な活動も取り入れられることで総合的な活動の時間となっている。

シンガポールの道徳教育の方向性

シンガポールでは，これまでは「教えること」による国家・国民のアイデンティティ形成が道徳教育の重要課題とされてきた。しかし2014年以降，総合的な学習のプロセスを重視するCCEの設置によって，「何ができるようになったのか」，コンピテンシーの育成が重視される道徳教育へと大きく転換されている。しかも価値やスキルを学ぶだけでなく，学習方法には体験的な学習や協同学習，討論やロールプレイングなども導入されることで総合的で実践的な学びとなっている。道徳教育の実効性が課題の1つである我が国においても，このようなシンガポールの動向と成果には今後も注目していく必要があるだろう。

〈参考文献〉
・貝塚茂樹・関根明伸『道徳教育を学ぶための重要項目100』教育出版2016，平田利文『アセアン共同体の市民性教育』東信堂2017　　　　（関根明伸）

諸外国の道徳

117 ソクラテス

基本的な押さえ

　古代ギリシアの思想家，教育家。紀元前5世紀のポリス（都市国家）アテナイに生まれ，ほぼ全生涯をアテナイで過ごしたとされる。ソクラテス自身は著作物を残さなかったため，その生涯と思想については彼の影響を受けたプラトンなどの著作を通して理解されている。しかし，同一著者の中でもソクラテスと著者自身の思想との区別が問題となる。プラトンを例にとれば，『ソクラテスの弁明』『クリトン』等の初期の作品に登場するソクラテスは実像に近いが，その後の作品はソクラテスに語らせたプラトンの思想という受け止めが一般的である。

　また，著作物に登場するソクラテスは著者と作品により大きく異なることがあり，いずれを基準とするかにより，その人物像には揺れ幅がある。アリストパネスの『雲』に登場するソフィスト的なソクラテスは，プラトンやクセノフォンによって描かれたソクラテス像と大きく異なる。この点について，当時のソフィストたちを風刺するために誇張されたソクラテス像を登場させた（実際のソクラテスと異なることは周知のことであった）という見方が一般的である。しかし教育学者の村井実は，「若き日のソクラテスに対してソフィスト的性格の存在を認めることは，必ずしもソクラテスを軽んずることにはならない」と指摘した。

　すなわち，40歳前後のソクラテスにソフィスト的な性格が認められ，晩年のソクラテスに反ソフィスト的性格が顕著であるということは，人間の成長としてみれば極めて自然のことである。これを村井はソクラテスの「回心」と表現するのであるが，契機となったのが『ソクラテスの弁明』でも語られることとなる「デルフォイの神託」（「ソクラテス以上の賢者はいない」という神託）である。ソクラテスにはそのような自覚はなかったので，彼は自分よりも知恵のある者を探しだそうとして様々な人物に対面して相手が賢者であるかどうかの吟味をすることになった。これ以降のソクラテスがプラトンやクセノフォンの著作を通して知られる「ソクラテス」だというのである。結局，「賢者」とは，無知の自覚を有する者のことである。

「徳は教えられるか」という問い

　プラトンの対話篇『メノン』では，「徳は教えられるか」という問いに対して，徳とは知識であり，知識は正しさ（善）であり，知識とは教えられうるものであるから徳は教えられうる，という仮説から探究を始めるものの，結局，徳は「教えられるもの」ではなく，それゆえに「知識」でもなく，神によって与えられている，正しい「思わく」であると結論づけられる。その根拠として，アテ

ナイにおいて徳の教師と認められる人物が見出されないこと，また立派な人物とみなされる人々でさえ自身の子どもたちに徳を教えることに成功していないという事実が挙げられる。論証としては不十分であるが，少なくともこのような議論を行うためには徳（人間の徳性）の本質についての考察から始める必要があるということがわかる。

悪法と正義

『ソクラテスの弁明』では，メレトスらの告発により裁判をうけたときに，これまで多くの被告がそうしてきたように裁判員の好意を求める方法に出て有罪であっても追放刑にとどめてもらうことが可能であったにもかかわらず，あえてそれをせず死刑の評決を受ける。続編と位置づけられる『クリトン』では，脱獄の手はずを整えてきた友人に対して，自身が法によって恩恵を受け，また国外へ移り住む自由もあったにもかかわらず人一倍アテナイを好んで住み続けてきた人間（自由民）として，自分の都合の悪いときにだけ法を破壊する行為を正当化する論理をもち出すのは不正である，という趣旨を述べて友人の説得を振り切る。

　これは，今日の「悪法も法か」という「悪法問題」に結びつく。ただし，ソクラテスはアテナイの法を道徳的に間違っているとは見ていなかった。むしろ評決（評決に関わった人々の判断＝事実認定）が誤っており，そもそもアテナイの神々を否定し青年を堕落させたとして告訴さ

れたこと自体が不当であると主張したのである。

問答法と産婆術

　対話（dialog）は，人と人の間におけるロゴス（言葉，論理）のやりとり，ひいては人間的交わりが語源であるとされ，その後の西洋の教育思想においては一種理想的なコミュニケーションとして語られるようになる。しかし，ソクラテスの実践は，相手を自己矛盾に至らせ，本質に関する無知を確認するために用いられ，ときに相手の怒りを買うアイロニーを含むものであった。他方，このような働きかけは，相手の見解に質問を重ねることにより吟味しつつ当人の意識していなかった新しい思想を生み出させる問答法としての側面であり，プラトン中期の対話篇『テアイテトス』において「産婆術」と表現された。自身は真理を生まないが，若い人々がそれを生むのを助けることはできるとしたのである。今日「ソクラティック・メソッド」は，教師の一方的な話に終わらない，対話的な授業方法一般を意味するようになった。

〈参考文献〉
・プラトン／田中美知太郎訳「ソクラテスの弁明」「クリトン」『プラトン全集第1巻』岩波書店1975，クセノフォーン／佐々木理訳『ソークラテースの思い出』（改版）岩波書店1974，村井実『ソクラテス』牧書店1956，小笠原道雄『道徳教育原論』福村出版1991

（堺　正之）

人物

基本的な押さえ

カントは，プロイセン王国（ドイツ）のケーニヒスベルクに生まれ，ケーニヒスベルク大学に学び，卒業後は7年間にわたり家庭教師として生活した。1755年にケーニヒスベルク大学の私講師として採用され，1770年に同大学の教授となった。『純粋理性批判』『実践理性批判』『判断力批判』の三批判書を発表して批判哲学を提唱し，認識論における「コペルニクス的転回」をもたらしたとされる。また，同大学では「教育学」の講義も担当しており，晩年には『教育学』として出版された。カントの思想は，ドイツ観念論哲学として位置づけられるフィヒテ，シェリングやヘーゲルのみならず，西洋哲学全体に影響を及ぼしている。倫理学の分野においては，規範的倫理学の有力な立場の1つである義務論を代表する人物として位置づけられている。

善意志と義務

『実践理性批判』（1788年）の前に公表された『道徳形而上学原論』（1785年）では，その第1章冒頭に「我々の住む世界においてはもとより，およそこの世界のそとでも，無制限に善とみなされ得るものは，善意志のほかにはまったく考えることができない」という有名な言葉が出てくる。善意志とは，有用性や成果などに全く依存しない，それ自体の無条件的な善さである。それは理性が「なすべし」と命じることを，打算や傾向性などの要素をまじえず，それ自身のために意志しようとする純粋な意志作用であるとされる。このようにカントは，善の根拠をその実質（内容）にではなく，主体の意志の在り方という形式に求めたのであるが，後にマックス・シェーラーによりカントの「形式主義」として批判されることになる。

義務論の文脈に即していえば，行為の結果が義務にかなう（適法性，合法性）というだけでなく，義務自身のためになされる行為こそが真の道徳的善さ（道徳性）をもつ。そこでは，動機の純粋性が重視されるのである。また，各自が行為の前提として採用する原理としての格率（Maxime）は，自分にとってだけ都合のよいものでなく，全ての人が理性的に承認しうるものであることが求められる。このような意味で，善意志とは定言命法に従う意志にほかならない。

定言命法

定言命法（Kategorischer Imperativ）は仮言命法（Hypothetischer Imperativ）と対比される。仮言命法とは，「もし人に信用されたければ，正直にすべし」のように，「もし〜したければ，〜せよ」という，条件つきの命令である。これに対して定言命法は，ただ

「～すべし」と無条件に命ずるのみで，例外を認めない。

定言命法の第一の定式は，「汝の格率が普遍的法則となることを，その格率を通じて汝が同時に欲することができるような，そうした格率に従ってのみ行為せよ」である。このように，カントは倫理学の役割を「行為に対して法則を与えるのではなくして，ただ行為の格率に対して法則を与える」（『道徳哲学』p.33）ことであるとしている。

しかし，自らの格率が普遍的法則となることを意欲できるのは，意欲の主体である意志が，意欲の対象の諸性質に依存しないで，直接に自分自身に対して普遍的法則となることによる。

自律としての自由

自律とは，感性の自然的欲望などに拘束されず，自らの意志によって普遍的道徳法則を立て，これに従うことであり，逆に自身の欲求や他人や神が定めた規則にただ従うことは他律とされる。もし人間が感情や欲望のままに行動するだけなら，そこに自由はない。それに対して，人間が理性の立てた道徳法則に従って行為する状態，すなわち完全に自己自身を支配している状態こそが，自分以外の何者にも従わないという意味で「自由」である。このような自由は，「意志の自律」と呼ばれる。カントの「自律」概念は，人間の道徳性発達研究の基礎概念として，ピアジェ，コールバーグ等に大きな影響を与えてきた。

人間の尊厳

カントは自らの意志で道徳的に生きる存在を「人格」と呼ぶ。人間が尊いのは，この人格をもつからである。人格は一定の尊厳を有する。ここから，定言命法の第二の定式「汝の人格や他のあらゆる人の人格の内にある人間性を，いつも同時に目的として扱い，決して単に手段としてのみ扱わないように行為せよ」が導かれる。

「人格」は，教育基本法の第1条（教育の目的）における重要概念として位置づけられており，この点は2006年の全面改正でも変更されていない。また学習指導要領解説において道徳教育の目標としての「道徳性」が「人格の基盤」であるという説明は，道徳の「特別の教科」化の前後で変更されていない。このような考えは道徳教育が拠って立つ「人間尊重の精神」すなわち「人間の尊厳」につながる。法的な意味での「尊厳」は「人権」によって裏打ちされ他の諸権利と比較できない権利として考えられている。人間の尊厳は生命倫理や医療倫理の問題を考える場面にも応用されており，これらを現代的課題として取り扱う道徳科に重要な視点を提供している。

〈参考文献〉

・カント／篠田英雄訳『道徳形而上学原論』（改訳）岩波書店1976，カント／白井成允・小倉貞秀訳『道徳哲学』岩波書店1954，カント／勝田守一・伊勢田耀子訳『教育学講義他』明治図書1971

（堺　正之）

人物

119　ヘルバルト

基本的な押さえ

　ヘルバルトは1776年，ドイツ北部，オランダとの国境に近いオルデンブルクに生まれた。1794年からイエナ大学で哲学を学んだ。イエナ大学ではフィヒテの影響を受けつつも，後にフィヒテの観念論に対しては批判的な姿勢を示すようになる。1797年から2年あまりの間，スイスで家庭教師を経験したこと，また家庭教師を辞してスイスを離れる直前にブルクドルフにあるペスタロッチの学校を訪問したことが，教育学への道を選択する大きな要因であったといわれる。実際，ペスタロッチの『ゲルトルートはいかにしてその子を教えるか』が公刊された翌1802年，ヘルバルトはいわゆる『ペスタロッチの直観の ABC の理念』を出版している。同年，彼は学位を授与され，教授資格を得てゲッティンゲン大学の私講師となり，のちに員外教授となった。この時期，主著となる『一般教育学』（1806年）を出版している。1809年，ケーニヒスベルク大学の哲学及び教育学の講座に教授として着任した。これはかつてカントが占めていたポストである。彼はここで教育学の学問論的な深化と教師育成のための施設及びこれに付属する実習学校の設立に関わった。1833年にゲッティンゲン大学に戻り，ここで『一般教育学』以来のテーマを明瞭化する『教育学講義綱要』（1835年，第2版1841年）

を出版した。

教育の目的としての道徳的品性

　彼は主著『一般教育学』において教育学を学問論として吟味し，より確かな基礎づけを試みている。ヘルバルト以前の教育思想家の著作にも今日に伝わる優れた知見は含まれているが，それらとの決定的な違いは彼が教育の技術から学問としての教育学を区別し，教育学を目的論及び方法論の両面から基礎づけつつ体系化しようとしたことである。彼は教育の目的を実践哲学（倫理学）に求め，教育の目的は強固な道徳的品性と興味の多面性の陶冶にあるとした。彼は「道徳的品性」が教育の目的たりうるためにはその概念を拡大する必要があるとする。ヘルバルトは自らを「カント学徒」と表現し，道徳的であるとは意志が義務（必然性）に服従していることだとは認めるが，カント的な先験的自由論，経験を超越した定言命法ではなく，道徳判断のもとにある意志による命令の基礎として美的判断を重視した。

教育的教授

　実践哲学（倫理学）と表象力学（心理学）を基礎としたヘルバルトの教育学構想は，その必然の目的として「道徳的品性の陶冶」を設定する。その上で，教育の方法を「管理・教授・訓練」という3

つに分ける。教育活動を妨げる障害を除去し子どもの生活に秩序をつくり出すのが「管理」，陶冶の意図をもって子どもの感情を喚起あるいは阻止するのが「訓練」であって，両者は子どもの心に直接的に働きかける方法として位置づけられる。これに対して「教授」は教材等の第三者を通して間接的に働きかけ，子どもの経験と交際を拡充し多面性を陶冶するものであるが，ヘルバルトにおいては「教授」もまた道徳的品性を強固にするという目的のもとに置かれる。（教育的教授）

　ヘルバルトは子どもに学習対象や課題への興味や関心をもたせるために，「専心」と「致思」という２つの概念を提起した。この概念をそれぞれ「静的」と「動的」に分類して明瞭－連合－系統－方法で示される認識のプロセスとして示した。これがいわゆる「四段階教授法」として学習者の認識を深め，発展させる道筋として継承されていく。

教育的タクト

　興味の多様な方向性のいわば放射点にあたる「一点」それは「意識の統一」である。様々な対象に接して移りつつ，なお変わらざるものとして，多くの側面（多面性）をもった人間の人格的同一性が保たれて初めてその都度の対象への専心（没入）は可能となるだろう。すなわち，認識の過程は継続的に生起するいくつもの専心を統一する心の働きとしての致思に依存するのである。しかし，一人

一人が多面性を有する個として存在する教育場面において，「致思があれこれの専心からその都度どのように構成されるか」を明確に描き出すことは容易でない。しかし，だからこそヘルバルトは，致思の構成を前もって感知することは教育的技術にとって最高の宝である教育的タクト（機才）の本質的なものだと主張するのである。

　「教育的タクト」の思想はヘルバルトの初期の著作「最初の教育学講義」において中心的テーマとなり，教育の理論と実践の関係を問題にした際に，両者を媒介するものとして位置づけられた。ヘルバルト以降，教育場面における教師の臨機応変な対応を可能にする力として研究が進められ，今日なお教員養成の在り方をめぐる議論において参照されることがある。

〈参考文献〉
・ヘルバルト／高久清吉訳『世界の美的表現』明治図書1972，ヘルバルト／三枝孝弘訳『一般教育学』（13版）明治図書1976，ヘルバルト／是常正美訳『教育学講義綱要』協同出版1974，是常正美『ヘルバルト』牧書店1957，原聡介「J.F.ヘルバルト　近代教育学の基礎づけ」『現代に生きる教育思想4　ドイツ(I)』ぎょうせい1981，勝部真長・渋川久子『道徳教育の歴史』玉川大学出版部1984，高久清吉『ヘルバルトとその時代』玉川大学出版部1984

（堺　正之）

人物

基本的な押さえ

　デューイは1859年，アメリカのバーモント州バーリントンに生まれた。1879年にバーモント大学を卒業し，学校教師としての経験を経て，1882年にジョンズ・ホプキンズ大学の大学院に入学，哲学と心理学の研究に努めた。1884年に学位論文「カントの心理学」を提出して学位を得た。同年ミシガン大学の哲学講師，1886年からは助教授として勤務した。その後，一時ミネソタ大学に移るが，1889年にはミシガン大学に戻り30歳で教授となった。この時期，デューイは親交のあったG.H.ミードを接点としてW.ジェームズの影響を受けた。

　1894年，デューイは創立4年目のシカゴ大学に哲学科の主任教授として迎えられた。ここで彼はヘーゲル主義からの脱却と「道具主義」への傾倒を強めた。そのような中で，彼は教育心理学や教育哲学等の講義を担当するとともに，教育学部長として付属の実験学校を創設するという課題に向き合った。しかしこの実験学校の試みは，組織運営の面でのつまずきもあって彼がシカゴ大学を去る大きなきっかけとなったともいわれる。この時期，1896年の実験学校創設から3年間の取り組みをまとめた報告として『学校と社会』（1899年）が出版されている。1904年にコロンビア大学の哲学科に移り，教育学部の教授を兼任して，教育学の主著『民主主義と教育』（1916年）をはじめとする多くの著作を残した。

生活による教育

　『学校と社会』においては，まず，「学校と社会の進歩」が語られる。学校は将来いつか役に立つであろうことを学ぶ（生活の準備）のではなく，生活することを通して，また生活することとの連関において行われるべきであることが強調されている。学校自体が小さな社会とみなされている。次に，「学校と子どもの生活」において，教育の中心を子どもの活動性に置くことが主張される。これは教育観の大きな変革である。彼は「子どもが太陽となるのであり，そのまわりに教育のための諸装置が組織されることになるのである」と，その意義をコペルニクスによる天文学説上の転換になぞらえて強調している。

新しい教育哲学

　『民主主義と教育』は「教育哲学入門」の副題を有するデューイの教育学上の主著である。ダーウィンの進化論の影響を背景に，人間の生命活動を有機体と環境との相互作用とみる。人間は常に変化する環境条件との間で均衡状態をつくり直して自己の更新を図る。人間の経験もまた自身と環境との相互作用を通じた過程とみなされるのである。このような人間

観のもとで，教育の目的，内容，方法に関する検討が展開される。教育の目的の条件として，①子どもに備わっている活動力と要求に基づくこと，②子どもたちの活動に協力する方法へと翻訳可能なものであり試行の結果を受けてこれを修正し拡大することが可能なこと，③真に一般的な目的は行為者の視野を拡大するものであること等を強調している。

進歩主義教育の弁明

『経験と教育』（1938年）は，自らの理論が児童中心主義として矮小化され，知性の果たす役割が軽んじられていくことに危機感を覚えたデューイが，子どもと社会の両方の目的を達成するためにこそ教育は実際の生活経験に基礎づけられるべきだという原理を改めて主張したものである。彼は民主主義に関してリンカーンが述べた言葉になぞらえて「経験の，経験による，経験のための教育」を掲げ，「教えることと学ぶことは経験の再構成の連続的な過程である」と主張する。そのキーワードが「経験の連続性」と「相互作用」である。「経験が教育的なものであるためには，その経験は，教材つまり事実や知識や理念についての教材の世界を拡大していくよう，それを先頭に立って導いていかなければならない」のである。また「教育改革者や革新者のみが教育の哲学を必要としていた」と述べるなど，この著作にはデューイの教育哲学観がよく表れている。

道徳教育論

「教育における道徳的原理」（1909年）では「社会倫理と学校倫理の統一性」の必要性が述べられる。これは戦後日本における道徳教育の原則たる「全面主義」を支える思想と一致する。日本が半世紀を優に超えて維持してきた道徳教育の方法は，極めて抑制的ではあったが，次第に定着し修正され，妥当性を高めてきた。今日，全面主義という思想は，複雑さを増すこの社会で学校教育が自らその妥当性をはかる上での指標ともなっているといえよう。そして，道徳教育の実質化が各教科の「道徳化」と見えるとすれば，それはむしろ各教科の掲げる目標の「形骸化」すなわち教科学習におけるモラル形成の側面の軽視を反省すべきなのである。また，総合的な学習，アクティブ・ラーニング等が強調されるたびにデューイがもち出されるのは，社会が絶えず変化していくことを前提にして，彼が子どもと社会両面（の調和）から教育の目的と方法を考察したからだと思われる。

〈参考文献〉

・デューイ／毛利陽太郎著訳『学校と社会』明治図書1985，デューイ／松野安男訳『民主主義と教育』（上・下）岩波書店1975，デューイ／市村尚久訳『経験と教育』講談社2004，デューイ／大浦猛編／遠藤昭彦・佐藤三郎訳『実験学校の理論』明治図書1977，遠藤昭彦「デューイに学ぶ」『道徳教育　1989年12月号』明治図書

（堺　正之）

人物

121 ピアジェ

基本的な押さえ

　スイスの心理学者ジャン・ピアジェ（J.Piaget：1896 – 1980）は，20世紀を代表する著名な認知発達心理学者である。彼は人間の認知の質的な構造変化を捉え，4つの段階を提示した。それが「感覚運動期」「前操作期」「具体的操作期」「形式的操作期」である。この構造的な変化は，外的環境との間に「同化」（assimilation：対象を変化させて自分に取り入れること）と「調節」（accommodation：自分を変化させて対象に取り入れること）という相互作用によって「シェマ」（schema：認識の枠組）に変化がもたらされるとした。そして同化と調節によって新たなシェマを獲得していくことを「均衡化」という。

来歴・人物

　幼いときより自然界に関心をもっており，わずか10歳のときに研究した「白スズメの観察」が博物館雑誌に掲載されるなど，その才能を発揮していた。自然界に関心があったことから，大学進学後は動物学を専攻し（主に軟体動物の研究），1918年に理学博士号を取得する。その後，心理学に専攻を変え，ローザンヌ大学，チューリッヒ大学，パリ大学で心理学を学ぶ。チューリッヒ大学時代には，高名な精神分析家のユング（C.G.Jung）と仕事を共にした。ユングの問答的な研究手法がピアジェの子どもに質問をすることをベースとした観察という研究手法を導き出したといわれている。

　パリ大学時代には，ビネーの知能検査に関わり，そこで子どもたちが論理的推理を解く際に一貫して系統的な間違いを犯すことに気づく。これが彼の発生的認識論の研究に結びついていく。

　1923年に結婚し，三人の子どもに恵まれた。1980年，84歳で亡くなるまで精力的に研究を続けた。

道徳判断の発達

【規則の認識】

　ピアジェは，「全ての道徳は規則の体系から成り立っている」とみなし，子どもが規則をどれだけ尊敬しているか，規則をどのように捉えているのかについて研究を行った。

　彼はマーブルゲーム（おはじきのようなゲーム）を用いて，子どもが規則をどのように捉えているのかという「規則の認識」に3つの段階があること明らかにした。第1段階（〜5歳くらい）は，自分の感覚に基づいて遊ぶため，規則に対する認識はまだ生まれていない。第2段階（6歳〜）では，大人や年長者から示された規則を絶対的なものとみなし，規則に従いながらゲームをし始める。ただし，自己中心的な段階であるため，自分の視点から規則を解釈するという特徴も

人物

ある。第3段階（10歳くらい〜）になると，規則はお互いの了承があれば変更可能なものとみなし始める。つまり，年長者から与えられた絶対的な規則に対する尊重から，お互いの関係性の中で民主的に，そして自律的に規則を捉え始める。このように，規則に対しては「拘束の道徳，他律の道徳」から，「協同の道徳，自律の道徳」へと変化していることを明らかにした。

【行為の意図をどのように捉えるか】

　子どもは行為の結果として何かしらの過失や失敗をした場合，それをどのように捉えているのであろうか。ピアジェは遊ぼうと思って結果的に少しテーブルかけを汚してしまった子どもと，手伝いをしようと思って，結果的に大きくテーブルかけを汚してしまった子どもという過失に関わる話を準備し，「これらの子どもたちは同じように悪いことをしましたか？」「どちらの子どもがより悪いですか？」というインタビューを行った。

　その結果，7歳前後では物理的結果に着目し，結果の大小によって行為を意味づける，つまり，大きく汚してしまった方が悪いと判断し（客観的責任），9歳頃になると，行為の動機に着目し，どういった意図で行為が行われたのかを判断の根拠にする（主観的責任）ということを明らかにした。

　「拘束の道徳，他律の道徳」では，規則を与えられた絶対的なものとしていたが，客観的責任においても，結果として表れた外在的な基準をもとに判断を行っ

ているという点で共通している。「協同の道徳，自律の道徳」に関しても，他者の考えていることを推測しながら協同で規則を再構成しており，主観的責任における他者の意図を考慮するという点において共通しているといえるだろう。

　このように，ピアジェは道徳性を他律から自律へと発達するものとした。

ピアジェの道徳性発達の意義

　ピアジェの提示した他律から自律への道徳性の発達は，当時デュルケム（E.Durkheim）が提示していた「規律の精神」や「集団への愛着」といった道徳性の捉え方に対して異を唱え，子どもは規則に関して大人とは異なった理解をしていることを示したことに意義がある。道徳性を発達させるにあたって，規則を内面化させることに終始するのではなく，認知発達という視点に基づき，自己中心的な他律の道徳から，自律の道徳として仲間集団における相互作用といった協同作業の重要性を見出した意義は大きい。

〈参考文献〉

・荒木紀幸「道徳研究（人物）に関わる重要用語　61　ピアジェ」『道徳教育2018年12月号』明治図書，大西文行『新・児童心理学講座　道徳性と規範意識の発達』金子書房1991，ジャン・ピアジェ／大伴茂訳『ピアジェ臨床児童心理学Ⅲ　児童道徳判断の発達』同文書院1977

（荒木寿友）

251

122　コールバーグ

基本的な押さえ

　ローレンス・コールバーグ（Lawrence Kohlberg：1927－1987）は，20世紀の道徳心理学に多大な功績を与えたアメリカの心理学者である。彼が提示した3水準6段階の道徳性発達段階は，世界中に大きな影響を与えた。ピアジェの認知発達理論に影響を受けたコールバーグは，道徳的判断をする際の思考の形式がどのように発達するのかについて，研究を行った。晩年はさらに教育への応用を試みており，女子刑務所や高等学校で「ジャスト・コミュニティ」（正義の共同体）という実践を行った。

来歴・人物

　アメリカ系ユダヤ人であるコールバーグは，1927年にニューヨークに生まれた。1958年に博士論文「10歳から16歳における思考と選択の様式の発達」を発表し，認知発達の観点から子どもの道徳性発達のプロセスを示した。

ハーバード大学の教育学研究科の一角にあるコールバーグのメモリアルルーム（筆者撮影）

　その後，イェール大学，シカゴ大学を経て，1968年にハーバード大学へ移り，教育社会心理学教授となった。1987年1月，寄生虫感染症による脳の機能低下，ならびにうつ病が原因でボストン港に身を投じ，59年の人生を終えた。

道徳性発達理論

　コールバーグにとっての道徳性とは，正義（公正さや平等さ）に関する判断である。道徳性の発達段階は，正義に関する判断が判断するにあたっての対象を徐々に広げ，普遍性を増加する形で描かれている。3水準6段階からなる道徳性の発達段階は，以下のように説明される。前慣習的水準の第1段階は，「罰の回避と服従志向」である。この段階は正しさの基準は外部にあり，年長者などにほめられたり罰せられたりすることが正しさを決定する。同じく前慣習的水準の第2段階は「道具的互恵主義志向」と呼ばれ，他者とギブアンドテイクが成り立つときが正しいことであるという判断をする。

　慣習的水準の第3段階は「よい子志向」と呼ばれている。身近な人間関係の中で期待される行為をすることが正しさの基準になる。慣習的水準の第4段階は「法と社会秩序志向」と呼ばれ，個人的な人間関係ではなく，社会や法の秩序の中で正しさの基準が決定される。

　脱慣習的水準の第5段階は，「社会的

人物

契約と法律的志向」である。この段階では、社会システムそのものを客観視する中で矛盾を見出し、それを解消するような視点が提供できるようになる。原理的な段階の第6段階は「普遍的な道徳」として描かれている。

コールバーグらは、道徳性を発達させるにあたって、仮説ジレンマ討論を用いた。ジレンマ教材とは最終的な結論が描かれていないオープンエンドの道徳的価値葛藤を含んだ物語で、この物語について討論する中で、より高次の判断理由づけができるように促したのである。

【コールバーグ理論への批判】

コールバーグの提唱した発達段階は、他律的な道徳から自律へと向かう道筋を表しているが、これを批判したのがギリガン（C.Gilligan）である。彼女はコールバーグの提示した発達段階が自律や合理性、抽象化を目指す男性的な道徳であることを示し、道徳にはそれ以外の「配慮と責任の道徳」があることを主張した。この批判以外にも、コールバーグの描く普遍的な道徳は西洋のイデオロギーを反映しているという批判もなされた。

ジャスト・コミュニティアプローチ

1970年代のアメリカでは、若者の行き過ぎた個人主義が問題視され、共同体の一員としてどう生きていくのかについても扱う必要があった。そこで考案されたのがジャスト・コミュニティである。ジャスト・コミュニティとは、個々の生徒の権利を守り、生徒の道徳的成長を促していきながら、集団のもつ力も導入するプログラムである。つまり学校コミュニティそのものを民主的に組織し、生徒の権利を保障する中で、個々人の道徳性を発達させるだけではなく、他者に対する思いやりや責任感を育て、コミュニティ内の共通善を生徒たちがつくりあげていく手法である。

ジャスト・コミュニティの大きな特徴は、生徒も教師も同じ一票をもつ直接参加型民主主義を用いて、様々な道徳的な問題を話し合う点である。ジレンマ討論が物語を用いていたのに対して、ジャスト・コミュニティでは、生徒たちの「現実の問題」（ドラッグや窃盗など）が話し合われた。話し合いによる問題解決がなされる過程において、生徒たちは正義に関する判断を成長させると同時に、他者に対する思いやりや、学校コミュニティの道徳的雰囲気を発達させていった。

〈参考文献〉

・荒木寿友『学校における対話とコミュニティの形成　コールバーグのジャスト・コミュニティ実践』三省堂2013, キャロル・ギリガン／岩男寿美子監訳『もうひとつの声　男女の道徳観のちがいと女性のアイデンティティ』川島書店1986, L.コールバーグ・C.レバイン・A.ヒューアー／片瀬一男・高橋征仁訳『道徳性の発達段階　コールバーグ理論をめぐる論争への回答』新曜社1992, 永野重史『道徳性の発達と教育　コールバーグ理論の展開』新曜社1985

（荒木寿友）

人物

基本的な押さえ

　西村茂樹は1828年に佐倉藩士・西村芳郁の子として生まれた。10歳で藩邸内の学問所に入り藩士の子弟としての教育を受け，また槍剣馬術を学んだ。1841年から安井息軒ら佐倉藩が招聘した儒学者の教えを受けた。その後，藩の師範・大塚同庵，江戸の佐久間象山から西洋砲術を学び，また象山のすすめもあって木村軍太郎について蘭書の手ほどきを受けた。1853年，25歳の春に支藩である佐野藩の附人，側用人となり，藩政に関わる身となった。1856年に藩主の堀田正篤が外国掛の老中になると，彼は側近（貿易取調御用掛）として活躍した。1858年に藩主正睦（正篤から改名）が老中御免となり，安政の大獄の影響から藩主を引退して後の1861年，西村は長崎でシーボルトらに蘭学や造船術を学んだ手塚律蔵が江戸本郷に開いていた又新塾に入門し，そこで蘭学と英学を学んだ。

　1873年，森有礼の意向を受け，福澤諭吉，西周，加藤弘之，中村正直，津田真道，箕作秋坪らに呼びかけて明六社を結成した。明六社は設立年（明治6年）にちなんで名づけられた日本初の学術団体ともいえる洋学者を中心とする団体である。明六社制規では目標を「我国ノ教育ヲ進メンカ為ニ有志ノ徒会同シテ其手段ヲ商議スルニアリ」と掲げるように，社会的啓蒙活動を目的とした。

　西村はしかし，もう一方で漢学者のグループ結成にも尽力している。こちらは1875年に発足した洋々社である。

　1873年に文部省に出仕，編書課長として勤務することとなり，新たな学校教育制度の下，各種の教科書整備に必要な事項に取り組んだ。1880年に改正された教育令では就学義務を強化するなど教育に関する統一的規制により国民教育の普及が図られ，修身については第3条で「小学校ハ普通ノ教育ヲ児童ニ授クル所ニシテ其学科ヲ修身読書習字算術地理歴史等ノ初歩トス」と諸教科の筆頭に位置づけられたが，そこで使用される教科書として文部省編纂局から西村茂樹編の『小学修身訓』が発行された。彼の文部省での勤務は1886年の初頭までであるが，1875年に大槻文彦に命じて始まった近代的国語辞典の編纂は一応1886年に完成したものの，これが『言海』として出版を了えたのは1891年である。

徳育論争と西村茂樹

　1885年に初代文部大臣となった森有礼は，国家主義教育制度の樹立を目指して諸学校令を制定するなど教育全般の見直しを行ったが，修身科とりわけ儒教道徳に対しては批判的であり，教科書の使用についてさえ否定的であった。またこの時期は道徳教育の根拠について有識者が意見を表明，対立して混乱が生じていた。

貝塚（2012）の整理に従えば，西洋的な近代市民倫理を重視する立場は伊藤博文，森有礼，井上毅，福澤諭吉など，儒教道徳に基づく東洋的な伝統思想に道徳の根本を求める立場には元田永孚，杉浦重剛，能勢栄らが代表的である。その中にあって西村は「折衷的な立場」として位置づけられている。

『日本道徳論』と日本弘道会

　『日本道徳論』は，西村が1886年の12月に帝国大学講義室において３回にわたり行った講演の内容をまとめて翌1887年の春に製本したものである。この著作の第一段では，西洋諸国が日本への侵出をねらっており，このような状況で日本が国民の力を合わせて独立を保ち他国に対して国威を耀かそうとするなら「道徳の高進」が必要であると，本書執筆の背景にある危機感が表明される。第二段では，日本において採用されるべき道徳の方向性について述べられている。すなわち，本邦の「道徳学」が「世教」と「世外教」のいずれに依るべきかという問題である。ここで「世教」とは儒教と西洋哲学，「世外教」とは宗教のことを指すが，両者の優劣ではなく日本の国情に即しているのはどちらかを論じ，その根拠を世教に求めるべきとされている。第三段以降では，いかなる世教を，どのような方法で確立し広めるかという方策が述べられる。すなわち，第三段では儒教及び西洋哲学の短所が列記，検討され，第四段では四書の１つ『大学』に示された八条

目から修身・斉家・治国・平天下を取り出してこれに「我郷里」を加え「五條目」として示している。これは道徳の普及浸透における地域社会活動の重要性を説くためであると解される。続けて，以上の條目に基づく道徳を国内に広めるための方策として，他の分野（文学界，教育会，独逸協会，医学会など）にならって民間の学会（私会）としての「道徳會」を設立することが提唱される。さらに世上の「修身道徳ノ事ハ文部省ニテ厚キ注意アリ，諸學科ノ先生ニ之ヲ置キテ深ク之ヲ講究セシムルコトナレバ，夫ニテ事足ルコトニテ，別ニ私立ノ學會ヲ要スルコトナカルベシ」という意見を予想しつつ，これに反論を加えている。

　上述のような持論に基づき，すでに西村は1876年に東京修身学社（1884年に日本講道会と改称）を設立しており，さらに『日本道徳論』が刊行された1887年には日本弘道会と改称，ここを拠点として道徳学の普及に努めた。

〈参考文献〉
・西村茂樹「日本道徳論」貝塚茂樹『文献資料集成　日本道徳教育論争史　第Ｉ期　第１巻　徳育論争と修身教育』（貝塚による解説も参照）日本図書センター2012，高橋昌郎『西村茂樹』吉川弘文館1987，永井輝「西村茂樹の道徳論に関する基礎的考察」『西村茂樹研究論文集』日本弘道会2014，小路口聡「日本の近代化と道徳の問題」『国際哲学研究　第７号』東洋大学国際哲学研究センター2018

（堺　正之）

人物

124 廣池千九郎

基本的な押さえ

　廣池千九郎は，1866年に現在の大分県中津市に生まれた。青年期は小学校の教員として初等教育の普及に努める。後に『古事類苑』編纂員，早稲田大学講師，神宮皇學館教授などを歴任。その間，東洋法制史の研究により法学博士の学位を取得。大正期より道徳の科学的研究に取り組み，『道徳科学の論文』（1928年）を刊行し，「モラロジー」を提唱。1935年，千葉県柏市に道徳科学専攻塾を開塾。1938年に逝去。現在は，学校教育を学校法人廣池学園，社会教育を公益財団法人モラロジー研究所が受け継ぎ今日に至る。

青年教師時代

　明治維新の直前に中津に生まれた廣池は，1875年に永添小学校に入学する。卒業後，旧中津藩主・奥平昌邁や福澤諭吉らが設立した中津市学校にて洋学等を学んだ。卒業後，弱冠14歳で母校永添小学校の助教に着任する。その後，正規教員を目指し，大分の漢学者の小川含章の主宰する麗澤館に入塾し，漢学等を学んだ。

　1885年に応請試業により大分県師範学校の卒業資格を得て，19歳で訓導となり，中津の小学校へ赴任する。その間，昼間家業の手伝いなどで通学できない農家の児童のための夜間学校の設立や遠隔により通学できない児童のための巡回授業を実施する。また，全国に先駆けて大分県

の教員互助会の設立を提起するなど，地域教育の振興に尽力した。

　一方で，公務の最中，1888年には修身科のテキストとして『新編小学修身用書』を，翌年には日本の歴史を七五調の歌にした『小学歴史歌』を刊行し，旺盛な研究活動を展開した。こうした中で，1891年に地元の中津の歴史をまとめた『中津歴史』を刊行した。本書は，地方史の実証的な先駆的業績として評価され，これにより歴史家として立つことを廣池は決意し，1892年に妻の春子と共に京都へ出立した。

歴史研究から道徳研究へ

　京都に拠点を構えた廣池は，月刊歴史雑誌として『史学普及雑誌』を創刊した。その一方で，1893年には皇室の歴史を叙述した『皇室野史』や京都に関わる『平安通志』『京都案内記』などの編集と発行に携わった。こうした中で国学者の井上頼国の要請に応じて『古事類苑』の編纂員に着任するため東京へ向かった。古代から幕末までの基本文献を網羅した我が国最大の百科史料事典である『古事類苑』50冊のうち，実に4分の1を廣池が執筆し，1913年の編纂事業終了までその任を全うした。

　その間，新たな研究として東洋法制史の研究に取り組み，日本法学の祖である穂積陳重の指導を受けながら，1905年に

『東洋法制史序論』を刊行し，新たな学問分野を開拓した。そして，この研究により法学博士の学位を取得した。また同年には，中国語の文法書である『支那文典』を発行した。いずれも当時講師をしていた早稲田大学の出版部から出されている。

1907年には神宮皇學館の教授として招聘され，そこで『伊勢神宮』を著すなどした。しかし，長年の激務が重なったことで大病を患い，余命幾ばくもない状況に陥った。この経験により，後半生を道徳の研究に捧げることを決意し，真に人類の幸福と世界の平和に貢献する研究を企図し，道徳の科学的研究に着手した。こうして大正期は病を押して，その研究に力を注ぎ，1928年に『道徳科学の論文』として結実した。

「道徳科学」の樹立

『道徳科学の論文』では，人類の師といわれる四大聖人（ソクラテス，イエス・キリスト，釈迦，孔子）の実践した高度な道徳に着目し，それぞれに共通，一貫する道徳を見出し，それを「最高道徳」と名づけた。

また，その特質を「自我没却の原理」「神の原理」「義務先行の原理」「伝統の原理」「人心の開発もしくは救済の原理」の5つの原理で説明した。

一方で，従来一般的に行われてきた習慣などに基づく因襲的な道徳を「普通道徳」と名づけ，この「最高道徳」との比較を通じた実証的な研究により，道徳実行

の効果を証明しようと試みた。

そして自らの「最高道徳」に基づく道徳論を，ラテン語で道徳を意味する「モス」とギリシャ語で学問を意味する「ロギア」を合成し，「モラロジー」として打ち出したのであった。こうして廣池は，道徳を合理性と普遍性をもった学問体系として提唱することを試みたのであった。

モラロジー教育の展開

『道徳科学の論文』の刊行を契機にモラロジーに基づく教育活動を構想した。折しも我が国は戦争に歩を進めていた時代の中で，道徳による平和な社会・世界の実現に向け，全国的な講演活動や政府要人への提言を続けた。そして1935年に道徳科学専攻塾を開塾し，学校教育によるモラロジー教育を展開した。その最中，1938年に72歳の生涯を閉じた。

なお，道徳科学専攻塾は，廣池の長男の千英が引き継ぎ，困難な戦中を乗り越え，旧制専門学校，短期大学を経て，1959年に麗澤大学となり，「知徳一体」を建学の理念とする高等教育を今日行っている。

〈参考文献〉
・モラロジー研究所『伝記　廣池千九郎』モラロジー研究所2001，井出元『廣池千九郎の思想と生涯』広池学園出版部1998，橋本富太郎『廣池千九郎　道徳科学とは何ぞや』ミネルヴァ書房2016

（江島顕一）

人物

125　天野貞祐

基本的な押さえ

　天野貞祐は，1884年に神奈川県津久井郡鳥屋村に生まれた。1896年に獨逸学協会学校中学校に入学したものの4年生のときに退学，21歳で5年生として復学し翌年卒業した。1906年9月に第一高等学校に入学，内村鑑三の教えを受け，また九鬼周造・岩下壮一と親交を結んだ。1909年，25歳で京都帝国大学文科大学に進学，その後は同大学院において桑木厳翼らのもとでカント哲学を専攻した。1914年，鹿児島の第七高等学校のドイツ語教師として着任した。1919年から学習院教授，続いて1926年から京都帝国大学助教授を務めた。この間，1923年から翌年にかけてドイツのハイデルベルク大学に留学して哲学研究に従事するが，同時に第一次世界大戦後のドイツの政治的難局と国民の窮乏を目の当たりにした。1931年，文学博士の学位を取得し京都帝国大学文学部教授となる。1937年，出版した『道理の感覚』がもとで後述するように軍部等からの糾弾を受けた。1944年に京都帝国大学を定年退職した後は，甲南高等学校校長，第一高等学校校長を歴任し，日本育英会会長も務めた。1950年からは第三次吉田茂内閣のもとで高瀬荘太郎の後任として2年間文部大臣を務めたが，自らの発言により「国民実践要領」問題を引き起こした。大臣を退任した後は，母校・獨逸学協会学校の後身で

ある獨協学園の校長に就任し学園の再建にあたった。1964年に獨協大学を創立して初代学長に就任した。

カント研究者としての天野

　大学在学中からカント哲学への関心を強めた天野は，1913年に「カント学者としてのフィヒテ」を発表，翌1914年にはカントの『プロレゴーメナ』の翻訳を桑木厳翼との共訳として出版した（書名は『哲學序説』）。本書はカントの著作の初邦訳といわれる。さらに天野はカントの代表作である『純粋理性批判』の完訳を試み，1921年に上巻を1930年には下巻をそれぞれ岩波書店から出版した。1931年，京都帝国大学から文学博士の学位を授与された。提出論文は「『純粋理性批判』ノ形而上学的研究」である。

　このようにカントに対する「景仰の情」に燃えた天野であるから，純粋な学問研究以外でもカントの思想を背景として「自由」を基盤とする倫理を語ることも多かったが，カントのみを金科玉条としたわけではない。『道理の感覚』（1937年7月）所収の「徳育について」では，「価値の系列」として「感覚的」「生命的」「精神的」「人格的」価値を挙げ，道徳的価値はこれらの価値を追求する中で実現されるとするなど，カントの形式主義を批判したM. シェーラーの価値倫理学に基づく説明も交えて語った。

大学人としての天野

　1937年に出版された『道理の感覚』は1931年以降に書かれたエッセイを集めたものであるが，そこには軍部と軍国主義に対する批判が含まれていた。この点について，ドイツ留学時に目の当たりにした敗戦国の悲惨さとこれをもたらした要因が当時の日本の状況に見出されたためであると，後に本人により述べられている。本書は軍部や右翼等の糾弾を受けた。このときは，本書を自主絶版とするという形で一応決着したが，戦後の1950年に初版と同じ岩波書店から再度出版されている。

　1939年に出版された『学生に与ふる書』は，天野が1937年から京都帝国大学の学生課長を兼任したことを機縁として執筆された。そこに収録された「岩波『國語』を讀みて」（1938年2月）は，大阪朝日新聞京都支局学術講演会における講演内容をもとにした同新聞の記事である。この時期，国体明徴運動を背景として国体観念，日本精神を根幹にした教育刷新の必要性が主張され，1937年に中等学校の教授要目が改訂されて，翌年度からこれに基づく教科書が使用されることになっていた。天野が手に取って読んだ岩波「國語」はまさにそれであろうと推察される。「私には世間に流布している修身教科書よりは岩波『國語』の方が遙かに徳育という目的に適当してゐるやうに考へられてならない」とし，「露骨な教訓集のやうなもの」では生徒の「新鮮な道徳感覚を鈍くする危険がある」と述べるなど，知育と徳育の相即不離を説いた『道理の感覚』と共通するこの時期の彼の修身観が表れている。

教育政策への協力者としての天野

　戦後日本の教育改革の中で，天野は第一次アメリカ教育使節団に対応すべく結成された日本側教育家委員会，その後の教育刷新委員会，中央教育審議会のメンバーとして文部政策に深く関わっていった。1950年，当時の文部大臣であった天野は，道徳教科とともに国民実践要領制定の必要性を説き始めた。しかし，翌年1月の教育課程審議会「道徳教育振興に関する答申」では，それまでの全面主義道徳の考えが支持され，文部省はこの線に沿って2月に道徳教育振興基本方策を出し，続いて「道徳教育のための手引書要綱」を作成した。これに対し天野は11月に「国民実践要領」の大綱を発表するが，まもなくこれを撤回した。これが天野個人の著作『国民実践要領』として出版されたのは1953年である。

〈参考文献〉

・天野貞祐『道理の感覚』（14刷）岩波書店1954，天野貞祐『学生に与ふる書』（33刷）岩波書店1965，天野貞祐『天野貞祐　わたしの生涯から』日本図書センター2004年，貝塚茂樹『戦後道徳教育文献資料集　第Ⅰ期　解説・解題』日本図書センター2003，貝塚茂樹『戦後教育のなかの道徳・宗教』〈増補版〉文化書房博文社2006

（堺　正之）

人物

索引

【執筆者一覧】（執筆順）

田沼　茂紀	國學院大學
荒木　寿友	立命館大学
澤田　浩一	國學院大學
飯塚　秀彦	国立教育政策研究所
西野真由美	国立教育政策研究所
関根　明伸	国士舘大学
吉田　　誠	山形大学
尾身　浩光	新潟大学
菅野由紀子	東京都武蔵野市立第二中学校
植田　和也	香川大学
針谷　玲子	東京都台東区立蔵前小学校
毛内　嘉威	秋田公立美術大学
坂本　哲彦	山口県山口市立良城小学校
佐藤　幸司	山形県山形市立鈴川小学校
早川　裕隆	上越教育大学
桃﨑　剛寿	熊本県熊本市立京陵中学校
東風　安生	横浜商科大学
富岡　　栄	麗澤大学
土田　雄一	千葉大学
江島　顕一	麗澤大学
堺　　正之	福岡教育大学

【編著者紹介】

田沼　茂紀（たぬま　しげき）

新潟県生まれ。上越教育大学大学院学校教育研究科修了。國學院大学人間開発学部初等教育学科教授。専攻は道徳教育学，教育カリキュラム論。

川崎市公立学校教諭を経て高知大学教育学部助教授，同学部教授，同学部附属教育実践総合センター長。2009年より國學院大學人間開発学部教授。同学部長を経て現職。日本道徳教育学会理事，日本道徳教育方法学会理事，日本道徳教育学会神奈川支部長。小・中学校道徳科教科書『きみがいちばんひかるとき』（光村図書）編集委員。

主な単著，『人間力を育む道徳教育の理論と方法』2011年，『豊かな学びを育む教育課程の理論と方法』2012年，『心の教育と特別活動』2013年，『道徳科で育む21世紀型道徳力』2016年，『未来を拓く力を育む特別活動』2018年，『学校教育学の理論と展開』2019年（いずれも北樹出版刊）等。

その他の編著，小学校編・中学校編分冊『道徳科授業スタンダード「資質・能力」を育む授業と評価「実践の手引き」』2019年（東洋館出版社刊），『中学校「特別の教科　道徳」の通知表文例320—NG文例ガイド付』2019年（明治図書刊），小学校編・中学校編分冊『子どもの心にジーンと響く道徳小話集』2019年（明治図書刊），『問いで紡ぐ小学校道徳科授業づくり』2020年（東洋館出版社刊），監修『個性ハッケン！　50人が語る長所・短所』（全5巻）2018年（ポプラ社刊）等多数。

道徳科重要用語事典

2021年1月初版第1刷刊　©編著者　田　沼　茂　紀
発行者　藤　原　光　政
発行所　明治図書出版株式会社
http://www.meijitosho.co.jp
（企画）茅野　現（校正）嵯峨裕子
〒114-0023　東京都北区滝野川7-46-1
振替00160-5-151318　電話03(5907)6702
ご注文窓口　電話03(5907)6668

＊検印省略　　組版所　中　央　美　版

Printed in Japan　　ISBN978-4-18-359119-7
もれなくクーポンがもらえる！読者アンケートはこちらから
→